어떻게 해야
**많이 팔 수
있나요?**

시간당 30억 판매 쇼핑 호스트 유은정의 순간을 붙잡는 마케팅 노하우
어떻게 해야 많이 팔 수 있나요?

초판 1쇄 인쇄일 2018년 1월 30일
초판 1쇄 발행일 2018년 2월 7일

지은이 유은정
펴낸이 양옥매
디자인 표지혜
교 정 유정희 조준경

펴낸곳 도서출판 더문
출판등록 제2012-000376
주소 서울특별시 마포구 방울내로 79 이노빌딩 302호
대표전화 02.372.1537 **팩스** 02.372.1538
이메일 booknamu2007@naver.com
홈페이지 www.booknamu.com
ISBN 979-11-961321-3-2(03320)

이 도서의 국립중앙도서관 출판시도서목록(CIP)은 서지정보유통지원 시스템 홈페이지(http://seoji.nl.go.kr)와 국가자료공동목록시스템(http://www.nl.go.kr/kolisnet)에서 이용하실 수 있습니다.
(CIP제어번호 : CIP2018002815)

＊ 저작권법에 의해 보호를 받는 저작물이므로 저자와 출판사의 동의 없이 내용의 일부를 인용하거나 발췌하는 것을 금합니다.
＊ 파손된 책은 구입처에서 교환해 드립니다.

HOW COULD I SELL A LOT?

어떻게 해야
많이 팔 수
있나요?

유은정 지음

더문

• 말문을 열며 •

카메라의 '카' 자도 모르는 필자에게 운명처럼 찾아온 기회, 2004년 LG홈쇼핑 공채 모집. 방송 경력 없이 순수하게 국어 상식 시험만으로 쇼핑 호스트를 뽑았던 2004년은 홈쇼핑 20여 년의 역사에 단 한 번만 주어진 '특별한 해'였다. 그 어떤 해도 그런 식으로 쇼핑 호스트를 뽑지 않았다고 하니, 필자는 정말 운이 좋은 사람이었다. 그렇게 우연인지 운명인지 모르게 이 길에 들어서게 되었고, 14년을 '어떻게 팔 것인가'를 고민하며 치열하게 살아왔다.

아무것도 모르는 애송이 대학 졸업생에서 매출 대박 쇼핑 호스트가 되기까지 겪은 많은 시련과 아픔들은 필자를 단단하게 만들어 주는 강장제가 되었고, 14년을 함께 달려온 많은 동료들, 선후배님들, 협력사들 덕분에 행복하게 일할 수 있음에 늘 감사한다. 그들은 필자의 자극제이며, 스승이며, 보배다.

이제 필자가 배우고 익힌 여러 가지 경험들을 여러분과 함께 나누고자 한다. 온라인·오프라인 상관없이 장사의 본질은 결국 하나의 길로 통한다. 홈쇼핑 입점을 꿈꾸는 이들, 온라인 마케팅이 막막한 이들, 쇼핑 호스트가 되는 꿈을 가진 이들, 손님 많은 가게를 만들고 싶은 이 땅의 많은 사장님들, '어떻게 팔 것인가'를 늘 고민하는 그대에게, 우연히 넣게 된 지원서가 필자를 이 길로 이끌었듯이 우연히 집어든 이 책이 그대의 인생에 새로운 길이 될 수 있기를….

그대, 응원합니다.

2018년 1월
아름다운 양평의 가을 들녘처럼
아름답게 물들 마흔을 기다리며

목차

말문을 열며 • 4

PART 1

장사의 기본

마케팅은 생물이다 • 14
마음의 속도를 높이는 한정판 • 17
신상은 나의 것 • 20
절대 반지의 힘 • 24
상술 말고 상식 • 27
Yes, I did Yes, You did • 30
고객은 매뉴얼대로 움직이지 않는다 • 36
무엇이 내 지갑을 열게 하는가 • 41
패를 다 까지 말 것 • 45

We dream together • 48

장사가 뭘까 • 52

생각의 차이는 어디서 생길까 • 55

고객 속에 아이디어가 있다 • 58

고객은 판타지를 소비한다 • 61

착한 소비와 홈쇼핑 • 66

'원래 그래'란 없다 • 69

◆ 비싸게 팔려면, 비싸 보이게 • 76

PART 2

마케팅 고수의 장사법

고수의 장사법 • 84

고객의 80%는 비싸도 산다 • 89

당신의 플랫폼에서 고객이 춤추게 하는 법 • 95

욕하는 사람은 고마운 사람 • 101

홈쇼핑 고객의 3가지 특징 • 104

쇼핑과 우뇌 • 108

팔지 않을 용기 • 112

너와 나의 이야기 • 118

21세기 광맥, 빅데이터의 힘 • 122

극과 극은 통한다 • 126

끝장나는 케미, 끝내주는 상품 • 130
Push Push~ Pull Pull! • 136
겁먹기, 도망가기, 길 터 주기 • 140
고객은 미로 찾기를 즐거워하지 않는다 • 145
심장이 터질 듯 짜릿하게, 아찔하게, 화끈하게 • 149
때로는 미쳐도 좋아 • 153
두 번의 실수는 없다 • 161
◆ 창의적 생각은 어디에서 오는가 • 164

PART 3

순간을 붙잡는 쇼핑 호스트

회사는 어떤 호스트를 원하는가 • 170
쇼핑 호스트의 연봉이 궁금해? • 176
딱딱하게 팔기 vs 말랑하게 팔기 • 180
뇌 속에 5단 서랍장을 만들어라 • 184
진짜를 보는 연습 • 188
추억, 다독임, 건강함 • 191
듣고 보고 깊이 이해하라 • 197
빛나야 할 것은 오직 상품뿐 • 202
MSG가 뭐 어때서 • 206

피겨와 쇼핑 호스트 • 209
의심병을 달고 살아라 • 213
좋은 호스트가 되기 위한 7가지 자세 • 218
깡은 죽을 때까지 가지고 가는 거다 • 223
말랑한 게 좋아 • 226
휘둘리지 않으려면 • 234
나를 키우는 보약 '상상훈련' • 241
혼자 빛나는 별보다 함께 빛나는 별이 되자 • 245
◆ 쇼핑 호스트, 이것이 궁금하다 Q&A 베스트 10 • 249

PART 4

홈쇼핑 · 온라인 마케팅, 이렇게 해서 **대박** 났다

| 주방용품 |

간소 · 실속 · 안전 삼박자를 갖춰라 • 256
뚝심과 강단으로, '해피콜'의 저력 • 260
불편은 창조를 만든다, '자이글' • 266

| 가전 |

기후 변화가 바꾸어 놓은 가전제품 시장 • 270
역발상이 만든 혁신, '삼성 무풍 에어컨' • 275

| 리빙 |

홈퍼니싱, 거대한 파도가 밀려온다 • **278**

시공을 홈쇼핑에서? '한샘 주방' • **282**

| 생활용품 |

생활용품, 날마다 더 편하게 • **288**

나의 경험과 느낌을 솔직하게, '휴족시간' • **291**

| 이미용 |

고객이 소비하는 판타지, 'Age 20′s' • **296**

결핍은 창조를 만든다, 'TS 샴푸' • **299**

| 패션 |

더 빠르게! 소비의 진화 • **302**

| 식품 |

오감 자극으로 입맛 세포를 깨우다 • **306**

| 건강식품 |

채울 수 없는 생의 욕망 • **310**

다이어트, 진짜 '리얼'로 가는 거다 • **316**

| 교육문화 |

◆ '시원스쿨', 유은정 왕초보 탈출 프로젝트 • **319**

PART 5 **고수의 말하기**

말, 기본기부터 다져라 • 326
좋은 악기가 되어라 • 329
결론이 곧 오프닝이고, 오프닝이 곧 결론이다 • 334
마음의 힘을 빼고 자연스럽게 • 337
이기는 대화? • 341
소리를 만들다 • 346
가슴 밭에 뿌리내리는 '무거운' 말 • 352
말의 찌꺼기를 걷어내라 • 359
말에 '자신감'이란 액세서리를 달자 • 363
말도 맛있게 담아라 • 368
말하기도 생활밀착형으로 • 371
◆ 사다리가 되어 주다 • 376

글을 매듭지으며 • 379

PART 1

장사의 기본

살아 있는 시장, 살아 움직이는 상품,
그 자리에 가만히 있지 않는 고객….
다양한 각도로, 때로는 전혀 다른 시각으로,
엉뚱한 눈으로 깊이, 천천히 바라보고
곱씹어 생각하고 또 실행하는 연습이 필요하다.

마케팅은
생물이다

'마케팅'이란 'Market'에 'ing'를 결합한 단어이다. '시장'을 멈춰서 그대로 있는 명사가 아닌, 동사이며 현재진행형으로 이해해야 한다는 것이다. 이렇듯 시장을 제대로 알기 위해서는 살아 움직이며 시시각각 변화하는 살아 있는 생물체에 대한 관찰과 깊은 이해가 동반되어야 한다.

14년 동안 수천 가지의 상품들을 기획하고 판매하면서 느끼는 것은 단순히 상품의 보이는 부분뿐만이 아니라 사람에 대한 관찰, 세계에 대한 이해, 더 나아가 미래를 가늠할 수 있는 통찰력까지 수반될 때 비로소 '마케팅을 잘한다'고 얘기할 수 있다는 점이다.

보이는 게 전부가 아냐 _____.

"선배님, 저 진짜 잘 팔고 싶어요. 어떻게 해야 많이 팔 수 있죠?"

후배들이 필자에게 자주 하는 질문이다. 이제 막 '쇼핑 호스트'라는 타이틀을 걸고 상품을 맞이하게 된 후배들부터 10년차가 넘는 후배들까지, 늘 필자에게 어떻게 팔아야 잘 팔 수 있느냐는 같은 물음을 던진다. 그때 필자가 하는 첫 대답은 항상 같다.

"힘 빼!"

너무 애써서 무언가 많이 팔고자 하는 마음만 가득하다면 사람은 안 보이고 상품의 일부분만 보인다. 그리고 그 상품을 볼 때도, 상품 안에 깊숙이 자리 잡은 상품의 본질이 보이는 것이 아니라, 딱 눈으로 보이는 그 부분만 보인다. 소위 '스펙'이라 불리는 사양, 즉 컬러, 쓰임, 가격 등….

그러나 이런 이야기들로 상품을 기획하고, 판매하기 시작하면 한계에 부딪히게 마련이다. 상품은 생명체다. 눈으로 보이는 부분이 전부가 아니다. 시시각각으로 변하는 상품의 변화를 캐치하고, 상품의 겉이 아닌 속을 꿰뚫어보며 상품을 깊이 이해하는 능력을 키우는 것이 훌륭한 마케터의 기본 자질이라고 하겠다.

반짝이던 일곱 살의 눈으로 _____.

살아 있는 시장, 살아 움직이는 상품, 그 자리에 가만히 있지 않는 고객…. 다양한 각도로, 때로는 전혀 다른 시각으로, 엉뚱한 눈으로 깊이, 천천히 바라보고 곱씹어 생각하고 또 실행하는 연습이 필요하다. 그 연습이 하루 이틀, 사흘 나흘, 일 년 이 년…. 그렇게 꾸준히 노력하다 보면, 몸에서 마케팅 세포가 저절로 자란다.

엉뚱하고도 기발한 생각들? 기꺼이 접신하라! 때로는 삐딱하게 보는 태도? 아주 훌륭하다! 계속 그렇게 하는 거다. 그러다 보면, 자신도 모르는 사이에 마케팅 촉이 생긴다.

나는 변한다. 너도 변한다. 너와 내가 만나는 이 시간도 변한다. 마케팅을 움직이는 힘은 사람에게서 나온다. 사람이 변하기 때문에 마케팅에 있어서 정답은 없다. 어제의 답이 오늘 틀릴 수 있고, 오늘의 답이 내일이면 안 먹힐 수도 있다. 당연히 변한다는 걸 받아들이고, 민감하고 까칠하게 변하는 시장을 관찰해 보라. 왜 저럴까? 왜 이런 현상이 생기는 걸까?

어릴 적, 젖은 거즈에 강낭콩을 올려놓고는 몇 날 며칠 관찰했던 그 반짝이던 일곱 살의 눈으로, 변하는 시장을 관찰하자. 지금부터 시작이다!

마음의 속도를 높이는
한정판

"사실 나 고백 받았어. 실은 나 좀 흔들려…. 그 사람이 잘해 줘. 사귀어야 할까 봐."

이런 말을 듣고 진심으로 축하해 줄 수 있다면, 당신은 진정 남사친 혹은 여사친. 그러나 심한 불안감과 고통으로 마음이 조마조마하다면? 그에게 갈지도 모른다는 불안감, 그래서 우리의 이런 애매한 관계가 끝이 날지도 모른다는….

'내 마음 나도 몰라.'에서, '이젠 알겠어요.'라고 확실하게 전환되는 순간은, 바로 친하게 지내던 이성 친구가 딴 사람한테 간다는 말을 들을 때다. 시간이 얼마 없다. 그래, 지금이 고백할 타임!

한정판의 마법

2016년 11월 3일, 서울 소공동 롯데백화점 본점. 올해 한정판으로 출시된 43,000원짜리 홀리데이 컬렉션 루쥬 쀠르 꾸뛰르 스타 클래쉬 립스틱을 구매하기 위해 요우커(遊客)들이 새벽 4시부터 줄을 섰다고 한다. 예상보다 많은 이들이 모여, 오늘 판매가 마지막이 될 거라고 했다. 중국인들이 사랑하는 금색 디자인 입생로랑 립스틱을 사기 위해서는 기본 2시간 줄 서기가 기본.

"마감입니다. 지금부터 열 분만 모시겠습니다."

"5시까지만 판매합니다. 오늘 재료는 다 떨어져서 문을 닫겠습니다."

왠지 마구마구 사고 싶다. 웃돈이라도 더 줘서 갖고 싶다.

"너, 내 꺼 하자! 지금 당장!"

쇼핑을 하다가도 사람들이 많이 모여 있는 가게를 보면 '뭔데 저래?' 하는 마음으로 슬쩍 들어가 보게 된다. 기다림 끝에 오는 꿀맛 같은 소유, 그리고 그 소유가 누구나 공유할 수 있는 것이 아닌, 땀 흘린 자만의 것이라면, 그 기다림이 그리 고통스러운 것만은 아닌가 보다. 특히 이미용 상품의 경우, 제품 수명이 굉장히 짧다. 하다못해 껍데기라도 바꿔 줘야 '뭔가?' 하고 관심을 가진다는 말이다. 성분 변화 없이 케이스만 바꿔도 매출은 달라진다.

이상한 나라의 엘리스와 베리떼의 만남! 어릴 적 동심의 세계로 돌아가고픈 욕망이 겹친 것일까? 1분당 1천만 원 이상의 매출을 기록하며 기본 시간당 7~8억 원씩 벌어다 주는 한정판 덕분에 홈쇼핑사들은 즐거운 비명을 지른다.

기능은 똑같다, 단지 모양만 바꿨을 뿐! _____ .

'글래드'는 미국에서 온 랩이다. 붙이고 보관하는 용도의 랩(wrap) 말이다. 그런데 이 랩에도 한정판이 있었으니, 이름하여 '서머 한정판', '윈터 한정판'. 여름엔 시원한 느낌의 이미지, 겨울엔 따뜻한 느낌의 이미지를 랩에 그려서 한정판으로 해당 시즌에만 판매한다. 민무늬의 오리지널 랩은 한정판 랩보다 25% 정도 저렴하다. 동일한 기능에 단지 이미지가 있는 것만으로 25%나 비싼 게 한정판이라는 이야기다.

그렇다면 방송 중 오리지널과 한정판을 동시에 보여 줬을 때 고객의 선택은? 오리지널 3 대 한정판 7. 역시 한정판의 압승이었다. "이번이 아니면 이런 예쁜 아이(?) 보실 수 없어요."가 통한다는 말이다.

신상은
나의 것

"고객은 항상 새로운 것을 원하고, 자신을 남과 비교함으로써 상대적 만족을 얻으려 한다." 앤드류 카네기가 한 유명한 말이다.

우리들 안에는 '지킬 앤 하이드'가 있다. 군중 속에 조용히, 아무도 모르게 머물고 싶은 마음 그리고 반대로 남들과 다르게 돋보이고 싶은 마음. 우리는 이 두 가지 상반된 욕망과 함께 삶을 꾸려 나간다. 특히나 신상을 향한 우리의 욕망은 그 어떤 것보다 강렬하다. 새집, 새 차, 새로 나온 가전제품, 새 옷, 새 가방. 더 짜릿하고 더 새로운 것에 우리는 늘 목이 마르다.

"핫해, 핫해! 일루 와!"

끝없는 갈증, 돈으로 사는 행복 _____.

채워도 채워도 채워지지 않는 욕심. 사람에게 만족이란 없다. 만족이 없기에 사람은 자기 욕망의 덫에서 헤어나기 힘들다. 돈을 휴지처럼 써도 남아돌 정도의 재력가라 해서 만족하는 삶을 사는 것도 아니다. 법정 스님이 말씀하셨던 무소유라는 것도 결국 자족하고, 비우고 내려놓아야 진짜 행복을 찾을 수 있다는 뜻이리라.

우리는 버리지 못하는 물건을 보관하느라 돈을 쓰고, 새로운 것을 구입하고 거기에 어울리는 또 다른 무엇을 사기 위해 일한다. 아무리 생각해도 신상 가방엔 신상 구두를 맞춰 줘야 한다. 새 술은 새 부대에 담으라고 했으니, 신상은 신상에 구색을 맞추어 산다.

가슴속 채워지지 않는 사랑, 결핍, 때로는 열등감이 '홧김 소비'로 이어진다고 해서, 근본적인 '화'가 사라지진 않는다. 우리는 끊임없이 소비한다. 무엇을 위해 사는지도 잊은 채, 행복하자고 돈을 쓰는 건지, 돈을 쓰니까 행복한 건지도 모른 채, 마치 뫼비우스의 띠처럼….

우리는 때로 진짜 행복을 위해서 살기보다는 남들에게 행복해 보이기 위해서 사는 것 같다. 최근에 맛본 비싼 디저트 사진을 SNS에 꼭 올려야 되고, 새 차를 뽑았다며 동네방네 자랑을 늘어놓아야, 내가 남들보다 위에 서 있는 착각을 한다. 일 년에 몇 번은 해외 어디 근사한 해변에 누워 석양을 바라보는 '설정샷' 정도는 올려 주어야 비로소 행복하다고 믿는다.

지금도 충분히 행복할 수 있는 감사의 조건들이 많은 사람들조

차도 페이스북이나 인스타그램에 도배된 더 화려하고, 더 행복해 '보이는' 사진을 보면서 어떻게 해서든 '소비'로 자신의 열등감을 감추거나, 부족해 보일지도 모를 행복을 돈으로 사려고 한다.

결국 비교가 소비를 부추긴다 _____ .

신상을 향한 열망도 사실 일주일을 채 넘기기 힘들다. 잘 생각해 보자. 우리가 첫 차를 샀을 때의 기쁨이 일주일을 넘겼는지, 다리가 부러질 만큼 돌아다니다 산 그 가방을 얼마나 들고 다녔는지를….

"어머, 이거 요즘 유행하는 거예요."
"요즘 연예인들 사이에서 핫해요."
"아이 엄마들 사이에서 이 상품은….."
"요즘 청담동 패션이 바로 이런 스타일!"

말하자면 이런 식이다. 신상을 걸치고, 입고, 씹고 맛보지 않으면 안 될 것 같은 '불안'을 조장하는 사회 속에서 우리는 오늘도 살아간다.

나르시시즘, 신상의 유혹 _____ .

엄마는 말씀하셨다. 우리 애는 남들과 다르다고…. 그러고 보면, 썩 틀린 말도 아니다. 다르긴 하지! 70억 세계 인구에서 나와 같은 사람은 그 어디에도 없으니 말이다. 우리는 일찍이 엄마 배 속에서부터 자기애를 성립시켜 왔다. 우리 한 사람 한 사람은 '우리 집

귀한 자식'이다. 그래서 고객을 대할 때도 그들이 '남의 집 귀한 자식'임을 잊어서는 안 된다. 그들의 '자기애'에 상처를 줘서는 안 된다는 말이다.

신상을 좋아하는 마음도 일종의 '자기애의 표출'이라 생각된다. 내가 나를 사랑하는 마음과, 남들 또한 나에게 관심을 가져 주고, 한 번 더 바라봐 주길 바라는 마음이 물건을 통해 표출된다.

"어머! ○○엄마, 그 신발 어디 잡지에서 본 것 같은데, 샀구나. 너무 예쁘다."

"어머! 요즘 유행하는 스타일의 바지네요. 멋져요."

"우와, 이게 그 유명한 전지현이 발랐다는 립스틱이에요? 저도 한번 발라 봐도 돼요?"

새롭게 반짝이는 것들을 소유함으로 인해, 또 한 번 관심과 사랑을 받을 수 있다고 생각하는 그 마음은 나를 사랑하고 더 아껴 주려는 나르시시즘과 만나 더 강력한 힘을 발휘한다. 자기애가 강할수록 우리는 신상의 유혹에 쉽게 빠지게 된다.

절대 반지의
힘

그놈의 '원조'가 뭐기에 _____.

서초동 프ㅇ 간장게장. 강남 바닥에서 게딱지에 밥 좀 비벼 먹어 본 사람이라면 누구나 아는 이름이다. 30년 동안 제자리를 지키면서 연예인, 프로 운동선수들, 일본 관광객들로 시끌벅적한 맛집. 일명 원조 간장게장 가게이다.

그런데 이 유명한 음식점이 '자매의 난'으로 몸살을 앓았던 적이 있다. 원래, 프ㅇ 간장게장은 동생이 30년간 열심히 한자리에서 오랫동안 장사해 온 원조였다. 그런데 언니가 똑같은 상호로 30m쯤 떨어진 곳에 새로운 간장게장 가게를 내고, 간판도 비슷하게 만들어 걸었던 것이다. 아니, 이게 어디서 배운 상도덕이란 말인가? 어떻게, 이런 일이? 그것도 남이 아닌 친언니가!

방송국 인터뷰 요청이 올 때도 이 언니라는 사람은 태연하게 본인이 원조인 척을 했으니, 동생은 타이레놀 백 개를 입에 털어 넣어도 가시지 않는 두통에 시달렸을 것이다. 살다 살다 복창 터지는 일이 참 많다 하지만 친자매가 법정에 나란히 서게 생겼으니, 돈이란 게 뭔지…. 그놈의 원조가 뭔지, 참 씁쓸한 사건이 아닐 수 없다.

원조 = 프리 패스 ＿＿＿ .

"고추장 맛의 비밀? 며느리도 몰라. 아무도 몰라!"라고 하셨던 신당동 떡볶이의 원조, 마복림 할머니를 기억할 것이다. 아니, 얼마나 특급 비밀이기에 할머니는 며느리한테까지 야박하게 알려 주지 않으시나 했다. 하지만 원조 할머니는 "이젠 며느리도 알아요."라며 아들과 함께 그 원조의 맛을 잇고 계신다. 할머니 가게 바로 앞에서 장사하는 막내아들네 집도 맛이 똑같다.

'원조'는 그 자체로 최고의 마케팅이다. 원조면 말이 필요 없다는 이야기다. 감히 내가, 내가 뭐라고 50년 넘게 떡볶이만 만드셨던 할머니에게 토를 단단 말인가. 그냥 프리 패스다. "우리가 제일 먼저 시작했어요. 우리 집이 제일 오래된 집이에요. 우리가 '원조'예요."라는 것만으로 절대 반지를 가진 것이다.

이젠 나도 피스트 펭귄! ＿＿＿ .

우리는 원조에 약하다. 마복림 할머니의 아들이 '마복림 할머니 막

내아들 집'이라는 간판을 걸고 엄마에게 업혀 갈 수밖에 없는 이유다. 그럼 난 지금 막 가게를 열었는데, 원조가 될 수 없다는 얘기인가? 아니다. 내 가게에, 내 물건에 '최초'를 붙이면, 내가 '퍼스트 펭귄'이 되는 것이다.

'세계 최초, 대한민국 최초로 유산균을 보여 드린 곳, 대한민국 최초로 유산균을 판매한 호스트, 홈쇼핑 최초로 영어로 방송하는 호스트, 대한민국 최초로 꼬달리를 발라 본 사람, 그래서 대한민국에서 가장 오랫동안 꼬달리에 대해 아는 호스트가 바로 나' 이런 식이다.

홈쇼핑에서 판매하는 주방 가전 중 최초라고 말할 수 없다면 범위를 좁혀 보자. 예를 들어, 홈쇼핑에서 판매한 믹서기 중 내가 최초라고 말이다. 조건은 붙이기 나름이다.

'대한민국 원조'가 거창하다면 '우리 동네 원조'로, '우리 동네 원조'가 어려우면 '이 상품 최초'로, 또 그것도 어려우면 상품의 속성 중에 하나를 끄집어내어 '최초'라는 이름표를 붙여 보자. 문래동에서 처음 생긴 빵집이라 할 수 없다면, 문래동에서 천연효모를 최초로 넣은 빵집이라고 자랑해 보는 것이다. 영등포에서 최초로 수제 비누를 만든 집. 어떤가? 최초를 만들기 위한 조건을 더 세분화하다 보면, 우리 가게를, 내 상품을 '원조'로 보이게 만들 아이디어가 나올 것이다.

상술 말고
상식

고객은 숫자가 아니라, 사람이다 _____.

나 또한 고객이다. 하지만 우리는 이 점을 쉽게 망각한다. 내가 싫다고 생각되는 걸 고객에게 강요해서는 안 된다. 쇼핑을 하면서 불쾌했던 경험들을, 혹시 나의 고객에게 강요한 적은 없었는가? 내가 고객일 때와 마케터일 때의 마음이 달라서는 안 된다. '나 = 고객'이라 생각하며, 불편한 요소들, 불쾌한 감정들을 제거해 줘야 한다.

"빨리 사세요. 수화기 들어 주세요. 서둘러 주세요."

"이것도 같이 사세요. 사는 김에 이것까지 다 사시면 좋죠."

"시간이 없어요. 일단 사고 보세요."

"전화기 들고 주문하시면서 보세요."

재촉하고, 닦달하고, 고객을 코너로 몰아붙이고, 억지로 지갑을 열라고 하고…. 잘 생각해 보자. 난 과연 정말 진심으로 고객을 편하게 해 주고 있는지를 말이다. '팔고자 하는 욕심'이 과해지면, 고객을 무시하게 된다. 그 순간, 고객은 수단이 되고 숫자가 된다.

과잉 친절? 친절이 아닌 소음 공해! ____ .

쇼핑을 하다 보면, 다리가 아픈 게 아니라 머리가 아프다고 느낄 때가 많다. 아마 많은 이야기들이 '소음 공해'가 되어 나를 괴롭히기 때문인 듯하다. 이러한 과잉 친절은 고객을 오히려 도망가게 만든다.

진짜 친절한 마케터란 고객이 바라는 대로, 고객에게 맞춰 줄 줄 아는 이들이다. 그저 자기 얘기를 늘어놓고, 친절 응대를 했다고 착각하지 말자. 겪는 고객은 무진장 피곤하다.

지금 나랑 장난하나? ____ .

"충격가! 5,900원~"

"엥? 진짜 5,900원이야? 헉, 코트가 5,900원?"

비싸 보이는 코트에 가격을 '5,900원~'이라고 적어 놨으니, 당연히 5,900원인 줄 알았다. 그러나 이것도 나름 장사 기법이겠지. 들어가 보면 작은 액세서리만 '5,900원'이라 적어 두고, 나머지는 비싼 아이템으로 채워 놨다. 일종의 낚시질에 걸린 것이다. 가격 뒤에 '~'라고 물결 표시를 붙여 놓았으니, 틀린 말은 아니고….

누가 그랬나? 물결 표시만 들어가면 다 용서된다고? 온라인·오프라인 가릴 것 없이, 무진장 많이 쓰는 일종의 기술(?)이다. 그러나 말하고 싶다. 제발 적당히 좀 하자!

생각해 보라. 판매자인 우리도, 소비자가 되었을 때, '000~'이라고 적혀 있으면 해당 제품이 물결 표시 뒤의 높은 가격일 것이라고 예상하는지, 아니면 "에잇, 이럴 줄 알았어!"라고 짜증이 슬금슬금 올라오는지 말이다.

고객은 물고기가 아니다. 이런 낚시 기법은 오래가지 못한다. 상술로 팔지 마라. 상식으로 팔아라. "다시는 너희 가게 안 갈 거야!"

Yes, I did Yes,
You did

　일단 하자! 머릿속으로만 '해야지. 해야지.' 하면, 평생 하지 못한다. 영어 콘텐츠 '시원스쿨'을 판매할 때도, 300개가 넘는 영어 강의를 '언젠가는 들어야지.'가 아니라 그냥 일단 들었다. 그리고 지금은 시원스쿨의 전 강의를 3번 이상 들었다. 왜? 재밌으니까. 왜? 영어가 되니까. 왜? 막상 해 봤더니 쫄 필요가 없으니까.

못 먹어도 고! _____.
　"요리? 요리가 뭐예요?"라고 했던 스물넷부터 요리를 배웠다. 일단 했다. 왜? 난 어차피 바닥이니까 더 이상 내려갈 곳도 없다. 그럼 이제 올라갈 일만 남은 거다. 일단 한다. 못 먹어도 고(go)!
　1년 안에 한식 요리사 자격증과 양식 요리사 자격증을 땄다. 시골 살이? 삼시세끼? 예능에서만? 아니, 나도 한다. 8년 전 텃밭 농사부터 시작, 쓰러져 가는 시골집을 전세로 얻어 2년간 시골 살이 연습을 했다. 그리고 지금 난 경기도 양평에 내려와 호박과 고추를 키우며, 행복하게 산다.

"책, 나도 써 볼까?" 하는 생각에 무작정 글을 썼고, '3개월 만에 책 쓰기'를 목표로 하루 3페이지씩 글을 썼다. 30일, 즉 한 달이 지나면 3페이지가 90페이지가 되고, 그게 3달이면 270페이지가 되니 얼추 300페이지의 책이 된다. 그렇게 거꾸로 계산해서 3달 안에 내가 완성할 목표를 세우고, 거기에 맞게 지금 내가 해야 할 일을 정하고 시간을 계획한다.

그리고 난 지금 책을 쓰고 있다. 누군가의 권유로? 아니, 그냥 일단 쓰고 출판사에 투고하여 문이 열릴 때까지 두드리기로 했다. 왜? 두드리는 자에게는 열린다고 했으니까 나와 맞는 출판사를 만날 거라 생각했다. 그리고 지금 당신은 그렇게 쓰여진 내 책을 보고 있다.

인생은 실패와 성공의 짬뽕밥

"이 사업? 될까? 안 될까?"

"이 상품? 될까? 안 될까? 될 수도 있겠지? 안 될까?"

그런 고민을 할 시간에 뭐라도 해 보라. 뛰쳐나가 서점에 가서 시장 동향 관련 책을 보거나, 이니면 경쟁사에서는 상품을 어떻게 파는지 조사하거나, 그것도 아니면 신나게 놀아 보라. 놀 때도 대충 놀지 말고, 화끈하게 혼신의 힘을 다해 놀아 보라. 노는 동안 아이디어가 나올지도 모른다! 그게 뭐든, 일단 해 보라는 거다. 머릿속으로 '해야지. 할 수 있을 것 같은데…. 할 수도 있을 거야!'라고 생각만 하면 아무것도 안 된다.

내가 지금까지 살아오면서 나 자신을 즐겁고 행복한 길로 이끌었던 건 '일단 해 보자.'였던 것 같다. 마음이 이끄는 대로 할 수 있는 만큼 해 보고, 진짜 다 해 봤는데도 아니다 싶으면 문 닫고 나와서 또 다른 문을 두드리면 되는 거다.

어릴 때는 실패하고 넘어지는 게 아팠다. 그런데 이제는 그 실패가 굳은살을 만들어 주었다. 마음에도 굳은살이 생겨 웬만한 일에 쉽게 좌절하지 않는다. 인생은 실패와 성공의 짬뽕밥. 둘이 잘 섞이면서 엎치락뒤치락하며 우리는 그렇게 사는 거다. 실패할까 봐 시도조차 하지 않는다면, 그 어떤 성공도 맛볼 수 없다.

나를 감옥으로 밀어 넣는 생각들 _____ .

많은 이들은 문을 열어 보기도 전에 '분명 저 문은 굳게 닫혀 있을 거야.', '저 문 안에는 험난한 길만 있을 거야.'라고 생각하고, 열어 볼 엄두를 못 낸다. 긴 인생은 아니었지만 38년을 살아오면서 수많은 문을 열어 보고 닫고, 실패하고 다시 도전하고, 또다시 유턴하고 직진하고…. 끊임없는 '들이대기'의 연속이 내 삶이 되었다. 들이대고 들어가 보지 않는 한, 닫힌 문 속에 어떤 세상이 존재하는지 우리는 알지 못한다.

될 수도 있을 것 같은데….	⋯▶	생각만 하고 안 한다.
가능성은 있을 것 같은데….	⋯▶	역시, 생각만 한다.
해 보면 좋을까? 좋긴 하겠지?	⋯▶	생각만 한다.

그리고 1년, 2년, 3년, …, 10년을 그렇게 보낸다. 홈쇼핑 업계에서 14년을 일하면서, 나름 '깡다구'라는 게 생겼다. 강단 있게 밀어붙이지 않으면 좀처럼 일이 진전되지 않는 경험도 많이 했다. 다 같이 '으쌰으쌰' 해도 힘든 사업인데, "에이, 안 될 거야. 에이, 하지 말자."고 옆에서 바람 빼는 동료들도 많이 있다.

하지만 우리는 아이디어가 부족해도, 미완성이어도, 때로는 좀 '어리버리'하다 해도 일단 해 보는 거다. 하면서 길을 찾고, 하면서 답을 만들어 나가면 된다. 시도해 보지 않고는 내가 얼마만큼 해낼 수 있는지 알지 못한다. 해 보면서 자신의 한계를 넘어서는 거다. '에이, 내가 무슨….' 하는 생각으로 한계를 만들어서 스스로가 만든 감옥에 자신을 밀어 넣어서는 안 된다.

일단 하는 거다! _____.

"말하자마자 행동하는 사람, 그 사람이 가치 있는 사람이다." 엔나우스의 말이다. "늦게 내려진 올바른 결정보다 빨리 내린 틀린 결정이 더 낫다." 피터 드러커의 말이다.

필자는 앞으로 무엇을 할지, 일부러 말하고 다닌다. 그러면 일단 내가 하는 말을 내가 먼저 듣기 때문에 스스로에게 계속 각인되고, 이왕에 말을 뱉었으니 자존심이 있어서라도 다른 사람들에게 선언한 그 말을 지키려고 노력하게 되기 때문이다. 그래서 썩은 무를 썰더라도, 일단 뱉고 본다.

"나 이거 해. 나 이거 할 거야. 나 이거 3달 안에 하려고!"

이렇게 나와의 약속을 선포하고, 많은 사람들 앞에서 지켜 나가는 모습을 보여 주고, 나 스스로도 이를 지키려고 끊임없이 노력하는 것이다.

최근 3개월 동안 6kg 정도 몸무게를 감량했다. 1달 안에 2kg을 더 빼는 게 목표다. 눈에 띄는 곳곳에 '두 끼 먹고 예뻐지자.'라고 붙여 뒀다. 내 뇌가 내 목표를 항상 생각하게 하기 위해서다. 목표 몸무게를 달력에 주 단위로 써 놓았다. 그리고 그 주에 내 목표 몸무게를 달성하지 못하면 그날은 식사량을 줄이거나 운동량을 대폭 늘려서 한 주의 목표치를 달성하려고 애썼다. 그렇게 원하는 몸을 만들었다.

일단 하는 거다. 마음이 이끄는 대로 뭐라도 행동하는 거다. 혹자는 이를 '실천력'이라고도 말하는데, 거창한 말이나 큰일이 아니더라도, 하고 싶은 게 있으면 해 보면서 내가 나를 키우는 거다.

미친 시도? 혁신의 첫걸음 _____ .

마찬가지로 방송도, 상품도 계속 만들어 나가는 거다. 100% 안전한 아이디어, 100% 안전한 방법이란 없다. 아이디어를 낼 때마다 선임이나 팀장이라고 하는 사람들이 "이건 안 돼. 하지 마. 됐어."

라고 팀원들의 상상력을 방해하는 행동을 하는 걸 많이 목격한다. 기발하고, 엉뚱한 기획, 남들이 시도조차 하지 않았던 기획안, 아이디어, 구성, 상품 포장, 카피 문구, 방송 순서, 방송 멘트, 상품 기획, 상품 세팅, 무대 세트…. 이 모든 좋은 아이디어들이 단지 시도해 본 적이 없었다는 이유만으로 사장되는 경우가 너무 많다. 무언가 새로운 것을 하는 일이 그들에겐 그저 리스크로 보이기 때문이리라.

청춘들이여! 실패를 즐기자. 들이밀어 보자. 저질러 보자. 해보고 안 되면 버리자. 또다시 도전해 보자. 또 해 봤는데도 안 되면 또 버리고 다시 쓰자. "기획안이 맨날 퇴짜 맞아요."라고 하는 그대여! 퇴짜를 맞으면서 뭐가 문제인지 고민해 보자. 그리고 그 퇴짜 놓는 팀장을 화들짝 놀라게 만들 기발한 기획안이 나올 때까지 좀 더 엉뚱해질 필요가 있다. '한번 해 볼까?', '하면 될까?'가 아니라 '그냥 하는' 거다.

"그래, 나 했어. 이렇게 했고, 저렇게 했고, 이렇게 해서 망쳤어. 이번엔 저렇게 해 볼 거야. 할 거야!"

미친 시도들, 엉뚱한 시도들, 그냥 머릿속으로 재지 말고, 일단 끄저이는 연습, 엉덩이를 떼고 찾아가는 발설음. 거기서부터 혁신이 만들어진다.

고객은 매뉴얼대로
움직이지 않는다

　몇 년 전, S호텔 뷔페에서 한복을 입고 식사를 하려고 했던 고객이 호텔 측으로부터 입장 저지를 당했던 일이 있었다. 알고 보니 그 고객은 유명한 한복 디자이너였고, 당시 한복을 입었다는 이유만으로 식사를 할 수 없었다. 이 웃지 못할 상황이 뉴스거리로 한동안 세상을 시끄럽게 했다. 호텔이 나름의 변명을 내놓았고, 이후 호텔 대표가 꽃을 들고 한복 디자이너 집에 직접 방문해서 나름 불 끄기에 나섰지만, 한동안 이 이상하고 '웃픈' 뉴스는 쉽사리 잊히지 않았다.

　호텔의 변명과 대처는 이러했다. 첫째, 한복은 치마폭이 넓으니, 식사 중 다른 손님들이 불편할 수 있어 '입장 불가 매뉴얼'대로 했다. 둘째, 유명 한복 디자이너인 줄 알아보지 못했다. 셋째, 뉴스가 커지니, 호텔 대표가 불 끄기에 나섰다.

 이러한 변명과 대처에 묘하게 기분이 나쁜 이유는 대체 뭘까? 입장 불가 이유를 좀 더 자세히 살펴보자.

진짜 중요한 게 매뉴얼일까? _____ .

일단, 매뉴얼대로 행동한 그들은 매뉴얼대로 행동했기 때문에 잘못이 없다고 했다. 이를 통해 그들의 매뉴얼에 체크리스트는 있어도 고객의 마음을 살피는 리스트는 없음을 알 수 있었다. 사람은 기계가 아닌데, 어찌 매뉴얼대로만 움직이겠는가? 아니면 해당 기업의 문화가 매뉴얼에서 벗어난 행동이나 생각은 용인되지 않는 분위기일 수도 있다. 애석하게도 한국의 많은 기업들은, 기업의 캐치프레이즈를 크게 외치며 사장님 말씀에 절대 충성할 것을 강요하면서, 직원 스스로 생각하게 만드는 노력은 하지 못하는 것 같다.

 최접점에서 고객을 만나는 이는 누구인가? 회장? 사장? 부사장? 상무? 본부장? 땡땡땡! 다 땡이다! 그들은 문제가 터졌을 때만 고객과 만난다. 그들은 고객을 모른다. 너무 높은 분들이라, 고객을 만날 시간이 없는 분들이나. 그리고 시스템에 의해 회사가 척척 잘 돌아가리라 믿는 분들이다. 자, 그렇다면 누가 고객을 만나는가?

 결국, 말단 사원이 고객을 응대하고, '대리' 직급을 가진 사람이 고객과 티타임을 가지고, '과장' 직급을 가진 사람이 고객을 살핀

다. 윗사람이라고 하는 이들이 열심히 기업의 캐치프레이즈, 기업철학을 외치고 있을 때, '시키는 것'만 하라고 강요받은 최전방의 사원들은 정말 '시키는 것'만 욕을 안 들을 정도로 일한다. 진짜 중요한 게 매뉴얼만 잘 지켜서 하는 것인가? 또한 시키는 것만 잘하는 것인가?

최전방에서 '진짜 고객'과 만나는 이들에게 어느 정도 자유권한을 주어야 한다. 스스로 진짜 중요한 것이 무엇인지 판단하고, 진심으로 하는 장사가 무엇인지에 대해 고민하고, 매뉴얼 너머 진짜 고객의 마음을 헤아리고, 스스로 판단할 수 있는 분위기가 만들어져야 한다. 적어도, 한복을 입고 식사하러 온 고객에게 "들어올 수 없습니다."라는 차갑고 경직된 말이 아닌, 두 번째, 세 번째 대안들을 고민할 수 있어야 한다. 직원 스스로 결정할 수 있는 권한과 책임이 필요하다는 뜻이다.

"사람은 누구나 자신이 필요한 존재라는 사실을 인식하며, 느끼고 있어야 한다. 사람은 누구나 한 사람의 인간으로서 대접받기를 원한다. 책임을 부여받게 되면, 사람은 누구나 자기 속에 숨겨져 있는 잠재력을 발휘하게 된다. 정보를 갖고 있지 않은 사람은 책임을 질 수 없으나, 정보를 받아 쥐면 책임을 지지 않을 수 없게 된다."는 얀 칼슨의 말을 새겨들어야 한다.

칼자루는 언제나 고객에게 있다 _____.

두 번째, 모든 고객은 회사의 운명을 바꿀 수 있다. 손님이 유명

한복 디자이너인지 몰랐다는 것이 그들의 변명이었다. 그렇다면 한복 디자이너는 한복을 입고 들어올 수 있고, 그렇지 않으면 한복을 입고 오면 안 된다는 건가?

　유명인이면 더 잘해 줘야 하고, 일반인은 함부로 대해도 되는 것인가? 차림새가 어떠한지에 따라 마음속 줄 세우기로 고객에게 등급을 매겨 그들을 대했던가? 자신만의 잣대로 고객을 대하지는 않았는가? 고객이 어떤 차림새이든, 어떤 직업을 가지고 있든, 어떤 위치에 있든, 모든 고객은 기업의 운명을 흔들어 놓을 수 있다. 그 누구도 함부로 대할 수 없다. 모든 고객은 소중하고 값진 가치를 지니기 때문이다.

　비단, 외부 고객뿐이겠는가? 내부 고객(직원들) 또한 회사의 운명을 흔들 수 있다. 땅콩 한 봉지로 어떤 기업인의 인품이 만천하에 드러나기도 했다. 이른바 '갑질'로 내부 고객에게 거침없는 폭력을 행사하는 기업이 언제까지 갈 수 있을 것으로 믿는가? '갑'과 '을'의 관계에서 비롯되는 모든 강압적 태도들은 고객에게 분노의 씨앗을 심는다. S호텔의 경우에서도 왜 유명 한복 디자이너가 부각되는지 그저 씁쓸할 따름이다. 사람 가리지 마라. 모든 사람에게 온 마음을 다하고, 최선을 다하라. 잊지 마라. 칼자루는 언제나 고객에게 있다.

고객을 움직이는 건 '진짜 마음'　　.

셋째, 언론보다 더 무서운 존재가 고객임을 잊지 말자. 언론에 나왔다고 해서 부랴부랴 수습한다는 건, 이미 홀라당 타 버린 집에서 가재도구 건지려고 애쓰는 모양새다. 수습하느라고 별짓을 다 해도, 수습이 잘 안 될 것이다. 한번 제대로 마음이 뜬 고객의 마음을 다시 붙잡는 건, 헤어진 연인에게 구질구질하게 매달리는 것보다 더 힘든 일이다. 매달려도 다시 돌아오지 않는다.

변심한 고객들, 특히 상처받고 변심한 고객들은 그대의 안티팬이 될 것이다. 열심히, 열렬히, 그대가 실패하고, 무너지길 간절히 고대하는 그대의 안티팬. 고객은 매뉴얼로 움직이지 않는다. 고객을 움직이는 건 '진짜 마음'이다.

무엇이 내 지갑을
열게 하는가

하루 종일 뒹굴뒹굴 집에만 있는 날, 무릎 튀어나온 추리닝이 전혀 부끄럽지 않은 자유로운 날, 우리는 더할 나위 없이 행복하게 퍼져 있을 수 있다. 세수를 안 한들 어떠리, 머리를 안 감은들 어떠리. 옷이 헤져도 전혀 문제될 것 없이 나를 풀어 주는 시간. 아무도 나를 보지 않는 순간, 우리는 굳이 무언가를 할 필요가 없다. 무언가를 살 필요도 없다. 남들의 시선이 내게 머물지 않는 순간, 우리는 진정한 자유로움을 만끽할 수 있다.

지구상에 숨 쉬는 생물 중 인간만이 유일하게 '자살'을 할 수 있는 존재라 했던가. 인간은 사회적 동물이기에 남들과의 관계 속에서 자아를 발견하고, 사회인으로서의 자신의 역할을 스스로에게 부여한다. 생활고를 비관해 자살하는 이들의 뉴스를 보곤 한다.

그런데 가난의 기준은 사람마다 다르다. 진짜 먹을 것이 없어서 죽는 게 아니다. 이제까지의 삶이 스스로를 비참하게 만든다고 생각되면, 밥솥에 밥이 있어도 생을 끝내기도 한다.

통장에 잔액이 얼마 남아 있는지의 문제가 아니라, 자존감의 문제이다. 사회에서 타인에게 비춰질 자신의 모습 때문에 열심히 치장하고, 고급차를 사고, 적금을 깨서라도 명품백을 품에 안고 싶다. 남들에게 비춰질 자신의 이미지를 만들기 위해 오늘도 우리는 돈을 쓴다.

명절 전 명품 그릇이 잘 팔린다 ____ .

"손님들 많이 오시는데, 이 정도는 갖추셔야죠."

명절을 앞두고 돈 나갈 때가 많아서 1백만 원 넘는 명품 식기를 누가 사겠냐 하겠지만, 천만의 말씀! 명절 전에 팔아야 잘 나간다. 살림도 잘하고 품격 있는 주방을 갖춘 격조 있는 사람으로 존경(?)받기를 원한다면, 기본 명품 식기, 냄비, 커트러리(cutlery) 정도는 수준 있게 갖추고 있어야 된다는 것이다. 동서에게 비치는 나의 모습, 손님들이 나를 어떻게 생각할까가 식기 선택의 기준이 된다. 특히 명절을 앞두고 나를 평가할 사람들이 세트로 많아지는 날에는 더더욱 그렇다.

자존감이 낮을수록 강해지는 소비 욕구 ____ .

스스로 있는 그대로를 인정하지 못하는 마음을 가진 이들은 남들과의 지나친 비교로 늘 부족한 부분을 찾으려고 한다. 비교는 끝없는 소비를 하게 만든다. 쇼핑을 할 때만큼은 우리는 왕 대접을 받는다. 비싸 보이는 무언가를 몸에 붙이고 다니는 날에는 유독 사람들로부터 관심을 끈다. 사랑받고자 하는 마음, 관심을 받고자 하는 갈망이 소비를 부추긴다. 이렇듯 타인의 시선에 늘 사로잡혀 있는 사람은 끝없이 더 좋은 물건을 갈구한다. 하지만 그 끝은 없다. 사실, 남들은 당신에게 관심이 없다. 오직 스스로에게 더 많은 관심을 기울일 뿐이다.

남들이 그대 인생의 주체가 되어서는 안 된다. 다시 말해, 남들의 시선이 그대 인생의 중심이 되어서는 안 된다는 것이다. 대리도 안 된 입사 3년차 후배가 외제차를 사고 싶어 고민 중이라고 했다. 후배는 본인 연봉의 무려 3년 치에 해당하는 가격의 차를 사고 싶어 했다. 이유는 주차할 때마다 초라함을 느낀다는 것. 그는 카드빚에 시달리는 것보다 '자존감을 높여 줄 쇼핑'을 더 중요한 일이라 여기는 것 같았다. 후배는 아마도 원하는 차를 사고 빚을 갚을 때쯤이 되면, 아니 어쩌면 빚을 다 갚기도 전에 그 외제차가 보잘것없는 차로 보여 또다시 카드빚을 내어 더 좋은 차를 사고 싶어질 것이다.

누가 봐도 있어 보이는 잘나가는 직장인으로 남들이 봐 주길 원한다. 더 많은 것을 소비하기 위해 더 많은 일을 해야 된다. 씀씀이가 커진 당신은 이미 가진 것에 만족하지 못한다. 더 쓰고 더 벌고, 더 벌고 더 쓰고…. 끊임없이 '더 쓰기' 위해 노동에서 벗어나지 못한다.

소비가 계급을 만든다 ____ .

한때 '등골 브레이커'라 불리던 노스페이스는 학생들 사이에 계급을 나누었다. 70만 원 이상 되는 점퍼를 입으면 '대장'이 되고, 그 아래 50만 원에서 30만 원대를 입은 학생들 중에서 '중급'인지 '하급'인지를 나누고, 나머지 20만 원 이하 제품을 입는 아이들은 '찌질이'로 분류된다.

친구들과 잘 놀기 위해서는 함께 입어 줘야 하고, 함께 사 줘야 하는 물건들이 있다. 그 계급에 들어가 그들과 어울려 그들의 세계 속에서 살기 위함이다. '왜 이걸 사야 되지?'라는 뚜렷한 질문 없이 소비만이 그들과 함께 어울릴 수 있는 유일한 길이라 생각한다. 남들과 어울리거나 또는 남들보다 우월해 보이기 위해 각종 소비로 겉모습을 치장한다.

누군가 줄 세우기를 하면 그 줄에 같이 서지 않을 용기, 돈으로 사람의 가치를 매기는 문화에 동승하지 않을 용기, 무분별한 소비문화로부터 자신을 지킬 수 있는 힘은 내가 나를 있는 그대로 인정하고 아껴 주는 것에서부터 시작된다.

패를 다 까지
말 것

스릴, 어드벤처, 판타지, 환상적인 음악, 주인공들의 긴박한 추격전….

"까악! 정말 보고 싶다. 보고 싶어."

끝내주는 예고편을 보고, 나도 모르게 영화티켓을 결제한다. 그런데 혹시 막상 영화를 보고 나오면서 '예고편이 더 재밌네.'라고 느낀 적은 없는가? 영화는 부실하게 만들었는지 모르겠으나, 예고편만큼은 끝내주게 잘 만든 '마케팅 잘한 영화'가 있다.

상품을 홍보할 때도 상품을 잘 만드는 것 못지않게, 어쩌면 오히려 더 머리를 쥐어짜서, 예고편을 만드는 일에 힘을 쏟아야 한다. 상품의 예고편이란 광고나 홈페이지에서 확실하게 보여 주고, 홈쇼핑에서는 짧은 시간 임팩트 있게 소구하는 것을 의미한다. 상품이 노출되어 고객의 평가를 받아야 하는 자리에서는 모두 끝내주는 예고편이 등장해야 한다. '딱 보면 압니다.'가 되어 줘야 한다. '딱 보니 끌리네!'가 되어 줘야 한다.

감질나게, 딱 여기까지! _____ .

자, 소개팅 자리로 가 보자. 어떤 남자가 매력적인가? 어떤 여성이 매력적인가?

성장 배경, 그동안 살아온 인생의 구구절절한 이야기들, 심지어 회사 동료 이야기까지…. 상대방이 관심 없어 하는 이야기들을 모조리 쏟아내고 오늘 처음 만난 상대방과 공백 없는 대화를 이끌어 가고자 한다. 그리고 나름 열심히 상대방에게 자신을 어필하고자 피나는 노력을 기울인다. 과연 애프터가 들어올까, 안 들어올까?

안 들어온다! 그 이유는 다음과 같다. 첫째, 이 남자(여자), 너무 쉽다. 둘째, 이 남자(여자), 말이 너무 많다. 피곤하다. 셋째, 이 남자(여자), 오늘 보고 나서 내일 볼 이유를 못 찾겠다.

자, 그럼 다시! 오늘 안에 인연을 끝내고 싶지 않다면? 호기심을 자극해야 한다. 알듯 말듯, '매력적인데? 이야기 계속 더 듣고 싶네. 또 만나고 싶네. 더 알아보고 싶네.'가 되어야 한다. 오늘은 감질나게, 딱 여기까지! 너무 많은 걸 다 까서 패를 다 보여 주지 마라. 처음 만난 소개팅 자리에서는 확실하게 나라는 사람의 '예고편'을 보여 주는 것만으로도 충분하다.

끝내주는 예고편 _____.

예고편에는 모든 것을 담는 게 아니다. '아, 진짜 끌리네. 다음에 더 자세히 알아보고 싶다.' 또는 '아, 끌린다. 구입해서 내가 써 보고 싶다.'가 되어야 한다. 오늘 모든 걸 다 설명하고, 오늘의 홍보 시간에 자잘한 것까지 다 보여 줄 필요는 없다. 아니, 보여 주면 안 된다. '다 보고 나니, 별거 아니네.'가 될 수도 있다.

그리고 구입해서 '써 보고 싶게' 만드는 것이 마케터의 목표이다. 상품 홍보 페이지, 예고, 인포머셜 영상, 홈쇼핑 광고 등의 홍보물에 모든 것을 쏟아 내는 일은 없어야 한다. 끝내주는 예고편, 그걸로 족하다.

We dream
together

물건에 생명을 불어넣기 위해서는 그 물건의 태생, 족보를 알아야 한다. 물건의 족보를 알기 위해서는 그 물건의 성장 배경, 출신, 내역, 이렇게 태어난 연유 등을 알아야 한다. 이를 알기 위해서는 먼저 이 물건을 만든 곳이 어떤 곳인지를 살펴봐야 한다. 그리고 이 물건을 팔기 위해서는 해당 브랜드에 대한 깊이 있는 연구가 필요하다.

상품에 '가치'와 '비전'을 녹여라 .
자, 다음의 질문에 각각 답을 한번 달아 보자.
 "우리 회사는 어떤 곳인가?"
 "우리의 비전은 무엇인가?"

"우리는 무엇을 파는가?"

쉬운 예를 들어 보겠다. '코카콜라'로 연습해 보자.

:: 미션인 듯 보이는 가짜 미션 ::

우리 회사는 어떤 곳인가? 우리 회사는 음료수를 파는 회사다.

우리의 비전은 무엇인가? 세계 각국의 최대한 많은 이들에게 콜라를 파는 것이다.

우리는 무엇을 파는가? 우리는 유리병과 캔에 담긴 까만색의 일정한 색소와 다량의 설탕이 포함된 물을 파는 회사다.

⋮

:: 확고히 정하고 공표하지 않으면 모르는 미션 ::

코카콜라(브랜드)는 무엇인가? 즐거운 시간이다.

우리의 비전은 무엇인가? 고객에게 행복한 시간을 선사하는 것이다.

우리는 무엇을 파는가? 우리는 고객에게 추억과 즐거움을 판다.

회사(브랜드)는 보이지 않는 '가치'를 어떻게 전달할 것인가가 존재의 이유여야 한다. 실제로 있는 그대로 보이는 건 '음료수를 파는 회사'다. 하지만 우리는 그 속에 내재된 의미를 찾아야 하고, 우리 회사가 추구하는 '가치'와 '비전'을 상품에 녹여서 팔아야 한다.

일의 큰 그림, 비전의 중요성 _____ .

돌을 정으로 열심히 깎고 있는 두 석공이 있었다. 한 사람은 그저 이 부분에서 어느 정도의 돌을 얼마만큼 깎으면 오늘의 일이 끝난다고 생각하고 '돌을 깎는 일'만 하고 있었다. 허리는 끊어질 것 같고, 시간은 더디게 가는 고통스러운 하루하루였다.

또 다른 한 사람은 열심히, 즐겁게 돌을 깎고 있었다. 그 사람에게 힘들지 않느냐고 물어봤다. 그러자 그는 밝은 미소로, "제가 오늘 하는 일은 세계에서 가장 위대하고 거룩한 성당을 만드는 일입니다."라고 답했다. 포춘지에 소개된 이야기다.

자신이 하고 있는 일의 큰 그림을 볼 수 없는 사람, 즉 비전이 없는 사람은 그저 자신에게 주어진 일만 할 뿐, 왜 그 일을 해야 하는지 모르는 사람이다.

비전은 회사 임원들 소수의 마음속에만 존재해서는 안 된다. 비전을 명확하게 정하고, 회사가 나아가야 할 방향과 목적을 전 직원이 공유해서 한 방향으로 마음을 모아야 한다. 그리고 회사 곳곳에, 즉 책상에, 화장실에, 문 앞에, 글 또는 그림의 형식으로 잘 보이게 두어 점점 각인시켜야 한다.

공동의 미션을 통해 무한대로 커지는 판매 동력 _____ .

리더들은 항상 회사가 나아가야 할 방향을 피드백하고, 점검해야 한다. 직원들의 열정에 기름을 부어 주고, 부채질을 해 주고, 항상 뜨거운 마음으로 공동의 미션을 달성할 수 있도록 늘 깨어 있게 해야 한다.

우리는 자칫 '판매' 그 자체에만 혈안이 되기 쉽다. 하지만 이 물건을 왜 팔아야 하며, 이 물건을 만들어서 파는 것이 소비자의 인생에 어떤 놀라운 혁신을 만들어 낼지에 대한 이해 없이, 또는 물건을 단순히 물건으로만 여기고 이 물건이 의미하는 놀라운 가치에 대한 확고한 신념이 없이는 쉽게 판매 동력을 잃기 마련이다. 팀장이 바짝 쪼는 경우에만 열심히 팔거나, 선배가 잔소리할 때만 죽지 못해 열심히 일하는 척한다.

회사의 미션이 곧 나의 미션이 되고, 더 나아가 사회를 바꿀 수 있는 아름다운 미션이 될 때, 나의 판매 동력은 무한대로 커 나갈 것이다.

장사가
뭘까

　자, 그럼 지금부터 진짜 장사를 이야기해 보자. 장사를 한다는 건 여러분에게 어떤 의미인가? 먼저 사전적 의미의 장사란, 내가 가지고 있는 물건(눈에 보이는 유형의 재화만이 아닌 무형의 지식도 포함)을 타인의 화폐와 바꾸는 개념을 말한다.

　그럼, 좀 더 솔직하게 이야기해 보자. 다시 물어보겠다. 장사를 한다는 건 여러분에게 어떤 의미인가? 여러분은 아마 수익률을 가장 먼저 생각할 것이다. 내가 가지고 있는 물건을 팔아서 되도록 이면 높은 수익을 내는 것, 즉 내가 투자한 시간, 노력, 돈 대비 타인으로부터 더 많은 것을 얻는 것, 그리하여 남는 게 많은 장사. 그렇다. 어찌 보면 맞는 말이다.

　우리가 장사를 하는 데 있어, 수익률을 빼놓고서는 어떤 비즈니스도 이야기할 수 없기 때문이다. 장사를 잘하는 사람, 본능적으로 '장사촉'이 좋은 꾼들은 수익률이 좋은 비즈니스를 느낌으로 안다.

아이템도 수명이 있다? ____ .

그럼 우리가 장사를 하는 데 있어, 수익률만 따지면 되는 것인가? 14년 동안 홈쇼핑에서 수천여 가지 아이템을 판매하면서 얻은 결론부터 말하자면, 장사를 잘하기 위해서는 수익률만 봐서는 절대 안 된다는 것이다.

단기적으로 수익률이 좋아서 선택했는데, 금방 시장에서 외면받는 상품도 있고, 지금 당장은 수익률이 조금 미미하더라도 발전 가능성이 높은 상품, 마케터의 손길이 더해지면서 인기를 얻는 상품, 심지어 마케터가 인공호흡기를 달아 주어 죽으려다가 살아나는 상품도 있다.

아이템도 사람처럼 수명이 있다. 이 아이템이 단타로 끝날 것인가, 장기적으로 시장을 이끌 것인가는 아이템 자체의 실력 + 그 아이템에 끊임없이 생기를 불어넣어 줄 판매자 + 그 아이템을 믿고 함께 키워 줄(상품은 아이 키우는 것과 똑같다) 인내와 용기 + 비즈니스 협력자들과의 신뢰, 이 모든 것이 하모니를 이뤄서 상품을 만들고 시장을 개척한다.

'어떻게' 팔 것인가에 대한 '진짜' 고민 ____ .

장사를 할 때 중요한 것은 현시점에 보이는 그야말로 두 눈으로 보이는 부분만으로 상품을 결정해서는 안 된다는 것이다. 훌륭한 장사꾼, 유능한 마케터라면 '많이 팔아야지.'라는 생각을 지워야 한다.

무슨 '귀신 방귀 뀌는 소리'를 하나 싶겠지만, 마음에 '많이 팔아야지.'라는 생각이 가득차면, 오직 수익률만이 가장 먼저 가슴에 꽉 차게 된다. 그 순간, 다른 보이지 않는 중요한 요소들은 다 배제해 버리는 왜곡된 눈을 가지게 되는 것이다.

자, 힘을 빼자. 진짜 장사꾼이 되기 위해서는 '진짜'를 봐야 한다. 물건 뒤에 있는 사람을 봐야 된다. '많이 팔자.'가 아니라 '어떻게' 팔아야 될지에 대한 고민을 해야 한다. 없던 시장을 개척하고, 있던 시장을 뒤집고, 짧은 시장도 길게 만드는 비결은 사람에게 있다.

생각의 차이는
어디서 생길까

 간만에 소개팅에서 마음에 드는 상대를 만났다. 무슨 수를 써서라도 잘 보이고 싶다. 놓치고 싶지 않다. 좋아하는 색은 뭔지, 어떤 음식을 잘 먹는지, 하나부터 열까지, 모든 게 궁금하다. 자, 죽어 가는 연애세포를 다시 깨우자.

 상품을 기획하고, 상품을 판매하는 일 역시 연애와 같다. 상대에 대해 적당히 알면 연애하는 과정도 피곤하고 미적지근해지며 유통기한도 짧아진다. 상대에 대해 뜨겁게 알고, 열렬히 사랑할수록 시장은 더 넓고 깊어지며 오래간다. 우리가 사랑해야 될 대상, 그 첫 번째는 바로 고객이다. 고객을 알아야 고객이 무엇을 좋아하는지, 또 무엇을 필요로 하는지 알 수 있다.

고객은 아웃 오브 안중? _____.

제조사 사장님들과 대화를 나누고 있노라면, '이것이 진정 제조사 마인드구나!'라고 느낄 때가 많다. 대기업인 삼성, LG라고 해서 별반 다르지 않다.

우리가 이번에 막대한 돈을 쏟아부어서 이 제품을 개발했는데, "이 손잡이 좀 보세요. 예술이죠? 이거 좀 강조해 주세요. 그리고 메탈이 대세잖아요. 저희도 이번에 냉장고 컬러를 다 메탈로 맞췄고, 핵심 기술이 이렇고 저렇고…." 엄청나게 강조하신다. 그럴 때마다 난 "섭섭하게 들릴지 모르겠지만, 사장님, 이건 제조사 마인드예요."라고 말씀드린다.

상품은 마치 내가 낳은 아이 같아서, 고슴도치도 예뻐 보인다. 객관성 상실이다. 특히, 제품 개발자와 미팅을 할 때는 그야말로 제조사 마인드로만 이야기한다. 제품에 대한 열띤 토론이 이어지면 그 순간 제품 자체에만 포커스가 맞춰지고, 고객은 그야말로 '아웃 오브 안중'이다. 즉, 안중에도 없게 된다.

고객에 대한 관찰이 먼저 _____.

어느 마을에 연세가 많으신 노부부가 살았다. 할아버지와 할머니는 서로를 끔찍이 챙겨 주고 사랑했다. 젊었을 때부터 바게트 빵을 먹을 때마다 늘 할아버지는 바게트 빵의 딱딱한 부분을 뜯어 할머니의 접시에 올려 주곤 했다. 하루는 할머니가 화를 잔뜩 내며 따져 물었다.

"당신은 젊었을 때부터 바게트 빵의 딱딱한 껍질 부분만 주더니, 늙은 이날 이때까지도 꼭 그 맛없는 껍질 부분을 나에게 줘야겠어요?"

그 말을 들으신 할아버지는 놀라운 표정으로 할머니에게 말했다.

"나는 바게트 빵의 딱딱한 껍질 부분이 맛있어서 당신에게 준 거요."

할아버지에겐 딱딱한 바게트 빵 껍질 부분이 최고의 맛이었지만 할머니에겐 그것을 먹는 것이 고통이었던 것처럼, 먼저 고객이 무엇을 좋아하고, 어떤 라이프스타일을 가지고 있으며, 어떤 고민을 하고 어떤 꿈을 꾸고 있는지에 대한 관찰이 필요하다.

고객 속에
아이디어가 있다

LG 퓨리케어 정수기를 미팅 장소에서 처음 만났을 때의 느낌은 '어? 신기하네.'였다. 물이 나오는 취수꼭지가 180도 마음대로 돌아가는 제품이었다. 20여 년이라는 짧다면 짧고 길다면 긴 정수기의 역사에 획기적인 제품이 또 하나 출시되는 순간이었다.

정수기의 디자인이라는 것이, 사실 매년 신상이 나와도 크게 변화가 없었다. 컬러나 사이즈를 줄여 보는 것이 대부분이었고, 뭔가 다르다는 느낌을 주는 정수기는 사실상 없었다. 이런 상황에서 퓨리케어의 등장은 판매자 입장에서도 신선했다.

정수기는 '차려' 자세로 언제나 그 자리에 있는 물건인데, 이 제품은 왼쪽으로도 움직이고, 오른쪽으로도 가고, 앞으로도 가고…. 내가 원하는 대로, 그야말로 '우리 집 맞춤'이었다. 대체 이런 생각은 어디서 나온 것일까?

내가 고객이라면… _____.

LG 연구원들은 고민했다. 무엇이 불편할까? 고객이 정수기를 쓴다면 어떤 부분을 가장 중요하게 여길까? 지극히 고객 입장으로 돌아가고자 했다.

정수기를 설치하지 않는다면 그 이유는 무엇일까? 의외로 막상 주문해 놓고 집에 놓아 봤더니 좁아서, 또는 놓는 위치가 애매해서 등등의 이유로 설치하지 못하고 다시 공장으로 돌아오는 정수기도 많았다고 한다. 그래서 연구원들은 추적 조사에 들어갔다.

미리 동의를 구한 고객들의 집 곳곳에 카메라를 설치하고, 약 2년간 고객의 동선을 기록해서 데이터를 분석하기 시작한다. 주방에서 물을 쓸 때 어떤 자세로 쓰는지, 동선은 어떻게 되는지, 뭐가 불편해 보이는지, 임산부 입장에서, 노인의 입장에서, 키 작은 아이의 입장에서, 내가 고객이 되어 보는 것이다.

가장 빠른 지름길은 '고객'에게 있다 _____.

2년이라는 시간, 사실 그 시간 동안 조급한 마음을 눌러 가며 천천히 고객 관찰 자료를 모은다는 것은 대단한 일이다. 말처럼 쉽지가 않다. 지름길로 빨리 갈 수 있을 텐데, 돌아가는 느낌이 들 수도 있다.

하지만 가장 빠른 지름길은 언제나 '고객'에게 있다. 말은 쉽지만, 막상 '내가 고객이라면…'이라고 생각하는 데에는 정말 끈질긴 연습과 오랜 시간이 필요하다. 머릿속 생각을 세팅부터 다르게 해야 한다. 늘 '내가 이걸 어떻게 팔까?'가 아니라 '내가 고객이라면…'으로 다시 생각해야 한다.

'솥도 무거운데 그 무거운 솥을 들고 물까지 받으면 얼마나 힘들까?', '가뜩이나 좁은 주방에서 물을 받는 것도 힘든데, 왜 물 꼭지는 꼭 여기에 붙어 있나?', '쿡탑과 개수대 사이에 공간은 한 뼘밖에 안 되는데 정수기 놓을 자리는 없네. 그럼 정수기를 거실에 둬야 하나?' 등 물을 쓰는 모든 과정에서 고객이 느끼는 불편한 요소들을 하나씩 제거해 주는 것이 목표였고, 그 목표는 결국 디자인으로 실현됐다. 생활이 디자인의 원천이고, 고객을 알아 가는 노력이 마침내 좋은 제품을 만든다.

고객은
판타지를 소비한다

'고등 브랜드'는 이타적이어야 한다. 마음이 잘 통하는 친구를 옆에 둔 것 같은 브랜드가 고등 브랜드다.

조물주가 흙에 생기를 불어넣어 생명체인 인간을 만든 것처럼, 우리는 상품에 '생기'를 불어넣어 살아 숨 쉬게 해야 한다. 그리고 살아 있는 상품이 고객의 삶을 더욱 윤택하게, 풍요롭게, 희망적이게 만들 수 있어야 하며, 더 나아가 '나를 위해 태어난' 이타적이기 그지없는 고마운 그 상품은 평생 내 삶의 동반자이자 친구가 된다.

근본적 니즈를 찾아라

광부들의 작업복이었던 청바지가 젊음, 자유, 욕망, 여성, 섹시

등 소비자 내면의 판타지와 만나서, 몇 만 원도 안 될 원단이 100만 원짜리 청바지로 다시 태어난다.

고객은 "편해요.", "인디고 색이에요.", "길이가 적당해요."라고 해서 청바지를 구입하는 게 아니다. "나(상품)의 존재 이유는 널 위한 거야. 난 너를 위해 태어난 존재야."라고 끊임없이 속삭여 줘야 된다. 그리고 실제 그러한 존재가 되기 위해 공장에서 만들어지는 단계 이전부터 그 상품의 존재 이유에 대해 끊임없이 고민해야 한다.

지금은 상품이 없어서 그 상품을 사는 시대가 아니다. 마트에 샴푸 하나를 사러 가더라도 너무 많아서 고르기 힘든 시대다. 인구는 줄어드는데 상품은 넘쳐나고 있다. 그렇다면 우리가 만드는 상품은 고객에게 '어떤 존재'여야 하는지 깊이 생각해 봐야 한다.

보이는 니즈
Needs

내면 속 잠재된 니즈
Potential needs

보이는 니즈에만 현혹되어선 안 된다. 빙산 끄트머리만 잡고 앉아 있어서는 빙산 아래에 보이지 않는 무궁무진하고 근본적인 니즈를 놓치기 쉽다.

고객은 청바지가 아닌 '판타지'를 입는다

청바지에 대한 고객들의 눈에 보이는 니즈를 살펴보자. 입고 벗기 편한 지퍼, 코디하기 좋은 인디고 색, 살이 쪄도 입기 편한 사방 스판…. 이는 엄밀히 말하면 상품 속성이다. 그러나 흔히 니즈로 분류되어 버리는 속성들이다.

그렇다면 내면에 잠재되어 있는 이른바 포텐셜 니즈(potential needs)를 살펴볼까? 당신의 섹시미를 더욱 발산시켜 줄 핏, 소개팅 자리에서 빛날 아름다움, 멋진 남성과의 저녁 식사, 사랑하는 아이와 함께 뒹굴며 노는 시간….

빙하 아래에 잠재되어 있는 포텐셜 니즈를 '은근슬쩍' 묻히고, '은근슬쩍' 버무려, 하나의 상징성으로 상품에 입히자. 고객은 판타지를 입고, 마시고, 쓰며 판타지와 함께 살아간다.

1년 만에 11배 성장한 하겐다즈의 비결

1980년대 말, 프리미엄 아이스크림 시장을 개척하고자 했던 하겐다즈의 시장 공략은 어떠했는가? 초반 시장 점유 2%대에 머물렀던 하겐다즈는 어떻게 해서 1년 만에 11배가 넘는 성장을 할 수 있었을까?

　하겐다즈의 광고를 맡은 BBH는 20대부터 40대까지 남녀 소비자들에게 하겐다즈 아이스크림을 맛보게 한 후, 언제, 어떨 때, 어디서, 이 아이스크림을 먹고 싶은지를 조사했다. 우울할 때, 집에 가서 남편과 함께, 사랑하는 연인과 함께 영화를 보면서, 데이트를 망친 날 혼자서 우울한 마음을 풀려고 집에서 등등…. 여기서 고객의 마음을 찬찬히 들여다보는 관찰이 이루어진다.

　하겐다즈는 "달콤해요.", "여러 가지 맛이에요.", "부드러워요." 가 아닌 이 상품이 주는 행복한 이미지에 초점을 맞춘 것이다.

나이키 광고엔 나이키가 없다 _____ .

디자인이 어떻고, 품질이 어떻고, 제품에 대한 설명이 없다. 심지어 모델이 제품을 들고 찍은 사진조차 없다. 대신 나이키 광고엔 스포츠 영웅들에게 보내는 찬사와 스포츠 정신이 있으며, 유머와

||||||||||||||||||||||||||||||||||||||||||||||||||||||||||||||||||||||||||||||||||||

> just do it.

||||||||||||||||||||||||||||||||||||||||||||||||||||||||||||||||||||||||||||||||||||

위트 또한 있다. 여든 살 할아버지가 한겨울 조깅을 하는 모습. 달각거리는 틀니가 조깅에 방해가 되어 라커 속에 두고 뛴다는 멘트는 '그냥 쫄지 말고 해! Just do it!'이라는 나이키 정신을 보여 준다.

 나이키를 입으면, 나이키를 신으면, 뭐든 할 수 있을 것 같은 용기, 꿈, 이미지…. 고객에게 논리가 아닌 행복을 판매하는 것이다.

착한 소비와
홈쇼핑

"착한 소비는 한 장의 투표용지와 같다."는 말이 책『명견만리』에 나온다. 치열한 경쟁, 불안정한 경제, 넉넉지 못한 주머니 사정…. 그럼에도 불구하고, 착한 소비는 늘어난다. GS샵 오혜선, 백성훈 호스트는 10년 넘게 재능기부로 도네이션 방송을 도맡아 하고 있다. 세상을 아름답게 만드는 소비를 몸소 실천하고 있는 그들이다.

그리스에서 시작된 커피 기부 문화

커피 값이 없어서 마시지 못하는 이들을 위해 타인이 마실 한 잔 값을 더 지불하게 하는 착한 커피 가게 '서스펜디드 커피', 신발조차 사 신을 돈이 없어 맨발로 걸어 다니는 개발도상국 아이들을 위해 내가 구입한 신발이 그들의 발이 되어 주는 'Toms', 한 달에 5만 원씩 내면서 일면식 없는 이들을 위해 지하철 물품보관함에 간식을 넣어 두는 '달콤창고'.

팍팍하고 숨통이 막히는 시대를 살면서, 따뜻함을 나누고자 하는 이들이 더욱 늘어나고 있다. 인간은 기본적으로 정의롭고자 한다. 바르게 살고자 하는 욕망이 있다. 그 기본을 거스르는 기업과 상품은 소비자에게 외면받을 수밖에 없다. 따라서 상품은 이타적이어야 한다. 소비는 이타심을 발현시키는 것이어야 한다. 이타적인 상품에 대해 소비자는 선한 마음으로 그 상품을 구매한다.

'돈'이 아닌 '사람'을 생각하라

남양유업이나 미스터피자의 '갑질'이 제품의 맛까지 떨어뜨리는 시대다. 기업가는 '돈'이 아닌 '사람'을 생각하며 장사해야 한다. 한 번의 실수가 나락으로 이어지는 것이 아니라, 평소에 내가 어떤 마음으로 고객을 대하고, 직원을 대하고, 파트너를 대하느냐가 결국 소비자의 마음을 움직인다.

백수오 사건이 터졌을 때도, 힐링크림 사건이 터졌을 때도, 우리 모두 잘못한 기다. 몰랐든, 어쨌든 잘못은 즉각 사과하고, 내 가족이라면 어떤 기분일지 백 번 생각하고 돌이켜 봐야 한다. 돈, 실적, 매출만 생각하다가 진짜 중요한 '사람'을 놓친다.

홈쇼핑 업계에 오래 몸담고 있다 보면, '정신줄'을 놓고 '매출'에만 영혼을 팔 때가 있다. 그러나 진짜 장사를 하고 싶다면 정신 차리고 매 순간순간 깨어 있어야 할 것이다.

이렇게 장사하자 _____ .

첫째, 마이너스 장사를 하자. 시식 코너에서도 먹다 보면 미안해서 사게 된다.

둘째, 내 눈의 들보를 먼저 보라. 타사나 타 제품을 비방하며 장사하지 마라. 없어 보인다.

셋째, 고객 기준의 '불쾌함'을 없애라. '이 정도면 괜찮지 않을까?'라는 생각은 버려라. 내 기준이 아니다. 고객 기준이다.

넷째, 길게 보는 장사를 하라. 사람을 남기는 장사꾼이 '거상'이다. 길게 보고 퍼 줘라. 괜찮다. 퍼 주면 더 크게 돌아온다.

다섯째, 결국은 사람이다. '이 사람을 믿고, 이 기업을 믿고 내가 소비를 해도 될까?'라고 무의식중에도 생각하는 분들이 고객이라는 점을 명심하자.

'원래 그래'란 없다

새로운 판을 짜다 _____.

'팩'은 붓으로 바르는 것, 아니면 붙이는 것? 아니, 둘 다 틀렸다. '이거 아니면 저거.'라는 건 없다. '원래 그랬어.'라는 것도 없다. 그냥 새롭게 정의를 하면 되는 거다.

 '바르고 자면 끝!' 이게 바로 팩이다. '바르고 안 씻고, 그냥 자는 거야. 냅둬, 냅둬!' 이게 바로 수면팩이다.

 수면팩을 팔기 위해서는 '수면팩이 대체 뭘까?'부터 풀어야 했다. '프랑스 애들은 이런 걸 팩이라고 하나 보다.'를 소비자들에게 이해시키는 데 족히 1년은 걸렸던 것 같다. 만져 보면 수분크림처럼 촉촉하고 부드러운데, 바르면 기의 몇 초 안에 흡수가 되면서 얇은 피부막이 생기는 듯한 느낌이 드는 팩, 그리고 자면서 침구를 더럽힐 일이 없는 팩.

'수면팩이란, 바르고 자는 동안 씻을 필요 없이 흡수되는 신개념의 팩'이라는 정의를 매 방송 때마다 보여 주면서, 처음에는 '이게 뭐지?'라고 했던 고객들에게 새로운 개념을 열심히 주입시켰다. 그리고 열심히 우겼다. 믿을 때까지…. 우리도 사실, 처음에는 '엥?' 했었으니까.

유럽 사람들은 이런 크림 같은 걸 바르고 나서 팩이라고 하는지 모르겠으나, 2008년까지만 해도 팩은 곡물을 갈아서 바르거나, 에센스에 흠뻑 젖은 시트를 얼굴에 얹어 놓거나 하는 경우, 거의 이 둘 중 하나였다. 물론 비누 형태로 거품을 내고 얼굴에 도포하는 에그팩도 있었지만, 그것도 아무튼 씻어 내야 했기 때문에, 그동안 소비자가 경험했던 팩의 종류는 크게 바르고 씻는 경우와 얹어 놓고 흡수시키는 경우 중 하나였다.

이건 의자놀이다. 먼저 엉덩이 붙이고 앉는 놈이 왕이다. 왕좌를 차지하느냐 못하느냐의 싸움이 시작됐다. 우리는 후발주자였고, 엉덩이 싸움에서 이기고 싶었다. 의자를 차지하고 싶었다. 기존 마스크팩은 비슷한 가격에 엄청난 양으로 기본 100장씩은 쏟아부어 주고 있었으니, 구성도 간소하고 가격대도 10만 원대 정도 하는 이 '마드모아젤 쌍빠'를 소비자들에게 어떻게 소구해야 할지 다들 머리 꽤나 아팠다.

제품을 꾸준히 써 보면서, 순하고(천연재료 베이스), 흡수 잘되고, 수분 공급 및 주름 개선 효과도 좋고(임상 결과로 확실히 보여 줌), 무엇보다 '편리함'이 가장 큰 매력임을 알게 되었다.

여자는 밤에 급격하게 늙는다(밤 10시부터 새벽 3시까지, 호르몬 변화로 수분 손실이 최고인 시간대). 기초 화장품만으로는 밤을 이길 수 없다. 더 진하고 강력한 게 필요하다. 그러므로 팩을 자기 전에 해야 하는데, 너무너무 귀찮다. 자기도 바쁜데, 바르고 씻고, 붙이고 기다리고…. "오, 노! 안 해, 안 해! 못 해, 못 해!" 그래서 '밤(nocturnal) + 마스크 팩(mask pack)', 바르고 바로 흡수되고, 안 씻어도 되는 '수면팩'이 딱이다.

이렇게 포인트를 잡고, 밤과 편리함을 공략했다. 제품명도 '녹터널 마스크팩'이었는데, 이걸 한국말로 바꾸자니, '밤의 팩'? '밤을 위한 마스크팩'? 음, 느낌이 안 왔다. 결국 '수면팩'이라는 이름을 짓고, '자면서 예뻐지자!'를 모토로 소구하기 시작했다. 지금은 수면팩이라는 용어가 많은 화장품 회사에서 쉽게 사용하는 용어가 되었지만, 그때까지만 하더라도 '수면팩'이라는 이름을 붙여서 방송에서 판매하는 상품은 없었다.

2008년, 2009년, 2010년… 꾸준히 3년 내내 GS샵 이미용 전체 상품에서 1, 2등을 유지하게 되었다. 쌍빠의 등장으로 최근 5년 가까이 기존 형태의 마스크팩은 방송에 늘어올 자리가 없어졌다. 그만큼 쌍빠의 위력은 대단했다. 원래 그런 건 없다. 새로 만들면 된다.

무조건 다르게 간다 _____ .

"아이크림을 얼굴 전체에 다? 얼굴에 바르라고?"

그랬다. AHC는 '막 써도' 된다고 했다. "싸게, 많이 줄게. 듬뿍 발라." 아이크림을? 그 비싼 아이크림을 말이다. 2012년 AHC 아이크림의 등장은 신선한 파장을 불러왔다.

아이크림(eye cream), 이 코딱지만 한 게 왜 이렇게 비싼 거지? 아이크림을 사면서, 여자라면 누구나 '이게 뭐라고 이리도 비쌀까?'라고 속으로 욕 한 번씩은 해 봤을 것이다. '아이크림'이라는 이름만으로, 일반크림보다 몇 배는 더 비싼 귀한 아이(?). 조금만 바르는 크림이라고 생각했다. 그리해야 되는 줄 알았다. 우리 모두 그저 그렇게 아이크림 아껴서, 고이고이 눈가에 얹었다.

대체 누가 그런 사회적 약속을 만들었는지, 눈가만큼은 비싸고 좋은 걸 발라 줘야 된다는 대대로 내려오는 법칙(?) 같은 걸 믿으면서, "그래, 우리 엄마도 눈가는 신경 써야 된다고 하셨어."라며 아이크림의 가격에 대해 쉽게 이의를 제기하지 못했다.

그런데 홈쇼핑에서 아이크림을 '왕창', 그것도 일반적 아이크림 용기보다 5배 이상 크게 만들고, 생긴 건 '아이크림스럽게' 만들었다. 엄청나게 큰 사이즈의 아이크림을 스무 개씩 주면서 가격은 10만 원이 채 안 되게 제공하니, 그야말로 초대박을 연일 기록했다. 당연히 제품 성분과 효과도 훌륭했다. 효과도 좋은데 그 진하고 비싼 아이크림을 이렇게 '와장창' 준다고 하니, 고객들은 "엥? 진짜?"라며 크게 놀랐고, 양에 반해 샀다가, 효과에 또 한 번 놀랐다.

AHC는 1999년부터 에스테틱 화장품으로 시작하여 지금까지 아이크림만 5,000만 개 이상 판매, 2016년 한 해만 따져 봐도 전체 매출 4,200억 원을 기록할 만큼 엄청난 성장세를 보여 주는 회사다.

:: 원래 아이크림이란? ::
아이크림은 고농축이다.
아이크림은 비싸다. 그래서 아껴 바른다.
아이크림은 눈가에만 바른다.

⋮

:: 아니다. 무슨 소리? 원래란 없다! ::
아이크림은 고농축이다. 맞다.
아이크림은 비쌀 이유가 없다. 마구마구 발라라.
아이크림을 얼굴 전체에 바른다.

　아이크림에 대한 변하지 않는 '고정관념'이 오히려 도움이 된 마케팅이었다. '비싸다', '양이 적다', '귀하다', '고농축이다'라는 아이크림에 대한 고객의 기존 이미지를 상기시키면서, 여기에 반선으로 '비싸지 않다', '양이 많다', '아끼지 마라', '고농축이다', '효과 좋다'라며 고객을 놀라게 한다.
　좋은 효과는 가져가되, 부정적 요인을 세서하는 판매 전략. 무조건 다르게 간다! 남들 가는 길로는 안 간다! AHC는 오늘도 새로운 길을 만든다.

법칙이란 깨라고 있는 것 _____.

이름부터가 '마데카솔'의 냄새가 '솔솔' 풍겼다. 동국제약의 '마데카 크림'은 이름부터 달랐다. 마데카솔 없는 집은 없을 거고, 마데카솔이 뭐하는 연고인지는 다들 너무 잘 알 테고…. 그리하여 마데카 크림은 작명부터 남달랐던 멋진 아이(?)였다. 이름도 멋져! 게다가 기똥찬 효과까지 겸비한, 멋진 상품.

그런데 필자가 특히 주목한 건 바로 용기의 모양! 이름도 '마데카솔스럽게' 지어 왔는데, 생긴 것도 연고통 같이 만들어 왔으니…. "진정 그대는 똑똑하구려." 동국제약 개발자와 마케터들에게 큰 박수를 보내는 바이다. 화장품스럽지 않은 용기에 화장품을 담아 왔다. 약국 냄새 풍기는 작명에 연고스러운 용기라…. 대박, 대박, 대박!

동국제약 직원들의 말에 의하면 약간의 의도(?)가 전혀 없었던 건 아니었지만, 일부러 용기를 그렇게 만들려고 한 것보다는 알루미늄 연고 용기가 공기의 재유입을 막아 내용물의 신선도를 보다 잘 유지할 수 있도록 도와주기 때문에 이 '연고 튜브' 같은 용기를 택하게 되었다고 한다. 의도했든 하지 않았든, 마데카솔 크림, 아니 마데카 크림은(왜 자꾸 마데카솔 크림이라 부르고 싶은 건지) 날개 돋친 듯 판매되고 있다.

2015년 마데카 크림은 혜성처럼 등장해, 시작부터 한 해에 400

억 원을 기록하면서, 2015년 4월 론칭 이후 500만 개 이상 판매되며, GS샵 기초 1등 판매 기록을 유지하고 있다. 기존 법칙의 틀 속으로 발을 넣지 마라. 법칙이란 깨라고 있는 거다!

비싸게 팔려면,
비싸 보이게

처음 만난 소개팅 상대와 곱창집이나 연탄고깃집 같은 곳에 가면 데이트의 성공 확률이 확 떨어진다. 처음 만났는데 '아무거나' 먹거나, '아무 데나' 간다는 느낌을 받은 상대는 심지어 상대방이 자신을 싫어한다고 생각할 수도 있다. 상대방이 좋아하는 맛보다 선호하는 분위기가 무엇인지 고민한다면, 그대는 진정 고수!

왠지 비싸 보여_____.

5만 원대, 10만 원대, 15만 원대 물건이 같은 모양, 같은 케이스, 같은 진열대에서 판매되면 변별력이 떨어진다.

"그래서 5만 원짜리랑 10만 원짜리의 차이가 뭔데? 내가 5만 원을 더 얹어서 사야 될 이유가 뭔데?"

샅샅이 다 뒤져서 찾아보기 전에 그냥 보고 비슷해 보이면 둘 다 안 산다. 그러니 하다못해 진열대라도 다르게 만들어라. 색이라도 다르게, 글자체라도 다르게, 그래서 '아~ 더 비싼 건 딱 봐도 비싸 보이는구나!'가 되게 말이다.

"잘 모르겠지만, 진짜 저 값은 할 것 같아. 왠지 좋아 보이네. 그냥 살까 봐…."

이 분위기 진짜 좋아! ____ .

세트, 음악, 컬러까지 모두가 분위기를 만들어라. 무대 세트 소품, 커튼 컬러, 글자체와 컬러마저도…. 예를 들어 '고매너츠'를 판매할 때는 블랙과 골드 위주의 컬러로 세트, 자막, 배경을 통일했다. 일관된 느낌을 위해서, 전체적인 아우라에 한 번 더 보게 만들기 위해서….

기존에 꾸준히 판매했던 5만 원대의 어쩌면 만만한 '베리너츠'와는 다르게 견과를 사 먹는 데 한 번에 10만 원을 내게 하려면, 10만 원 이상의 가치가 있다고 느끼게 해 줘야 한다. 그저 보는 것만으로도 10만 원 정도는 가볍게 써 줄 수 있을 것 같은 느낌으로 통일해야 한다. 홈페이지, 상품 로고, 상품 글자색, 케이스, 세트, 자막, 음악 모두가 한 방향으로 비싸고 묵직해 보이는 아우라를 풍겨야 한다. 고메너츠는 더 비싸지만, 그럴 만한 가치가 있는 상품이라 믿을 수 있노록 했다. 그리고 현재는 기존에 살나가던 저렴한 베리너츠를 누르고, 더 높은 매출을 기록하고 있다.

작은 소품, 즉 숟가락 하나에도 아우라가 느껴지도록. 그 어떤 것도 대충할 수 없다.

이 정도 대접은 받아야지! _____ .
'내 아이는 특별하니까 더 비싼 산양유로', '나는 나를 사랑하니까 더 고급으로', '우리 가족은 소중하니까 이 정도는 먹어 줘야 된다'는 소구. 그리고 그러한 관점에서의 고객 대우를 우리가 하고 있는지를 늘 염두에 두어야 한다. 당신이 고객일 때 누군가에게 왕 대접받기를 원하듯, 당신의 고객도 그대에게 왕 대접받기를 원한다. 가격에 걸맞은 대접을 해 줘야 한다.

이를테면 상품 가격 10만 원에는 상품의 원가만 들어 있는 것이 아니다. 근사한 포장, 고급스러운 진열, 친절한 판매원, 가게의 분위기… 그 모든 것이 다 들어 있다. 그 모든 것이 10만 원 이상의 아우라를 풍기고 가치를 지닐 때, 10만 원은 비로소 이유 있는 소비가 되는 것이다.

원가 1만 원 하는 소고기도 엘레강스 럭셔리 레스토랑에서 나이프를 들고 썰어야 되는 순간, 한 접시에 10만 원이 되는 거다. 그 분위기 때문에 1만 원짜리 200g 소고기를 10만 원에 사는 거다. 나는 오늘 소고기 그 자체를 산 것이 아니다. 소고기를 썰 때 만져지는 근사한 식기의 느낌과 직원들의 따뜻한 미소 그리고 럭셔리한 레스토랑의 음악과 의자의 푹신하고 기분 좋은 느낌과 고급스러운 인테리어, 이 모두를 접시 안에 버무려서, 결국 그냥 소고기가 아닌, 고급스러운 아우라를 가진 소고기 스테이크를 10만 원 주고 산 거다.

지불 금액 이상의 아우라를 풍겨라 _____ .

하룻밤에 100만 원 하는 호텔에서 자면서 서비스의 질이 100만 원에 못 미친다면, 아무리 인테리어가 금으로 도배되어 있는 방에서 잔다고 해도 100만 원의 값을 못한 거다. 그리하여 그대의 고객이 돈을 쓴다는 건 단순히 이 상품의 재료나 구성 때문에 그것만을 사는 것이 아니다. 당신의 상품이 풍기는 아우라가 지불하는 금액을 뛰어넘을 때, '이건 내가 지불하는 금액 이상의 가치가 있어.'라고 판단하고 구입하는 것이다.

홈쇼핑에서는 세트의 구성, 자막의 느낌, 호스트의 의상, 소품, 이 모든 것이 엇박자가 나지 않는지 점검한다. 상품을 올려놓은 홈페이지에는 가격대별로 상품이 아우라를 풍기고 있는지, 가격대별·상품별로 글자체나 바탕 컬러나 문구나 상품 진열이나 상품 배치, 사진의 느낌, 전체적인 톤 등이 제대로 아우라를 풍기고 있는지 반드시 체크해 봐야 한다. 모든 상품이 같은 어조, 같은 톤, 같은 느낌으로 진열되어서는 절대 안 된다.

비싸게 팔려면 비싸 보이게 하라. 당신의 상품은 진정 비싸도 될 만한 자격을 갖추었는가? 당신의 상품은 진정 비싸 보이게 제대로 아우라를 풍기고 있는가?

PART 2

마케팅 고수의 장사법

매일 나는 더 나아지려고 노력하는가?
매일 나는 나를 위해, 내 일을 위해, 내 삶을 위해
'무언가'를 하고 있는가?
마케터로서 나는 고객에게
더 나은 내일을 약속할 수 있는가?

고수의
상사법

물건을 설명하는 법에 대해서 간략히 이야기를 나눠 보겠다. 사실, 필자는 '설명하다'라는 단어를 그리 좋아하지 않는다. 그것이 사람이 되었든, 사물이 되었든, '설명을 해야지.'라는 생각을 가지고 상품을 분석하면 그 순간 '설명'이라는 프레임 속에 갇히게 된다. 그 상품을 설명하려고 생각하는 순간, 그건 정말 '설명'밖에는 안 되는 것이다.

결론부터 말하자면, 상품을 판매한다는 것은 공감하는 것이다. 내 속으로 들어온 상품, 마치 하나의 알에서 같이 태어난 것 같은 느낌(이 느낌이 강림하는 것에 대해서는 앞으로 '쭉쭉' 말씀드리겠다), 우리끼리는 '작두를 탄다'라고 표현하는데, 상품과 내가 겉도는 것이 아니라 완전 혼연일체가 되어 내 삶이, 내 생활이, 내 온몸이 느끼는 그 상품에 대해서 이야기하는 것, 즉 공감을 끌어내는 것이 장사다.

정말 장사를 잘하는 사람은 _____ .

첫째, 상품을 많이 알고 있는 사람이다. 소개팅에서 처음 본 남자에 대해서 친구들이 물어본다. 느낌이 어떻고 인상착의는 어떻다는 등, 보이는 부분에 대해서는 그럭저럭 이야기할 수 있다. 그럼 진짜 속은? 사실, 결혼을 했다 해도 10년을 같이 산 남편 속도 모를 때가 많다고 한다.

더 오래, 더 깊이, 더 많이, 사랑하고 더 알아 가고자 해야 사람을 알 수 있듯이 상품도 마찬가지다. 절대적인 시간이 필요하다. 이 상품을 오랫동안 관찰하고, 씹고, 뜯고, 만지고, 느끼고, 많이 돌아다니고(시장을 둘러보라, 경쟁자를 파악하라, 미투 상품을 분석하라), 많이 만나야 한다(상품과의 접촉 시간을 늘려야 한다).

둘째, 상품을 많이 사랑하는 사람이다. 상품을 팔기에 앞서, 우리는 상품과 아주 깊이, 아주 진하게 사귀어야 한다. 모든 상품에는 장점과 단점이 있다. 많이 사용해 보고, 많이 느껴 보고, 정말 깊이 알아야 그 상품의 진가를 알아볼 수 있다. 사랑에 빠지면 흔히들 콩깍지가 씌었다고 한다. 단점을 보는 눈도 중요하지만 그에 앞서 내가 판매하고자 하는 상품의 잘난 구석, 멋진 구석은 어디인지부터 샅샅이 살펴 상품과 사랑에 빠지는 사람만큼 상품을 잘 표현하는 사람은 없다.

셋째, 그 사랑을 나누고픈 사람이다. 한창 사랑에 빠진 커플들을 보면, 물어보지 않아도 남친·여친 자랑에 시간 가는 줄 몰라 한다. 상품 판매자도 깊이 사랑에 빠져야 한다. 상품과의 사랑이 깊고 절절할수록 자꾸 자랑하고 싶어진다. 그리고 이미 사랑에 빠진 판매자는 '이 좋은 걸 왜 나만 알고 있어야 되지?'라고 생각한다. 심지어 나만 알고 있다는 걸 안타깝고 미안하게 생각한다. 우리 가족, 우리 애인, 우리 친구, 우리 단골, 심지어 길 가던 사람이라도 붙잡고 이 좋은 물건에 대해 이야기하고 싶어진다. 이 상태가 되었을 때, 비로소 마케터로서 가장 힘이 충전된 상태라 하겠다.

누구에게 팔 것인가? 타깃 설정하기

가장 기본으로 돌아가자. 대체 누구한테 물건을 팔겠다는 것인가? 일명 타깃이 누구냐는 것이다. 우리가 가장 먼저, 그리고 가장 깊이 생각해야 될 부분이다. 이 물건은 누구를 위해서 만든 건지, 누구에게 팔아야 할지에 대한 깊은 고민이 필요하다. 그냥 "남자라면 다 사야 돼요." 혹은 "30대 여자라면 이게 필요해요."는 아니란 말이다.

코렐 그릇을 예로 들어 보자. 무엇보다 심플하고 정말 가벼운 게 특징인, 또 '깨지지 않는 아름다움'이라는 슬로건으로 유명한 튼튼하고 오래가는 그릇이 바로 코렐이다. 코렐의 특징을 간략하게 살펴보면 다음과 같다.

첫째, 3중 압착 유리로 잘 깨지지 않고 튼튼하다.
둘째, 깨끗한 유리다.
셋째, 가볍다(같은 크기의 일반 도자기 대비 3분의 1 수준).
넷째, 디자인이 심플하다.

자, 그럼 코렐을 한 번 팔아 보자. 어떻게 팔 것인가? 이를 '누가 코렐을 사야 되는가?'로 말을 좀 바꿔 보겠다.

주부 ⋯▸ 아이가 있는 엄마 ⋯▸ 아이가 그릇을 떨어뜨려 위험하다고 생각하는 주부 ⋯▸ 아이의 건강이 걱정돼서 자연 소재에 대한 니즈가 있는 주부

계속 이런 식으로 고객의 상황을 가지치기해 본다.

아이가 없는 주부 ⋯▸ 맞벌이라 남편도 설거지를 자주 한다 ⋯▸ 막 다뤄도 되는 그릇을 찾는다

혼자 사는 싱글족 ⋯▸ 집이 좁다 ⋯▸ 보관 장소가 여의치 않아 얇은 그릇을 찾는다 ⋯▸ 어차피 주방용품에 관심 없어서 이것저것 많이 사고 싶지 않다 ⋯▸ 하나로 오래 쓰고 싶다

아이들 다 분가하고 남편이랑 둘이 산다 ⋯▸ 내 몸 하나 건사하기도 귀찮다 ⋯▸ 밥하기 싫지만 집밥을 하는 건 나에게 습관이다 ⋯▸

편하게 살고 싶다 ⋯▶ 관절이 아파 무거운 게 싫다

 그냥 '타깃 = 주부, 끝!'이 아니라, 이런 식으로 계속 가지를 치면서, 그들이 어떤 상황의 어떤 사람들인지에 대한 관찰·고민을 해 보자.
 마치 고객의 집에 내가 같이 살고 있다면 지금쯤 뭘 하고 있을지를 머릿속으로 상상하면서 고객의 삶으로 들어갔다 나오는 게 타깃팅이다. 좀 더 생각하고, 한 걸음 더 들어가고, 깊이 관찰하는 연습, 그게 바로 타깃팅이다.

고객의 80%는
비싸도 산다

'비싸다'와 '싸다'의 절대적인 기준은 없다. 기준은 우리가 만들어 제시하면 된다. 고객은 가격을 고민하는 것이 아니다. 그 가격에 합당한 가치가 있는가를 고민한다.

세일 제품을 절대로 사지 않는 상위 고객 20%, 세일 제품과 정가 제품을 모두 사는 중간 고객 60%, 세일 기간에만 사는 고객 20%. 우리의 타깃은 상위 20%와 중간 60%를 합한 80%의 고객이다. "고객의 80%는 비싸도 구매한다." 경영 컨설턴트 무라마츠 다츠오의 말이다.

무라마츠 다츠오는 고객에게 비싸다고 인지되는 물건은 그만큼의 돈을 지불할 '가치'가 없는 제품이라고 했다. '가치'가 '물건값'을 뛰어넘을 때, 고객은 상품을 비싸다고 생각하지 않는다. 결국 살까 말까의 고민은 가격 고민이 아닌, 가치 고민이다.

객단가를 높여라! _____.

'생쇼'를 해서, 고객을 모으든, 할인 행사를 해서 고객이 보게 하든, 홈쇼핑에서 일정량 이상의 고객을 유입시키는 건 어려운 일이다. 시간대별로 시청률이 다르다. 퇴근하고 씻고, 밥 먹고 '과일이라도 먹을까?' 하는 시간, '뉴스 할 시간인데….'라고 하는 딱 그 시간에 사람들은 TV 앞에 가장 많이 모이고, 아이들 학교 픽업하고, 직장에서 일하는 시간에는 고객들이 많을 수 없다. 당연하다.

그럼 고객 유입을 증대시키는 방법은 뭘까? 목적 구매를 유도하거나, 객단가를 높이는 거다. 딱 그 시간에만 이 아이템을 잠깐 볼 수 있다는 조건이 붙으면, 고객들은 의도적으로 그 시간에 맞춰서 목적 구매를 한다. 그렇지 않은 경우, 유입되는 고객의 수가 어느 정도 일정할 때는 상품의 단가를 높이는 것이 매출을 증대시킬 수 있는 방법이다.

시원스쿨이 처음 홈쇼핑 방송을 시작했을 때는 10만 원대 상품을 팔았다. '횡재 패키지'라는 이름으로 월 19,000원으로 1년 내내 무제한 PC 또는 핸드폰으로 수강할 수 있게 해서 판매했다. 잘되긴 했었다. 그러나 홈쇼핑에서 영어 교육 상품을 구입하는 고객의 모수를 넓히는 데는 한계를 느꼈다.

당시, GS샵 전구경 MD는 유입되는 고객의 수를 키우는 것보다 객단가를 높여 매출을 견인해 보자고 제안했고, 고민 끝에 나온 상품이 바로 시원스쿨탭. 시원스쿨의 영어 콘텐츠를 태블릿PC에 저장해서 60만 원대에 공개했다. 탭이 망가지지 않는 한 무제한으로 몇 년간 계속 들을 수 있게 했고, 탭은 탭대로 쓸 수 있게 했다. 고객의 반응은 대폭발!

  2017년 초엔 영어 콘텐츠 보강과 탭 기종의 업그레이드로 가격을 80만 원 후반대까지 올렸다. 기존 시원스쿨 영어 강좌에 회화, 영어 리딩책, 단어 암기 등을 보강하여, 콘텐츠와 탭의 퀄리티를 높였다. 80만 원 이상 하는, 90만 원에 육박하는 상품이었지만 고객의 반응은 꾸준했다. 작년 한 해 1,000억 원 이상의 실적을 기록하며 영어 교육 시장에 새로운 기록을 만들고 있다.

  현재 시원스쿨은 글로벌 패키지(기본 영어 + 중국어, 베트남어, 러시아어, 스페인어 등)로 각국의 언어를 함께 익힐 수 있는 패키지를 선보이면서 파이를 키우고 있다. 10만 원에서 100만 원까지 객단가가 올랐다. 그것도 3년 안에 말이다. 하지만 고객은 '비싸다'고 생각하지 않았다. 그만큼 '가치'가 있으면 과감하게 선택했다. 또 기존 탭과의 비교도 이루어졌다. 영어만 들어 있는 탭에서 글로벌 패키지를 선택하려면 10만 원 이상 더 추가해야 하지만, 공부를 다 할 수 없더라도 일단은 풀옵션이다!

  '일단 사 놓으면 언젠가는 하겠지.'라는 마음, '일단 집에 모든 언어를 다 가지고 있자.'라는 마음, '내가 안 하면 우리 아들이라도 하겠지.'라는 마음이다. TV 리모컨에 버튼이 그렇게 많아도, 안 쓰는 기능이라도 일단 다 되는 걸로, Go! 객단가를 높여라.

단, 거기에 충분한 가치를 담아라.

단품가와 세트가의 차이를 되도록 크게 만들어라 ____ .

편의점에 갈 때마다 다른 걸 사고 싶다가도, 행사한다고 적혀 있는 주스나 과자에 자동반사로 손이 간다. 하나 먹고 끝내면 되는 걸, 옆에 있는 사람한테도 너도 이거 마시라며, 2+1을 사 들고는 흐뭇한 미소를 짓는다. "다른 거 먹지 마. 우린 요걸로 통일~ 끝!" 단품으로 사는 것보다 조금 더 돈을 주더라도 더 많이 사는 게 '득'이라는 것.

  비교 대상을 명확하게 던져 주어야 한다. 단품의 가격, 예를 들어 비타민 같은 건강식품을 판매할 때, 비타민 한 병의 가격을 높게 책정해서 온라인에 판매하거나 백화점에 납품한다. 가령 백화점에서 한 병에 9만 원으로 판매하는 비타민을 홈쇼핑에서 10개씩 주면서 10만 원대에 판다면, 고객들은 몇 초 만에 손익계산을 끝낸다. 물론 마진율을 보면 단품으로 팔 때가 훨씬 마진이 높겠지만, 전체 매출로 보면 마진을 낮추고 많이 파는 게 이득이다.

  "9만 원 × 10병 = 90만 원. 그런데 10만 원대? 이건 안 사면 안 돼! 아니, 어떻게 이런 구성을, 어떻게 이런 가격으로? 고맙기도 하지."

  스스로 최면을 건다. 그리하여 2개만 있으면 될 걸 10개씩 사서 쌓아 놓는다. 그리고 유통기간이 지나서 버린다. '아, 홈쇼핑은 정말 끊기 힘들어.'라고 하면서 또 빠져든다.

구성 세팅도 중간중간 '+' 부호를 붙여 가며 구분지어 준다. '1+1+1+1+1+1 = 1 (?)' 이렇게 더했는데 가격이 하나 값?

덤을 받다?

홈쇼핑을 잘 보고 있으면, '추가 구성'이라고 얘기할 때가 있고, '사은품'이라고 얘기할 때가 있다. 추가 구성이란 본 상품과 패키지로 묶어서 만든 상품이다. 하지만 전체 상품 가격에 포함되는 구성이다(고객은 추가 구성을 포함시킨 총 합계 금액을 상품 가격으로 지불한다). 사은품은 고객이 지불할 필요가 없는, 그야말로 '선물'로 그냥 주는 상품이다(고객은 사은품에 값을 지불하지 않는다).

상품 구성을 기획할 때, 두 가지에 주안점을 둔다. 첫째, 많이 보이게 구성한다. 둘째, 저렴해 보이게 구성한다(상대적 비교 대상을 언급하거나 보여 주면서). 자, 단품가 대비 세트가가 더 싸다는 것을 세팅했다. 그다음으로는 많아 보이게 기획하는 거다. 예를 들자면, 같은 중량의 제품도 담기 나름이다. 얼마나 많이 주는지 눈으로 잘 구분되게 세팅하고, 자막에도 구성 인지가 잘되게 보여 준다.

가령, 한 팩에 500g씩 찌개를 담아 10팩을 판다고 가정해 보자. 총 중량 5kg이다. 자, 이번엔 한 팩에 250g 찌개를 담아 보자. 그럼 20팩의 구성이 나온다. 총 중량은 5kg으로 동일하다. 많이 담아서 10팩으로 보여 줄 선지, 조금 적게 담지만 20팩으로 보여 줄 건지, 시뮬레이션을 돌려 보고, 세팅해 보고, 포장값 대비 이윤도

계산해 보고, 제조 시간 및 공정비용을 따져 본 후, 더 많고 풍성해 보이는 쪽으로 세팅한다.

"오늘 10팩 드립니다!"

"오늘 20팩이에요!"

둘 다 같은 중량이지만, 분명 다르게 들린다.

당신의 플랫폼에서
고객이 춤추게 하는 법

 '고객 충성도'는 이제 옛날 마케팅 책을 뒤져 봐야 나올 법한 단어가 되었다. 고객은 '충성'하지 않는다. 단지 '열광'할 뿐이다. 그게 물건이든, 서비스든, 그 무엇이든 간에 그대가 공급하는 가치가 고객을 열광하게 만들지 않는다면, 그대의 고객들은 언제든지 떠날 준비를 한다. 더 가슴 뛰는 가치를 찾아서 말이다.

 따라서 끊임없이 새롭고, 신선한 제품 및 서비스 개발과 함께 놓쳐서는 안 될 요소가 바로 고객과의 유대관계다. 당신의 고객이 여기에 머물러야 하는 이유를 계속 제시해 줘야 한다. 그냥 가지 말고, 자주 오셔서 몇 마디라도 하고 가시라고, 그냥 가지 말고 나랑 친구 하며 지내시자고…. 일찍이 싸이월드가 친구를 맺으며 끈끈하게 플랫폼의 몸집을 키웠고, 인스타그램의 이용자가 2년 만에

1억 명을 넘어설 수 있었던 것도 끈끈한 관계의 바탕 위에서 가치를 나누기 때문이다.

판매자와 고객의 연결고리, 인센티브

당신의 사이트를 이용하는 고객에게 어떤 인센티브가 제공되는지 생각해 보자. 유튜브 생산자는 콘텐츠를 제공하고 광고 수익이라는 인센티브를 얻는다. 또는 명예, 인기, 돈이라는 인센티브가 동시에 오기도 한다. 탄탄한 성공 사이클을 유지하는 플랫폼의 공통점은 '생산자가 가치를 제공함 → 소비자가 가치를 받아 또 다른 가치를 생산하는 생산자가 됨 → 다시 생산자가 가치를 만듦'이라는 사이클이 반복된다는 점이다.

유튜브, 인스타그램, 페이스북 등이 이런 식의 구조로 플랫폼을 더 단단하게 만들고 있다. 명예, 광고 수익, 명성, 인기, 관심, 별풍선 등 인센티브는 다양한 모습으로 존재한다. 뭐가 되었든 간에, 이곳은 나에게 주는 여러 가지 '혜택'이 '꾸준히' 존재하는 곳이어야 한다.

자, 홈쇼핑으로 돌아가겠다. 예를 들면, 자주 가는 단골집이라면 끼워 주고 깎아 주는 맛이 있어야 한다. 그렇다면 홈쇼핑에서는 많이 사는 고객에게 더 많은 인센티브가 제공되고 있는가?

2011년부터 진행한 '3회 이상 구매 고객에게 사은품을 챙겨 주는' GS샵의 서비스는 1년 뒤 대부분의 홈쇼핑에서 벤치마킹하였다. 적립금이나 릴레이 캐시백 서비스(많이 사면, 더 많은 돈으로 적립금을 주거나, 현금으로 돌려주는 서비스)도 고객을 붙잡아 두기 위한 인센티브다.

또 고객이 고객평을 남기는 수고로움을 기꺼이 감당해 줄 수 있도록, 텍스트만 남겼을 때와 사진이나 동영상과 함께 정성과 시간을 들여서 평을 남길 때, 고객에게 돌아가는 인센티브에 있어 차등을 둔다. 텍스트만 남겼을 때보다 사진이나 영상을 남기면 적립금이 10배가 많아진다. 우리는 좀 더 많은 피드백을 고객으로부터 얻을 수 있고, 고객은 더 많은 적립금으로 물건을 저렴하게 살 수 있다. 더 자주 오고, 더 많이 피드백을 해 주는 고객에게는 더 큰 인센티브가 돌아간다.

고객의 답답한 점 들어주기와 빠른 해결 또한 관계 유지에 있어 필수 항목이다. 불만이 가득한데 빠른 답변이 오지 않거나, 피드백 속도가 더디거나, 제대로 이행되지 않을 때, 고객은 이탈한다. 또 사이트 내에 노이즈가 많을 때, 굳이 볼 필요 없는 내용의 콘텐츠들이 넘쳐날 때도 고객은 이탈한다. 플랫폼이 오염되는 것을 수시로 점검하고 관리하는 큐레이션이 제대로 작동해야 한다.

고객이 제대로, 끈끈하게 우리와 잘 묶여 있는지를 수시로 체크해야 한다. 회원들의 생일이나 결혼기념일에 축하 메시지나 선물을 보내는 것도 일종의 끈 유지다. 우리는 고객의 수시 방문을 독려하고, VIP 고객들에게 스튜디오 견학이나 이벤트 행사를 자주 진행하면서, 눈 맞춤의 기회들을 많이 만들고자 한다.

나의 고객이 이곳에서, 얼마나 많은 인센티브를 누리며, 얼마나 흔쾌히 재방문을 하고 싶어 하는지를 살펴보자. 쉽게 풀기 어려운 유대의 끈, 그대의 플랫폼에는 당신과 고객을 단단히 묶어 줄 어떤 끈이 존재하는가?

진짜 공짜? 그런 게 있었나? _____ .

한 번 맛보면 계속 사야 되는 제품들. 그대의 상품이 그런 상품인가? 한 번 사고 나가면 끝이 아닌, 계속 쓰고, 소모되고, 버리고, 또 사고, 다시 소모되는, 이 사이클이 계속 반복된다면 정말 이보다 수월한 장사가 어디 있겠는가? 하나를 팔았는데 열이 되어 돌아오고, 백이 되어 돌아온다면?

100년 역사에서 가장 잘 숙성된 마케팅 전략을 보여 주는 곳이 '질레트'가 아닐까 싶다. 본체는 결코 비쌀 필요가 없다. 일단 사게 하라. 그리고 돈은 면도날에서 나온다. 이윤은 면도날에서 얻는다. HP프린터도 본체는 몇 만 원이면 산다. "아~ 싸네!" 하고 샀다가 토너 값으로 매년 무진장 나간다. 토너를 몇 번 사면, 본체를 또 살 수 있다. 질레트 형(?)에게 잘 배운 기술이다. 전통 커피 머신에 반의 반의 반값도 안 되는 캡슐 커피 머신! 이것도 역시 그들에게 한 수 배운 듯하다. 심지어 캡슐 커피 회사들은 그들의 커피 머신을 공짜로 마구마구 나눠 주기까지 한다.

5년 전 어느 날 영화를 보고 나오면서, 경품 응모를 해 보라기에 무심코 적었더니, 며칠 만에 캡슐 커피 머신에 당첨됐다며 전화가 왔다. 살면서 경품에 당첨된 건 처음인 것 같다. 생각해 보면,

네슬레에서 '퍼 주려고' 작정하고 '경품'이라는 그럴싸한 명분을 만들어 고객들이 일단 고민할 것도 없이 캡슐 커피를 맛보게 만들었다. 캡슐 커피 머신을 써 본 사람은 알겠지만, 한 번 쓰면 너무 편하고 맛있어서 좀처럼 끊기 어렵다. 5년 동안 쓴 캡슐 커피 값만 따져 봐도 그날 공짜로 받았던 경품은 절대 공짜가 아니었던 거다.

한동안 홈쇼핑에서도 사은품으로 캡슐 커피 머신과 폴라로이드 카메라를 제공한 적이 있다. 사은품을 매입하는 홈쇼핑사 입장에서도 제품을 아주 저렴하게 가져올 수 있고, 홈쇼핑사에 대량으로 판매하는 기업에서도 일단 던져 놓으면 꾸준히 수익이 나는 제품이니, 홈쇼핑사에 비싸게 파는 것보다, 저렴하게 넘기고 많은 이들의 집에 그들의 제품을 들여놓는 게 더 큰 이익이었으리라.

누이 좋고 매부 좋고. 그리하여 사은품으로도 상당량 나갔던 커피 머신. 홈쇼핑사에도 그럴싸한 사은품이었고, 받는 이도 "오~ 사은품이 제법 좋은데?"라며 흔쾌히 받았다. 특히 "공짜로 드립니다."라는 한마디로 인해 향후 발생할 비용에 대한 고민은 끼어들 틈이 없어진다.

일단 한번? 소비의 굴레에 빠지다 _____ .

교육 콘텐츠에서도 '비스무리하게' 질레트에게 전수받은 기술이 있었으니, '일단 들어 봐~' 기술이 바로 그것이다. 무료로 상당량의 강의 콘텐츠를 제공하고, 무료 콘텐츠 기간이 끝나면 유료로 전환하거나 일정량의 무료 콘텐츠의 달달함을 맛본 고객들이 자연스럽게 유료 서비스로 결제할 수 있도록 하는 시스템이다. EBS 강의의 경우에는 아예 강의는 무료로 듣게 하고 EBS 교재에서 이윤을 남기는 구조로 돌아가기도 한다.

"강의 마음껏 들으세요. 듣다 보니, 이 책 사야겠죠?"

공짜인 줄 알고 마구마구 들었다가 나도 모르게 책을 살 수밖에 없는 구조.

팟캐스트 '일빵빵' 뒤에는 '토마토 출판사'가 있다. 공짜 강의라고 실컷 들었더니, 결국 '아, 이 책을 사야 되나 보네.'가 되는 거다. 결코 순수한 '공짜'라는 건 없었다는 이야기다.

여전히 무료 체험, 무료 샘플, 무료 행사, 무료 서비스 기간 등이 효과가 있는 것도, 분명 개발자나 마케터 입장에서는 좋은 상품이라는 확신이 있어도, 시장에 처음 노출되는 상품은 고객에게 낯설고 불편한 존재일 수 있다. 어색하거나 낯선 상품들을 고객이 선뜻 선택하지 못한다. 일단 잘 모르겠지만, 먹어 보라 하고 써 보라고 하니 '시도는 해 볼게요.'가 되고, 제품 맛을 본 사람들은 계속 소모되는 부품을 구입하게 되면서 소비의 굴레 속에서 계속 머무르게 되는 것이다.

욕하는 사람은
고마운 사람

　십수 년간 방송을 준비하면서 가장 고마운 분들은 바로 '욕해 주는 분'들이다. 필자에게 있어 세상에서 제일 어려운 사람은 속으로만 꿍하고 말을 잘 안 하는 사람이다. 이런 분들과 비즈니스를 하면 정말 속에 천불이 난다. 필자는 차라리 상처를 받든, 듣기 거북하든, '미국식 직설법'이 더 잘 맞는 사람인가 보다. 답답한 것보다야 백 배 낫다.

조폭 큰형님이 준 교훈

홈쇼핑 고객들의 유형도 가지가지다. 지금은 이런 고객이 없겠지만, 15~16년 전만 해도 구입한 물건이 맘에 들지 않는다고 스튜디오로 찾아오는 고객들이 제법 많았다.

한번은 어디 파인지는 모르겠으나 '조폭 큰형님'께서 아들 생일 선물로 컴퓨터를 주문했는데, 물건이 생일날까지 도착하지 못했던 모양이다. 조폭이라고 부성애가 없진 않을 터, 폭발한 고객이 본사로 직접 찾아와 2층의 온갖 기물을 죄다 '비스킷 부스러기'로 만들어 놓고 갔으니, 회사가 한바탕 난리가 났다. 물론 그 고객은 경찰서로 갔으나, 당시 모든 직원이 잔뜩 긴장했던 기억이 난다.

'아, 늦게 가면 죽는구나! 고객과의 약속은 꼭 지켜야 되는구나. 늦을 것 같으면 배송이 지연된다고 미리 말해 줘야 되겠다.' 이런 생각들을 시스템으로 옮기게 된 결정적 사건이라고 볼 수 있다.

고객의 불만은 생각보다 강렬하다

행동은 과격했지만, 고객이 좋은 말(?)로 할 때 알아들어야 한다. 좋게 얘기했는데 못 알아들으면 고객은 소리 없이 이탈하거나, 미용실이든, 동네 사우나든 발길 닿는 곳곳마다 "그 물건 못쓰겠더라." 광고하며 자발적 불매운동을 벌인다. 그래도 속이 안 풀리는 고객들은 한국소비자원으로 향하고, 그리하여 한 사람의 고객이 기업의 존폐 여부를 결정지을 수도 있다. 그래서 고객 한 명 한 명의 이야기를 목숨처럼 소중히 들어야 한다.

상품 출시 이후 고객평에 관심을 가져야 되는 이유도 여기에 있다. 어떤 점이 마음에 들었는지, 뭐가 불만이었는지, 어떤 점이 불편하였는지를 흘려들어선 안 된다. 그리고 중요한 건 듣고 '고쳐야' 한다는 점이다. 아는데 모르는 척하는 게 제일 나쁘다. 듣고,

알고, 고치고, 즉 새로운 대안을 제시해야 앞으로 나아갈 수 있다.

고객의 불만은 생각보다 강렬하다. 작은 불씨 같은 불만이 산을 태울 수도 있고, 기업을 태울 수도 있다. 고객의 소리에 더 귀를 기울이자.

홈쇼핑 고객의
3가지 특징

 "사실, 그랬다. 굳이 안 보면 안 사도 될 물건이었다. 그날, 우연히 리모컨을 돌렸던 내 손가락과 오늘이 지나면 다시는 못 본다는, '이 구성 마지막'이라는 호스트의 멘트…. 때마침 나에게 꼭 필요한 물건이었다는 지름신의 계시…. 이 모든 것이 삼위일체가 되어, 내 마음을 쥐고 흔들며, 오늘도 부름에 응답하는 어린양은 홈쇼핑에 피 같은 돈을 아낌없이 헌금하시었다."

 사실, 참으면 참을 만했는데…. 그래, 참아도 됐었다. 안 산다고 지금 당장 죽는 것도 아니고, 없다고 천지가 어떻게 될 것도 아니었다. 왜 없어도 될 물건을 '꼭 있어야만 하는 물건'으로 보이게 만들까? 대체 그들이 나에게 어떻게 했기에….

 쇼핑 호스트들의 설득 비법 중 가장 많은 시간 할애해서 고민하는 부분은 고객 분석이다. 14년 동안 홈쇼핑 호스트로 고객을 만나면서 느끼는 공통적인 3가지 특징이 있다.

고객은 방어적이다

"네가 뭔 말을 하는지 어디 한번 들어 보겠다."

처음부터 믿고 신뢰하는 고객은 한 명도 없다. 일단 무슨 말을 하는지 들어나 보자는 식이다. 호스트가 어느 정도 연차가 되면, 화면 너머로 느껴지는 고객의 미묘한 감정 흐름을 읽을 수 있다. 내가 어떤 멘트를 할 때 고객이 도망가는지, 고객이 듣고 있는지를 감지하며 고객과 함께 감정을 교류한다.

또한 프롬프트를 통해 스튜디오에서 고객의 구입 여부를 초·분 단위로 볼 수 있는 곳이 홈쇼핑이다. 눈으로는 실시간 콜수(주문 현황: 인터넷, 모바일, 전화 주문 총 수)를 보면서 입으로는 멘트를 하고, 고객의 눈치를 살피며…. 보이지 않는 기 싸움(?)도 해 가며 진행하는 사람이 쇼핑 호스트다.

마치 심장박동기의 그래프처럼 올라갔다 내려갔다를 쉴 틈 없이 그리며 한 시간의 방송은 그렇게 치열하고 살 떨리게 진행된다. 콜 그래프가 요동칠 때 호스트의 심장도 요동친다.

고객 마음의 빗장을 푸는 것부터가 먼저다. 부드러우면서, 카리스마가 있어야 한다. 고객과의 보이지 않는 기 싸움에서, 고객을 내 편으로 끌어당겨, 앉아서 듣게 해야 한다. 고객은 마음의 빗장을 쉽게 풀지 않는다.

고객은 친구 따라 강남 간다 _____ .

고객들은 평을 중시한다. 다른 소비자들이 어떤 이야기를 하는지, 써 본 사람의 이야기, 옆집 엄마 이야기, 뒷집 엄마 이야기, 심지어 일면식도 없는 사람의 인터넷 댓글 한마디에 구입 여부가 결정된다. 사고는 싶은데, 과연 내가 소비를 잘하고 있는 것인지에 대한 '확답'을 받고 싶어 한다.

내가 지금 몇 십만 원짜리 저 선글라스를 사는 게 미친 짓인지 아닌지, 미친 것 같기도 하고, 아닌 것 같기도 한데…. 스스로를 '안심'시키고 싶어 한다.

그래서 요즘 홈쇼핑에서는 하단에 위치한 라이브톡을 통해 고객 참여를 유도한다. 상품을 이미 구입한 고객이 댓글을 달거나, 실시간 궁금한 내용을 올리면 PD나 호스트가 알려 주고 설명해 준다. 방송 중간중간 고객평들을 자주 읽어 주는 것도, 다른 사람들도, 그대의 친구들도 그렇게 하고 있으니, 결코 당신의 소비가 잘못된 게 아니라는 마음의 위로를 주기 위한 장치이다.

초창기에는 카카오톡과 제휴해서 카톡으로 친구 가입을 해서 방송 중 댓글을 달 수 있게 했는데, 요즘은 홈쇼핑사에서 자체적으로 운영해서 모바일로 댓글을 남기면 TV 화면에 송출되도록 하고 있다. 나름 쌍방향 커뮤니케이션을 지향한 것.

고객은 이성적이다? 아니, 감성적이다! _____ .

홈쇼핑 방송에서 텍스트가 전하는 객관적 정보보다는 이미지와 소리 장치에 비중을 높여 화면을 채우는 이유도 여기에 있다. 고객은 이성적이다? 아니다. 고객은 아무리 생각해도 감성적이다.

스타일 '죽이는' 모델, 로맨틱한 음악, 사랑스러운 분위기, 따뜻한 말 한마디…. 이 모든 것들이 쇼핑 욕구를 자극한다. 심지어 '정이 가는 호스트'도 구입 결정의 큰 이유 중 하나다. '왠지 저 호스트가 하는 말은 뭐든 마음이 가.' 또는 '저 호스트 목소리가 듣기 싫어서, 이건 안 사!' 등등…. 결코, 객관적으로 물건을 산다고 할 수 없는 소비 행태가 아주 빈번이 이루어진다.

쇼핑과 우뇌

"상상력이 세계를 지배한다." 프랑스 황제이자, 한때 유럽 대륙을 정복했던 나폴레옹의 말이다. 그럼 이 말을 홈쇼핑에 적용해 보자.

우뇌를 자극하라.

쇼핑 호스트들이 흔히 상품을 '설명'한다고 하지만, 필자는 '설명'한다는 말을 잘 쓰지 않는다. '공감' 또는 '느낌 전달'이라는 말을 더 좋아한다. 제품의 기본 사양에 대한 연구가 끝나면, 난 그걸 어떻게 내 속에 넣었다 빼서 맛있게 요리할까를 매 순간 고민한다.

'설명'하는 것과 내가 충분히 경험해서 내 속에 넣었다 빼서 '느낌을 전달'하는 것은 완전히 다른 이야기다. 설명을 잘하는 것과

공감대를 잘 만드는 것은 차원이 다르다. '논리적 설명'이 고객의 지갑을 연다고 생각지 마라. 고객은 판타지를 원한다. 그 판타지를 자극해 주고, 흔들어 주고, 상기시켜 주어야 한다.

좌뇌와 우뇌가 하는 일들이 다르다는 건 일찍이 학교 다닐 때 배웠더랬다. 그럼 자, 이것을 잘 써먹어 보자. 고객은 상상력을 자극할 때, 즉 판타지가 자극될 때 구입을 한다. 그러므로 상상력을 담당하는 우뇌를 자극하라. 우뇌는 그림, 감각, 직관, 감정, 아름다움을 관장한다. 우뇌를 간지럽혀라. 우뇌를 흔들어라. 자연스러운 구매로 이어지게 하라.

그림이 달라야 한다

화면 배치부터가 시작이다. 자막과 그림의 위치! 우선순위는 그림이다. 사람의 시선은 보통 왼쪽에서 오른쪽으로 이동하고, 위에서 아래로 이동한다. 화면 왼쪽에 보이는 것들이 자막(글)이라면 논리와 언어를 담당하는 좌뇌가 먼저 자극되고, 첫눈에 들어오는 장면이 그림(제품, 호스트 얼굴, 영상, 이미지)이라면 우뇌가 작동한다.

홈쇼핑은 화면의 배치부터가 장사다. 철저히 '우뇌'가 더 크게 '작동'하도록 만든 배치다. 또 자막을 유심히 보면 자막 한 판(통판, 바 자막)에 들어가는 글자의 수나 내용도 제한적이다. 뇌는 동시 다발적으로 모든 정보를 같은 비중으로 소화해 내지 못한다. 따라서 최소한의 문자 정보와 이미지로 상상력을 자극하는 것이 핵심이다. 우뇌를 자극하라. 고객에게 상상의 세계를 구입하게 하라.

그림으로 보여 주자 _____ .

광고의 기본 기법 가운데 '3B'라는 것이 있다. 'Beauty, Baby, Beast', 즉 '아름다움, 아이, 동물'이 나오면 웬만하면 성공한다는 거다. 속옷 방송을 할 때도 '속옷 구입 = 환상적 몸매'라는 판타지를 심어 줘야 한다. 식품 방송에서 사랑스러운 아이들이 맛있게 먹는 장면이 빠지지 않고 자주 등장하는 것도, 우리 모두는 본능적으로 '아이'에게 약하기 때문이다.

"맛있어요.", "건강해요.", "많이 줘요."를 말로만 할 게 아니라 그림으로 보여 줘라. 다시 말하지만, '우뇌'를 쥐고 흔들어야 한다.

말로 그림을 그리자 _____ .

새콤달콤한 아이스크림은 생각하는 것만으로도 침이 줄줄 흐른다. 우뇌를 자극하라. 좀 더 구체적으로 그림을 그려라. 그냥 "예쁘다."라고 말하는 것보다 "송혜교랑 김태희를 합쳐 놓은 것처럼 예쁘다."라고 하든가, 애인에게 "보고 싶어."라고 말할 때도 그냥 "보고 싶어."가 아니라 더 멋지게 말할 수 있지 않을까? 정지용 시인처럼 말이다.

> 얼굴 하나야 / 손바닥 둘로 / 폭 가리지만, // 보고 싶은 마음 / 호수만 하니 / 눈 감을 밖에.   - 정지용, 「호수」

멘트를 할 때도 항상 머릿속으로 그림이 그려지게 말하라. 마치 한 편의 시를 쓰듯이 은유와 비유를 많이 사용하면서 말이다.

팔지 않을 용기

"복숭아 사시게요? 오늘 사지 마세요. 일주일 내내 비 와서, 맛없을 거예요. 차라리 다음에 사시거나 다른 과일 사세요."

그래, 장사는 이렇게 하는 거지. 복숭아를 이리저리 만지작거리는 내게 단호하게 '사지 마라'고 말할 수 있는 용기는 어디서 나온 것일까? 내가 만약 그 담당 영업 사원이었다면 그렇게 말할 수 있었을까?

쇼핑 호스트는 총알받이다 _____ .

상품에 심각한 하자가 있다면, 상품을 판매하지 않는 게 원칙이다. 협력사에서 품질 검수를 마쳤다고 하지만, 꼼꼼하게 다시 들여다봐야 하는 건 홈쇼핑사의 기본 업무다. 그런데 품질에서 어느 정도 걸러진 상품이라 해도, 쇼핑 호스트의 눈에 100점으로 보이지 않는 상품들도 있다. 왜 없겠는가? 그런 경우에 쇼핑 호스트는 완전히 그 상품과 연애하기 힘들어진다.

정말 테레사 수녀와 같은 마음으로 사랑하려 노력해도 안 되는 상품이 분명 있다. 그런 상품은 팔기가 참 힘들다. 어쩔 수 없다. '문제'가 뭔지 합의점을 찾아야 한다. 디자인을 바꾸든, 부품을 수정하든, 좀 더 편하고, 좀 더 세련되고, 좀 더 똑똑한 놈(?)으로 키워야 한다.

때로는 급하게 기획해서 나온 상품을 준비 시간 없이 방송해야 하는 경우도 생긴다. 어김없이 망한다. 어리고 뭘 모를 때는 안 된다고 말하는 게 힘들었다. 협력사에게 상처가 되고, 기를 꺾어 놓는 일이라 생각했다. 그러나 지금은 '독한 언니' 소리를 들으면서도, 이상한 것, 애매한 것, 잘못된 것을 지적하고, 뜯어 고칠 때까지 확인한다. 그러지 않으면 다 같이 망한다. 다 같이 죽는다. 쇼핑 호스트들은 더더욱 품질에 문제가 없는지, 기획은 제대로인지, 고객 불만은 뭔지, 늘 촉각을 세우고 살펴야 한다.

"호스트님이 권해서 샀는데….”

"은정 씨, 저번에 그 프라이팬 금방 코팅이 벗겨져. 아니, 방송에서 왜 그런 걸 팔았대요?”

우리는 총알받이다. 맞다. MD가 잘못해도, PD가 잘못해도, 편성이 잘못되어도, 고객은 모른다. 그저, 그런 상품을 화면에 나온 쇼핑 호스트가 팔았기 때문에 호스트가 나쁜 사람이 되는 거다. 맞다. 그래서 우리는 더 예민하게 챙겨야 한다. 더 집요하게 따져야 한다.

"아니야!" 할 수 있어야 진짜 쇼핑 호스트 _____ .

그럼에도 불구하고 영 내키지 않는데, 방송에 배정받아 들어가야 되는 상황도 제법 있다. 한번은 쇼핑 호스트계의 '시조새' 1기 유난희 선배가 블라우스 제품을 팔았다. 그런데 선배가 아무리 봐도 요즘 스타일에 안 맞고 뭔가 권하기에 찜찜했던 모양이다.

"여러분, 혹시 이 너덜거리는 리본 같은 거요. 이거 마음에 안 드실 수 있어요. 저도 이것 때문에 거슬리고, 코디하기 애매하더라고요. 그럴 땐 가위로 그냥 잘라 버리세요."

가위로 자르라고? 가위로? 순간, 내 귀를 의심했다. 선배가 지금 상품을, 그것도 옷을 가위로 잘라서 고쳐 입으라고 했다. 그랬다. 선배는 그랬다. 이를 본 협력사는 '뜨악'했을 것이다. 안 봐도 비디오다. MD는 "무조건 완벽하다고 해야지. 멘트를 어찌 저렇게 할 수 있냐?"고 했다. 한동안 선배의 멘트는 뜨거운 감자였.

때로는 아니다 싶으면 "아니야!"라고 얘기할 수도 있어야 진짜 쇼핑 호스트다.

주도권과 거절의 상관성 _____ .

하기 싫은 기획, 자신의 명확한 철학과 의미를 잃은 기획은 스스로를 성장시키지 못한다. 당신에게 일의 보람 따위는 없다. 하기 싫은 일을 하는 사람의 얼굴에는 생기가 없다. 하기 싫은 일을 하는 사람의 얼굴에는 반짝임이 없다. 스스로가 스스로를 좀먹는다. 즐겁게 일하려면 주어진 일을 즐거운 방향으로, '나'의 방향으로 만들 수 있어야 한다. 내 일의 주도권이 나에게 있어야 한다.

그러기 위해서는 거절도 필요하다. 아닌데 끌려다니는 순간, 어느새 '나'는 없어지고 만다. 내가 만들어 나가는 PT(프레젠테이션)나 기획서에 선임들의 조언이나 방향 설정이 도움이 된다면 수용은 하되, 시키는 대로 영혼 없이 이렇게 바꿨다가 저렇게 바꾸지 마라. 죽도 밥도 안 되게 눈치만 보다가 이것저것 다 갖다 붙이는 기획서는 결국 야근을 부른다.

'난 누군가? 난 여기 왜 있는가? 난 왜 오늘도 이 짓을 하고 있는가?'의 반복, 그리고 도망갈 궁리만 하게 된다. '아, 이놈의 회사 죽어라 일만 시키고, 매일 하고 나면 까이고… 언제 나가지?' 그러나 이 회사를 나가도, 또다시 반복된다. 왜? 그대의 기획에 그대의 '주도적 생각'이 없기 때문이다.

힘은 그대가 반짝일 때 생긴다 _____.

자, 그대! 그대의 기획서를 작성할 때 많은 이의 도움을 받으라. 그리고 그 기획이 정말 온갖 사랑과 영양과 신선함으로 가득 찬 팔딱이는 기획서가 되도록 완성도를 높이는 데 힘을 실어라. 그리고 그 과정에서 아니다 싶은 아이디어는 "아닌 것 같아요."라고 상대를 설득해서 쳐낼 수 있어야 한다.

상대를 설득할 수 있을 정도로 그대의 아이디어에 대한 확신과 의지가 있어야 한다. 상대를 설득하지 못할 생각들로만 채워진 기획서라면 힘센 놈한테로 쏠리는 시소처럼, 이리저리 목소리 큰 사람들에게 끌려다닐 수밖에 없다. 계속 팀장님 말씀 찔끔, 상무님 말씀 찔끔, 대표님 말씀 찔끔 반영해서 '그 누구의 생각'도 아닌 태생 모를 기획서를 만들어서는 안 된다.

기획을 하는 당신! 기획서의 엄마는 당신이다. 타인의 의견을 존중하되, 아바타처럼 다 수용할 필요는 없다. 다시 말하지만, 기획을 잉태하는 사람은 당신이고, 당신의 생각이 확고하고 명확하고 심지어 훌륭할 때 그 기획서에 토를 달 사람은 아무도 없다. 힘은 어디에서 생기나? 내가 말단 사원이라 힘이 없나? 아니다. 힘은 그대가 반짝일 때 생긴다.

그대가 반짝이려면 그대의 기획에는 반짝임이 있어야 한다. 그대의 기획엔 힘 있는 아이디어가 있어야 한다. 그대의 기획은 보는 것만으로도 흡입력이 있어야 한다. 그 누구도 무시할 수 없을 정도로 말이다.

그대를 무시할 수 없는 단 하나의 이유 _____.

내가 만든 기획서에 대한 자신감은 어디에서 오는가? 누구보다 많이 고민하고, 누구보다 멋지게 해낼 때 나온다. 반론이 없을 정도로 철저하게 스스로 검증하고, 다듬고, 깎고, 더 이상 뺄 게 없을 정도로 기획서를 준비해서 회의에 들어가야 한다. 팀장이든, 그

위에 상무든, 그 위에 대표든, 그 누가 되었든 간에, 그대가 입사 1년차 막내라고 해도 그대를 '무시'할 수 없는 단 하나의 이유는 그대가 일을 잘하기 때문이다.

일에 재미가 있으려면, 당신이 하는 일이 당신의 삶에 도움이 되고, 더 나아가 당신을 키울 수 있는 일이 되려면, '완벽하게 더 잘해야지!'라는 욕심이 있어야 한다. 만드는 과정에서 수많은 도움을 받고 수많은 아이디어를 수용하되, 쳐내야 될 것이 무엇인지 살펴서 분명하고 단호하게 도려낼 수 있어야 한다. 나의 일터가 놀이터가 되려면 나의 일은 즐거움 그 자체여야 한다.

너와 나의
이야기

　일찍이 양수 속을 헤엄치던 그때부터였다. 아이에게 엄마의 이야기는 모유처럼 달콤하고 따뜻하다. 우리는 '맛있는' 이야기를 먹으면서 자란다. 죽을 때까지 말이다. 뭐 그리 못다 한 이야기가 많은지…. 심지어 죽기 전에 '자서전'이라도 하나 남기고 싶은 마음은 누구나 한 번쯤 가져 봤으리라. 글이 없던 그 옛날 고대 수렵·채집 시절에도 이야기는 있었다. 동굴 벽화에서 보이는 온갖 금수들의 향연을 구경하면서, 우리는 옛이야기에 젖어 볼 수 있다.
　이러한 '이야기'의 욕구는 아낙네들을 빨래터에 옹기종기 모여들게 했고, 옆집 아이 오줌 싼 이야기부터, 뒷집 부부싸움 이야기까지, 영양가라곤 1도 없을 듯한 이야기라도 심지어 '불량식품' 같은 이야기도(오히려 질 떨어지는 이야기가 더 솔깃할 때가 많다) 시간 가는 줄 모르고 듣고 말하고 있으니, 사람들은 이야기를 참 좋아한다. 오늘날에는 지구촌의 빨래터인 '페이스북(Facebook)'이 욕망의 해우소가 되어 준다.

모든 제품에는 '이야기'가 있다 _____ .

하나의 제품이 탄생하기까지는 '출산'의 고통이 분명히 있고, 이미 만들어진 제품도 '키워 내는' 수고로움이 반드시 존재한다. 아이가 태어나고 점점 자라나 어른이 되기까지, 그 삶이 곧 이야기가 되듯이, 제품이 세상에 존재할 때에는 상품만의 '스토리'가 반드시 존재한다.

'시원스쿨' 이시원 대표의 이야기다. 학원 강사로 수업을 하는데, 아침에 일어나기가 너무 힘들었다고 한다. 출근 전에 고통스럽게 졸린 눈을 비비며 학원에 앉아서 수업을 듣는 이들도 딱하고, 가르치는 나도 힘들고…. 어떻게 하면 이 고생을 안 하고 편하게 공부할 수 없을까? 그래서 탄생한 것이 '시원스쿨'이라 했다. 인터넷으로 또는 태블릿으로 편하게, 장소와 시간에 구애받지 않고 누구나 수업을 들을 수 있게 말이다.

시원스쿨의 광고음악은 세상에서 시원스쿨을 모르는 사람이 없게 만들었다. "영~어~가 안 되~면, 시원스쿨 닷 컴!" 건반 두 개로 음을 거의 다 낼 수 있는 이 심플하고 단순한 멜로디도 이시원 대표의 아이디어다. 사람들의 기억에 오랜 남으려면 심플하고 난순해야 된다는 기본 철학을 고수한 거다. 보이는 사양에 대해서만 주야장천 설명을 늘어놓을 때보다, 이 제품의 탄생 배경이나 제품을 만들기까지 어떤 '이야기'들이 숨어 있는지를 적절히 섞어 가며 말하면, 듣는 이들은 훨씬 흥미를 가지고 집중해서 듣게 된다.

결국 연애 스토리다 _____ .

홈쇼핑 방송은 상품과 나의 연애 스토리다. 예를 들어 시원스쿨을 팔 때, 필자는 제품이 가지고 있는 이야기에 나 자신의 이야기를 더했다.

"남편이 저보고 왜 안 하던 짓을 하냐고 그래요. 원래 제가 공부를 이렇게 꾸준히 할 사람이 아니었거든요. 학교 다닐 때는 야자 시간 땡땡이도 밥 먹듯이 하던 애였어요. 또 전 지금 애기 엄마잖아요. 전 집에 가면 빨래도 해야 되고, 설거지도 해야 되고 7살 딸 아이랑 놀아 줘야 되고…. 시간이라는 게 따로 없어요. 그래서 청소기 돌릴 때 블루투스 이어폰을 꽂고 청소하면서 그냥 들었어요. 출근길에 그냥 핸드폰 보면서 대충 버릴 수 있는 시간에 전 시원스쿨을 들었어요. 그랬더니, 제가 어떻게 되었냐면…."

이런 식으로 나 자신과 제품의 이야기를 들려준다. 제품과의 연애는 연애 초기일 때, 중기일 때, 1년 뒤 또는 2년 뒤일 때, 할 말이 다 다르다.

제품에 나의 이야기를 녹여라 _____ .

"헹켈을 알게 된 건 순전히 엄마 때문이었어요. 제가 스물두 살

때, 알바로 200만 원을 모아 한 달간 유럽 배낭여행을 갔었거든요. 10개국 20개 도시를 한 달에 돌았는데, 그때 처음 도착한 나라가 독일이었어요. 엄마가 '독일 가면 헹켈 칼 한 자루는 꼭 사 와야 한다.'라고 신신당부를 하셨기에, 저는 헹켈이 어떤 브랜드인지도 모를 때 식칼 한 자루를 어찌어찌 사서, 배낭에 넣고 다녔어요. 한 달 동안 얼마나 짐이었겠어요. 여행을 하게 된 첫 국가가 독일이었으니, 유럽 여행에서 한 달 내내 가방에 칼을 넣고 다녔던 '무서운 여자'가 바로 저였답니다. 그렇게 사 드렸던 칼이, 지금 제가 서른여덟이 되었으니, 16년이 되었네요. 지금도 친정에 가면 제가 사 드렸던 그 칼이 아직도 있어요. 아주 멀쩡합니다. 16년 넘게 써도 예리해서 손 벨까 봐 조심해야 되는 칼이 헹켈이에요. 이 정도라면 내시는 돈의 값어치 이상 하겠지요?"

필자는 제품을 판매할 때, 사양을 자세히 얘기하지 않는다. "헹켈은 절삭력이 좋아요."라고 말하지 않는다. 다만 그 제품과 나 자신의 이야기를 들려줄 뿐이다. 제품에 '나의 경험', '나의 이야기'를 같이 녹여서 말해 보자. 스토리텔링이란 거창한 게 아니다. '진짜' 이야기를 하면 되는 것이다.

"마음에 호소하는 것은 머리에 호소하는 것보다 강하다. 머리에 호소하면 사람들의 고개를 끄덕이게 할 수 있지만, 마음에 호소하면 사람들을 당장 움직일 수 있게 만든다."는 아리스토텔레스의 말에 귀 기울일 필요가 있다.

21세기 광맥,
빅데이터의 힘

다국적 컨설팅 전문회사 맥킨지는 "빅데이터는 국가 경제적 이익을 제공하는 데 핵심적 역할을 할 것이며, 특히 빅데이터의 활용을 통한 소매 부문의 운영 마진 증가율은 60% 이상이 될 것"이라고 주장했다. 서울대 빅데이터연구원의 차상균 원장도 "지난 100년간 석유가 세계를 이끌었다면, 앞으로는 데이터가 세계 산업을 이끌 것이다. 만일, 이 경쟁에서 밀려나면, 국내 기업들은 세계 데이터 기업들의 하도급 업체로 전락할 것이다."라고 말했다. 과연 '빅데이터'가 경쟁력과 어떠한 상관관계가 있을까?

고객은 흔적을 남긴다 _____ .
인터넷으로 시작해서 인터넷으로 하루를 마감하는 생활. 내가 일어나서 뭘 보고, 뭘 사고, 뭘 먹었는지, 데이터를 가진 '그들'은 안다.

장사는 데이터를 누가 더 많이 가지느냐의 싸움이다. IBM, 구글, 마이크로소프트, 애플 같은 IT 회사들이 빅데이터 분석과 관련된 기업들을 무섭게 인수하고 있다. 맥킨지 발표에 의하면 IBM은 지난 5년간 30개가 넘는 빅데이터 관련 회사를 인수했다고 한다.

이제 누가 고객에 대해 '더 많은 정보'를 가지고 있느냐가 '돈'이 되는 세상이다. 고객을 좀 더 '구체적으로' 알아야 명중률을 높일 수 있다. 옛날처럼 '40대 고객', '50대 여성', 이런 식의 분류는 씨알도 안 먹힌다. 고객은 좀 더 디테일한 대접을 원한다.

말하지 않아도 알아요 _____ .

리츠칼튼 호텔은 '미스틱시스템'이라는 고객관리시스템을 이용한다. 리츠칼튼을 한 번이라도 찾은 적 있는 전 세계 고객의 정보(방 형태, 음식, 요구사항, 특이사항 등)를 미스틱시스템에 입력해 관리한다. 미국 리츠칼튼을 이용했던 고객이 마늘을 못 먹는다는 걸 기록해 두었다가 한국 리츠칼튼 이용 시, 요리에 마늘을 넣지 않고 서비스를 했을 정도로 '맞춤 서비스'가 뭔지 제대로 보여 주는 호텔이다.

내 머리의 가마가 쌍가마인지 외가마인지, 가마 방향이 어디로 쏠렸는지, 내 이름만 들어도 기억하고 내게 맞는 머리 모양을 만들어 주는 미용실 원장님, 조개 알레르기가 있는 친구를 초대할 때에는 절대 조개 '비스무리'한 음식도 내지 않는 기본 배려, "여기, 피클 좀 더 주세요."라고 말하기 전에 살포시 피클 접시를 채워 주는 사장님.

말하지 않아도 알아서 척척 맞춰 주는 서비스. 나를 잘 아는 그곳에서 나를 섬세하게 챙기는 이에게, 우리는 더 마음이 간다.

예측된 서비스로 명중률을 높이다 _____ **.**

'아마존 닷컴'은 모든 고객들의 구매 내역을 데이터베이스에 기록하고, 분석하여, 고객의 소비 취향, 관심을 예측하고, 나만을 위한 '추천 상품'을 알려 준다.

2013년부터 GS샵도 하둡 플랫폼을 기반으로 하는 빅데이터 구축을 위한 본격적인 노력을 시작했다. 비정형화된 데이터를 정형화하고, 페이지 간의 연관성과 고객의 행동 패턴, 구매 유형을 데이터로 모으고 분석하기 시작한 것이다. 그리고 같은 취향의 다른 고객들은 지금 어떤 상품을 쇼핑하고 있는지를 보여 주기도 하고, 페이지를 넘기거나 상품 구매를 하는 중간에 좋아할 만한 제품이 노출되도록 설계했다. 명중률을 높이기 위해서다.

'대충 쏠 테니 맞으면 좋고, 빗나가면 어쩔 수 없고'가 아니다. 수틀리면, 즉 마음이 상하면, 곧바로 다른 가게로 가실 분들이 바로 고객님들이시다. 좋은 상품은 지천에 널렸고, 훌륭한 서비스는 차고도 넘친다. 좀 더 '정확한' 서비스의 제공만이 살아남는 길이 되었다. '어머, 이 집은 내가 좋아하는 것들만 알아서, 착착 골라

아마존 닷컴 홈페이지

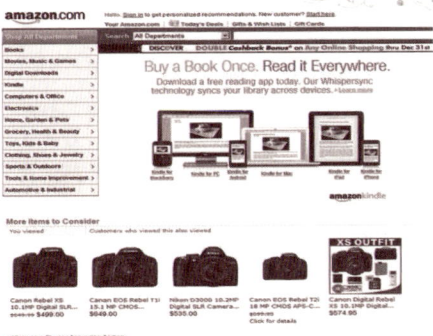

나와 취향이 비슷한 다른 고객이 지금 보고 있는 상품, 추천 상품들을 보여 준다.

GS샵 홈페이지

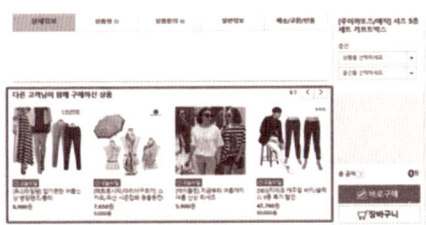

'당신과 취향이 비슷한 다른 고객들이 이런 걸 사고 있어.'라고 알려 줌으로써 추가 구매를 유도한다.

서 보여 주네!'라고 느끼게 말이다.

극과 극은
통한다

왜 이런 현상이 나타났을까? 왜 이렇게 만들었을까? 왜 이런 색깔, 왜 이런 모양일까? 우리는 앞서, 끊임없이 '왜'를 고민했다. 자, 이젠 '어떻게' 보여 줄 것인지를 고민해 보자. 'How'를 고민할 차례다.

극단적으로, 드라마틱하게, 한 방에! _____ .
흔히 홈쇼핑에서는 "있는 집, 없는 집 영상을 준비하자."라고 얘기한다. 해당 제품이 없을 때의 삶과 이 제품을 소유함으로 인해 달라지는 삶을 극단적으로 드라마틱하게 그려서, 한 방에 알아볼 수 있도록 하는 게 목표다.

제품은 삶의 변화를 가져와야 한다. 상품은 소비자에게 새로운 삶을 안겨 줄 사명을 가지고 태어난다. 있는 집, 없는 집으로 명확하게 보여 주기가 애매한 상품은 상품의 본질에 문제가 없는지를 다시 한 번 생각해 보길 바란다. 고객은 5분 이상 그대를 기다려 주지 않는다. 채널은 돌리면 그만이고, 사이트는 손가락 하나로 1초 만에 넘어간다.

극적인 대비 영상은 고객에게 삶의 극적인 변화를 약속한다. 구질구질했던 내 인생에 밝은 빛이 비치리라! 아멘.

이분법적 사고로 고객을 유인하라

일찍이 양극단은 통했다. 극과 극은 싸우면서 공존했고, 함께 있을 때 더욱 빛이 났다. 흑과 백, 하늘과 땅, 공산주의와 민주주의, 여당과 야당, 여자와 남자…. 극과 극을 커뮤니케이션의 수단으로 사용하는 이유는 고객이 더 이상의 결정을 할 수 없게 초기에 이를 차단하기 위해서다. 이분법적 사고로 고객을 유인하는 전략이다. 저거 아니면 이거. 저런 삶이 좋아? 아니면 이런 삶이 좋아?

사람의 뇌 구조 자체가 복잡하게 계산하고 오랫동안 생각하는 것보다 지름길로 빨리 선택하는 걸 좋아한다. 흔히들 '휴리스틱'이라고도 부르는데, 쉽게 말해 주어진 상황에서 어림짐작으로 빨리 결정하고 보는 습성을 말한다. 쉬운 길을 선택하고, 리스크를 회피하고자 하는 인간 본연의 습성이다. 우리는 그걸 이용해서, 또 다른 상품이란 애당초에 생각할 필요도 없을 것 같은 상황을 만든다.

"저건 진짜 아니지? 그럼 이거야!"

Before & After ____.

극과 극의 극적인 만남, 우리는 그 만남을 '비포 앤 애프터(Before & After)'라고 부른다. 극명한 대비만큼 시선 자극에 좋은 게 있을까? 극과 극의 간극이 크면 클수록 이 어색한 조합은 강렬한 기억을 남긴다. 색의 조화도 마찬가지다. 흔히, 마트 전단지를 보면 노란색과 빨간색의 대비를 많이 사용한다. 흑과 백의 대비, 극과 극은 눈길을 잡는다. 홈쇼핑이나 인터넷 사이트의 색깔 배합, 문구의 컬러도 대비색을 이용하는 경우가 많다.

"언제까지 이렇게 살래? 당장 접고, 일루 와! 어여 와!"

"1분 길이의 영상은 180만 개 단어를 읽는 것과 맞먹는 양의 이

단돈 5만 원에 옷장이 이렇게 달라진다면? 옷 정리 이지트레이 로이첸

Before   After

야기를 전달한다."고 한다. 제임스 맥퀴비의 말이다. 없는 집, 있는 집 영상을 찍을 땐 모델의 표정도 확연하게 달라진다. 없는 집은 울적하고, 암울하고, 세상 그렇게 슬플 수가 없는데, 있는 집은 평강과 환희와 기쁨으로 넘치는 표정이다. 상황의 극과 극, 표정의 극과 극. 보정 속옷 '스팽스'의 방송 중에는 2분할 화면으로 몸매의 반전을 보여 주었다. 전후 영상이 나갈 때, 주문 수는 그야말로 폭증한다.

끝장나는 케미,
끝내주는 상품

"모든 조직은 두 개의 조직 구조를 가지고 있다. 하나는 문서상의 조직도이고, 또 다른 하나는 기업 내 구성원 간의 일상적 관계다." 헤럴드 기닌의 말이다.

조직원들 간의 일상적 관계, 감정의 상호 교류, 단단하고 쫀쫀한 팀워크가 없이는, 결코 마케팅 성과를 기대하기 어렵다. 결국은 조직원들의 '케미[영어 Chemistry(케미스트리)를 줄여서 '케미'라고 한다. '화학'을 뜻하는 단어이지만 사람 사이의 화학 반응을 뜻하는 말로도 널리 쓰이고 있다]'로 회사가 굴러간다. 조직원들이 '같은 마음'으로 회사가 추구하는 방향과 상품이 고객에게 전달하는 메시지를 '제대로', '정확히' 공유해야 한다. 다 같이 한 방향으로 밀어붙여야 한다. 한 방향으로 다 같이 힘을 모아도 힘이 모자랄 판에, 대체 어느 방향으로 밀라는 건지 감도 못 잡고 일을 한다면, 그 기업은 절대 성장할 수 없다.

조직이 썩고 있음을 느낄 때 _____.

첫째, 내 동료가 옆의 동료를 잡아먹으려고 한다. 동료를 적으로 생각한다.

둘째, 같이 잘되어 같이 성장하는 게 아니라, 능력과 상관없는 특정인이 비합리적 기준으로 특혜를 받는다.

셋째, 내가 무슨 일을 하는지 상대가 모른다. 그리고 상대가 무슨 일을 하는지 나도 모른다.

넷째, 내가 하는 일의 의미를 모른다.

다섯째, 리더는 직원들의 잠재 능력을 개발하지 않는다.

여섯째, 리더는 직원들이 적당히, 조용하게 잘 있어 주길 바란다.

일곱째, 경영자와 직원들 간의 상호 신뢰가 없다.

아이디어는 흘러야 한다 _____.

가끔 협력사 분들이 모든 판을 다 짜 올 때가 있다. 심지어 원하는 멘트를 대본으로 만들어 와서는 쇼핑 호스트에게 그대로 해 달라고 부탁한다. 어떤 마음인지는 잘 안다. 정말 잘하고 싶어서, 실수 없이 하고 싶어서 그런다는 것도 안다.

"SB(공중파 광고 시간에 채널을 돌리다가 홈쇼핑으로 유입되는 고객 수가 많은 시간) 때 영상 1, 2, 3번을 틀어 주시고, 호스트는 이런 멘트를 해 주시고, 2분 안에 다시 음악을 틀어 주시고…."

이와 같이 모든 걸 아주 자세히 적어서 가지고 오는 협력사가 꽤 있다. 이런 경우, 호스트는 일을 열심히 하지 않는다. 이는 협력사에서 쇼핑 호스트를 제대로 써먹을 준비가 안 되어 있는 것이다. 이 상품은 무엇을 상징하고 어떤 방향으로 판매해야 되는지에 대한 기본 철학도 공유하지 않은 채 지엽적인 것들만 요구하는 것이다. 쇼핑 호스트는 이를 다 들어드린다. 대신, 거기까지다.

수시로 새로운 파트너가 정해지지만, 그 파트너, 그 팀이 항상 손발이 다 맞을 수는 없다. 그럼, 어떻게 해야 하는가? 서로 맞춰 가는 거다. 맞을 때까지 맞추고, 되게 하고, 같이 동화되고, 함께 작품을 만드는 거다. 가끔 호스트 중에는 '굳이 내가 게스트에게 뭘 맞춰 줘야 하나?'라고 생각하는 이들이 있다. 내가 뭘 맞추는 게 아니라, 같이 맞추는 거다. 방송 5분 전까지 한마디도 안 하다가 방송에 들어가면 질문 몇 개 던지고, 그야말로 오늘 보고 또 안 볼 사람처럼 대하는 경우도 있다. 그러면 방송이 결코 따뜻하고 즐거울 리 없다.

다음에 또 만날 일이 없더라도, 오늘 내 옆의 파트너에게 가장 따뜻하게, 가장 친절하게 대해야 한다. 함께 있는 방송 스튜디오를 편안한 놀이터로 만들어 주어야, 초대받아 온 게스트들도 마음껏 놀다 간다. 마음껏 가진 것들을 풀고 간다. 그럴 때 판매가 훨씬 잘된다.

좋은 관계 속에서 일이 빛을 낸다 _____.

스튜디오에 들어가면 필자는 때때로 '광대'가 된다. 일부러 더 밝게 카메라 감독들과 장난도 치고, 말도 걸고, 안부도 묻는다. 당연히 방송 진행 순서나 동선에 대한 논의도 한다. 하지만 그전에 필자는 반드시 입을 풀고 간다. 그들의 의견을 듣고, 그들을 편안하게 해 준다. 방송을 혼자 하는 게 아니라, 같이 하기 위해서다.

소품 담당팀들에게 필자는 수다쟁이 언니다. 그들이 도와줘야 상품이 빛난다. 필자는 스튜디오에 들어가면 상품 세팅이 잘 되어 있는지, 소품이 너무 많아 상품을 가리지는 않는지, 더 필요한 게 없는지, 이것저것 여러 가지를 요구한다. 그전에 커피도 사고, 먹을 것도 나누면서 '관계'를 만든다.

좋은 관계, 편한 관계에서 서로가 하는 일이 빛이 난다. 같이 즐거울 수 있는 방법을 찾는다. 결국 그들이 내 상품을 같이 만든다.

파트너와의 케미가 성공을 좌우한다 _____.

한번은 방송 후 모니터링을 하는데, 배경 음악이 굉장히 귀에 거슬렸다. 소리도 크고, 영어 가사가 들어간 음악이라 필자의 멘트와 음악이 섞여서 멘트 전달력이 떨어졌다. 음악감독님의 영역이라 사실 이렇다 저렇다 말하는 게 자칫 잘못하면 지적처럼 들릴 수 있기에, 아주 조심스럽게 부탁드렸다. 왜 이런 요청을 드리는지 그 이유를 정확히 전달하며 정중히 부탁을 드렸다. 음악감독님도 그 이유를 들으시고는 듣고 보니 그럴 수도 있겠다며 신경 써 주시겠다고 했다. 그리고 그다음 방송부터는 아주아주 많이 신경 써 주셨다.

때로는 자신의 의견이 받아들여지지 않거나, 좋지 않은 의견인 경우도 있다. 그러면 같이 논의하면 되는 거다. 자신은 이유가 납득이 안 되는데, 윗사람이 시키니까 그냥 하는 건 말이 안 된다고 생각한다. 리더는 팀원들이 납득할 수 있는 방향성을 제시하고, 함께 아이디어를 모으고, 같이 가야 한다. '독고다이', '나는 나, 너는 너', 이렇게 일하니까 일이 제대로 안 되는 거다. 그럼에도 불구하고 여전히 많은 기업들이 '그냥 시키는 것만 해! 끽소리 말고, 나만 따라와!'라는 식이다.

팀원들이 스스로, 기꺼이, 자발적으로, 일하게 만들지 못하면, 의견을 공유함에 있어 '자유로움'이 없다면, 영업이 절대 잘될 턱이 없다. 혼자 파는 게 아니라, 같이 파는 거다. 혼자 잘나서 가는 게 아니라, 같이 도우면서 함께 가는 거다. 필자는 파트너와의 케미가 장사에 있어 성공의 반 이상은 좌우한다고 본다.

모든 과정에는 사람이 있다 _____.

음식 맛은 좋은데, 직원들이 불친절하다면? 필자는 그 식당에 두 번 다시 안 간다. 사장이 맛에는 신경을 썼을지 모르지만, 직원들의 행복에는 신경을 못 쓴 것이다. 상품은 성능과 서비스가 한 몸이 되어 제공되는 것이다. 상품을 기획하고 판매하고 서비스를 제공하는 그 모든 과정에 '사람'이 존재한다. 상품 혼자 존재할 수 없다는 이야기다. 빛나는 상품이 만들어지기까지, 그 과정에는 반드시 '사람'이 있다.

사람을 키우고 가꾸는 노력과 상품 개발은 한 몸이다. 따라서 팀원들이 스스로 일할 수 있게 방향을 제시하고 같은 방향으로 '즐겁게' 일할 수 있는 일터 분위기가 조성될 때, 진짜 좋은 상품이 나올 수 있다. '물건 따로, 물건 파는 사람 따로'가 아니기 때문이다. "서로 떨어져 있을 땐 한 방울에 불과하지만, 함께 모이면 우리는 바다가 된다."는 류노스케 사토로의 말을 새겨 보자.

Push Push~
Pull Pull!

백화점, 마트 어디에나 우리는 '시계'를 찾아볼 수 없다.

"그저 느긋하게 즐기시고, 구경하시고, 식사하시고, 디저트까지 다 드시고 가시라."

요즘 마트나 백화점에 키즈카페나 옥상정원을 꼭 만들어 놓는 이유는 아이가 따로 잘 놀아 줘야 엄마가 '돈'을 쓰기 편하기 때문이다. 최대한 느긋하게, 최대한 오래오래 여기서 놀다 가시라는 의미이다.

엘리베이터 동선도 최대한 구석으로, 에스컬레이터 동선도 올라가다가 또 한 층 더 올라가려면 지금 머물러 있는 층을 한 바퀴 다 돌아야 다시 올라갈 수 있게 만들어 놓았고, 최대한 시간에 구애받지 말고, 사고 먹고, 마시고 놀고, 찜질방에서 목욕도 하고,

내친김에 영화까지 보고 사라고 한다. 지금 몇 시인지 묻지도 따지지도 말고, 그저 이 공간에 갇혀 계시라!

지금 아니면 안 돼요! 밴드웨건 효과 _____.

홈쇼핑은 반대다. 최대한 시계를 보여 준다. 짧은 시간 빨리 사고 나가시든지 또 다른 상품을 사시든지, '빨리' 결정하라고 재촉한다. 하도 시계로 '고객 압박'을 많이 한다고, 공정거래위원회에서 시계 사이즈나 노출 빈도에 대해 규제가 들어올 정도다. 일종의 밴드웨건 효과를 이용한 장사다.

"잘 나가요."
"이제 없어요."
"긴 시간 못 보여 드립니다."
"다들 가져가셨어요."
"지금 아니면 기회는 없어요."

'밴드웨건'은 미국 서부개척시대에 악대를 끌고 다니던 퍼레이드 마차를 뜻한다. 사람들을 모으고, 따르게 하고, 편승하게 하는 효과를 말하는 것. 이를 위해서는 우선 뭔가 시끌벅적한 상황을 만들어야 한다. 지금 여기에 편승해서 따라가 봐야 될 것 같은 상황을 유도하고, 조장하는 것이다. '잘 모르겠지만 수십 번 매진된 거 보니, 사야 되나 보다.'라고 생각하게 만들거나, '꼭 필요한 건 아니지만, 지금 아니면 못 산다고 하니깐 일단은 사고 보자.'라는 심리를 이용한다.

장사에도 밀당이 필요하다 _____.

홈쇼핑을 잘 보다 보면, 종료 시간 30분 전에는 시간 임박 사인이 자주 노출되고, 하단에는 움직이는 자막으로 '종료 임박, 수량 임박입니다.'라는 자막을 내보낸다. 예전에는 아예 전체 화면에 자명종 시계 이미지를 띄워 놓고 막 울려 대며 정신없게 화면을 채웠는데, 너무 고객을 정신없게 만든다고 해서 시계 노출에 대한 가이드라인을 나름 정하여 운영 중이다. 종료 10분 전에만 시간 임박 자막을 띄운다거나, 시계 사이즈를 조금 줄이는 것.

때로는 'Push'가 필요하지만, 항상 'Push'로 고객을 코너에 몰아붙이면 고객은 튕겨 나간다. 장사에도 고객과의 밀당이 필요하다. 적당히 상기시켜 줄 필요는 있지만, 끊임없이 "없어요. 사야 돼요. 곧 매진이에요."라는 멘트 자극이 너무 잦아지면, "쟤네는 매일 저래."라고 생각하고, 동요되지 않는다. 적당한 밀당으로 알아서 들어올 수 있도록 시계 자극도 적당히 해야 한다. 고객이 자극에 둔감해지지 않도록 수위 조절이 필요하다.

고객이 알아서 찾아오게 만들라 _____.

고객을 스스로 찾아오게 만들 수도 있다.

"딱 이 시간에 와야 해! 알았지? 내가 딱 기다리고 있을 거야!"

고객과 약속을 하는 거다. '딱 1시부터 1시간만', '딱 그날만 항공권 반값', '딱 일주일만 이 가격', 이런 식의 게릴라식 이벤트를 자주 열어, 팔려고 애쓰기보다는 고객이 알아서 찾아오게 만들어

라. 그리고 즐거운 행사가 넘치는 공간에 수시로 '구경' 오게 만들어라. 자주 방문해서, 눈도장을 자주 찍게 하라.

고객이 이 사이트와 '정'이 들게 만들고, 이곳에서 즐기는 쇼핑 동선이 편하고 즐거워야 오늘 안 사도 내일 사러 또 온다. 이를 위해 매일 새로운 이벤트, 응모권이나 적립금을 주면서 고객이 끊임없이 들어오게 하라. '행사'가 많은 잔칫집을 만들라. 잔칫집은 구경하는 것만으로도 즐겁다. '오늘 마감', '점심시간 반짝 이벤트', '저녁 반찬거리 3시간만 보여 드리는 타임찬스' 등등.

"아, 여기는 매일 잔치하나 보다. 국수라도 먹으러 가야겠다!"

겁먹기, 도망가기,
길 터 주기

"지금! 큰일 났어요. 그냥 방치하면, 주름이 급격히 많아져요."

협박? 일종의 위협? 지금 당신이 처해 있는 상황이 결코 평온한 상태가 아님을 인지시켜 줌으로써 행동 변화를 각성시킨다. 겁을 주는 소구, 일명 '위협 소구'. 인간은 궁지에 몰렸을 때, 그곳에서 벗어나고자 하는 욕망이 평소보다 몇 배로 커진다.

고객을 궁지 프레임 속에 넣어라 _____ .

적당한 '자극'은 결정을 서두르게 한다. 궁지란, 내가 지금 처해 있는 상황이 굉장히 위험하고 시급하고, 이 상태를 유지했다가는 곧 병들거나 힘들거나 아프거나 망하거나 늙거나, 심하면 죽을 수도 있다는 메시지를 말한다. 이러한 궁지 프레임 속에 고객을 넣어야 한다. 그런데 이러한 위협 소구를 할 때, 꼭 지켜야 할 두 가지 사항이 있다.

첫째, 위협의 근거가 있어야 한다. '건강보험공단의 통계에 의하면, 우리나라 암 환자의 1등이 폐암이더라.'와 같이 권위 있는 자료, 신뢰할 만한 조사 내용을 바탕으로 지금 고객이 처해 있는 상황에 빨간불이 들어와 있음을 인지시켜 줘야 한다. 남의 집 이야기가 아닌, 바로 당신이 지금 위험한 상태라고 느끼게 해야 한다는 것.

둘째, 궁지 프레임에 들어간 고객에게 도망갈 길을 제시해 준다. 지금 당신이 처해 있는 위험하고 힘든 상황에서 탈출할 수 있는 솔루션을 제시하는 것이다.

Positive 소구와 Negative 소구

위협 소구는 특히 공익광고에서 자주 등장한다.

태국 졸음운전 광고 – 넋 놓고 운전하다가 다 같이 죽는다!

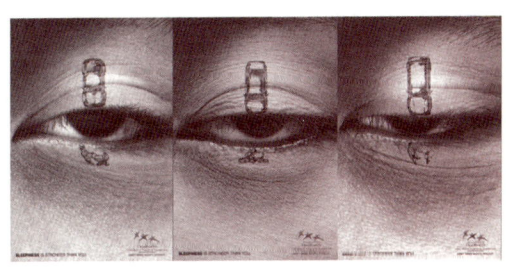

그렇게 피워 대다가 '훅' 간다!

홈쇼핑의 건강식품이나 이미용 상품에는 이 '위협 소구'가 은근히 깔려 있다.

"너, 이대로 방치하면 늙어. 미워. 못난이 돼."

"너, 이대로 방치하면 아파. 고생해. 심하면 죽을 수도 있어."

상품 소구에는 크게 두 가지 방향이 있다. Positive 소구와 Negative 소구. 즉, 긍정적이고 밝고 희망찬 미래를 약속하거나 또는 부정적이고 암울하고 울적한 미래를 암시한다. 이 두 가지가 적절히 섞여서, 지금의 현실을 벗어날 수 있다는 희망으로 메시지는 귀결된다.

고객을 위험에서 건져 줄 흑기사 마케터 _____.

필자가 판매한 건강식품 하나를 예로 들어 보겠다. 우리 몸의 노화가 급격히 시작되는 시점은 25세. 우리 몸속에는 'SOD'라는 효소가 있다. 이 효소는 인간의 몸에서 자체적으로 만들어져서 몸속 활성산소(노화 촉진 요인 중 90%에 해당하는 원인)를 제거하는 역할을 한다. 그런데 이 효소는 25세부터 그 양이 급격히 떨어져, 40세가 되면 절반 이하로 감소한다. 결국, 노화 촉진의 원인이 되는 활성산소는 몸속으로 많이 들어오는데, 이를 제거할 '지우개'가 없어진다는 거다. 가만히 있다가는 폭삭 늙는다.

여기서 고객들은 겁을 먹는다. '아, 내가 25살부터 늙기 시작해서, 40살이 되면 무진장 늙겠구나. 나를 늙고 병들고 죽게 만드는 저놈의 공격으로부터 보호할 방패가 없어지는구나. 이러다가 나 어떻게 되는 거야?'

자, 이때 솔루션을 제시해 준다. 우리 몸속 활성산소 제거 효소인 SOD와 동일한 성분이 잔뜩 들어 있는 식물이 있다. 걱정 마시라. 우리 몸은 그냥 두면 급격하게 늙고 병들겠지만, 우리 몸을 늙게 만드는 활성산소를 제거해 주는 SOD를 꾸준히 먹으면 노화를 더디게 할 수 있다. 그 식물이 바로 '스피루리나'다. '노화를 막아 주는 똑똑한 스피루리나!' 이런 식으로 매듭을 짓는다.

겁을 먹었을 때, 때로는 이성적으로 판단하기 어려울 때가 있다. 우리 뇌는 살짝 경직된다. '어쩌지? 어, 이거 안 되겠는데. 무서운데….' 이때 한 가지 주의할 점은 위협 소구를 한다고 해서 계속해서 끊임없이 위협하면, 그건 위협 소구가 아니라 그냥 위협이라는 점이다. 재밌는 건 계속 강도 높은 위협이 가해질 때, 고객은 그 위협에 둔감해진다. 북한의 위협으로 놀놀 뭉친 뉴스가 귀에 잘 안 들어오는 것처럼 말이다.

강요나 압박에 의한 선택은 반품으로 돌아온다. 최종 결정은 고객이 하되, 스스로 위협 소구 속 프레임 안으로 걸어 들어가게 해야 한다. 강요나 협박은 안 된다. 결국, 반감만 살 뿐이다.

> 첫째, 겁을 먹게 한다.
> 둘째, 도망가게 한다.
> 셋째, 길을 터 준다.

고객을 위험에서 건져 줄 흑기사 마케터. 고객은 안도의 한숨을 쉬며, 내 앞에 나타나 줘서 고맙다며 그대의 손을 덥석 잡을 것이다. 이것이 바로 위협 소구다.

고객은 미로 찾기를
즐거워하지 않는다

 욕심껏 잘 팔고 싶은 마음, 그 마음이 장사를 망칠 때가 많다. 욕심을 부리면 부릴수록 할 말이 너무 많아지는데, 그렇게 되면 플랫폼이 지저분해진다. 모든 이야기를 두서없이 쏟아 내고, 하고 싶은 말을 축약 없이 다 뱉으며, 모든 걸 다 총동원하면, 진짜 '봐야 될 글', '들어야 할 말'이 무엇인지 알지 못한다.

완벽이란 더 이상 뺄 게 없는 상태 ____ .
상품이 군살로 덮여 있다면 우리는 상품의 핵심 뼈대를 볼 수 없다. 상품도 다이어트가 필요하다. 상품을 수식하고 있는 군더더기 글, 그림, 영상, 넘쳐나는 광고…. 이런 것들이 군살이 되어 상품 곳곳에 덕지덕지 붙어서, 진짜 봐야 될 상품의 본 모습을 볼 수 없게 만든다.

꾸미고 포장하고 더하려고 할수록 상품은 지저분해진다. 핵심 메시지는 더욱 모호해진다. 많이 배우고, 많이 보고, 발로 뛰고, 많이 생각한 다음에 한마디로 요약해서 이 상품을 관통하는 하나의 메시지는 무엇인지에 내해 생각해야 한다. 계속 덜어 내는 연습이 필요하다.

자꾸 수식하고 예쁘게 보이려고 애쓰고 꾸미면 꾸밀수록, 더하는 것들이 본질을 보지 못하게 한다. 완벽이란 더 이상 **뺄** 게 없는 상태라고 하지 않는가?

회사가 추구하는 핵심 메시지를 찾아라 _____.

한마디로 요약해서 이 상품을 관통하는 하나의 메시지에는 기업이 판매하는 상품이 전달하고자 하는 메시지, 즉 기업이 추구하는 가치가 담겨 있어야 한다.

예를 들어 구글이 늘 외치는 '악해지지 말자(Don't be evil)'라는 캐치프레이즈는 심플한 구글 홈페이지 대문에서도 느껴진다. 광고로 도배질을 해서 고객의 탐색 과정에 장애물을 만든다거나, 광고에 끌려다녀 객관성을 상실하도록 그대로 방치한다거나, 원치 않는 광고로 고객을 혼란스럽게 만들지 않겠다는 구글의 마음이 곳곳에서 느껴진다. 고객이 목적지에 잘 도달하도록 '착하게 돕는 기업'이 되고자 하는 철학이 깔려 있다. 플랫폼 디자인에도, 기업 운영에도, 사무실 환경에도, 직원을 대하는 자세에도 말이다.

스타벅스는 커피를 팔지 않는다. 커피 문화를 판매한다. 스타벅스의 텀블러 디자인, 테이블의 색깔, 매장의 동선, 상품 배치는 그냥 갑자기 생겨난 게 아니다. 회사가 추구하는 철학, 상징, 이미지, 가치, 캐치프레이즈 등은 쉽게 바뀌어서는 안 된다. 코카콜라는 100년이 지나도 그 맛 그대로여야 한다. 색다른 맛의 신상 코카콜라가 나왔을 때, 시장의 반응은 싸늘했다.

'즐거움을 나눠요. 코카콜라~' 코카콜라에는 항상 즐거운 유년 시절의 추억이 있고, 신나는 경험 속에 늘 곁에 있었고, 나의 추억과 함께하고, 앞으로도 나와 함께할 '언제 어디서나 코카콜라'로 커뮤니케이션하고 있다. 맛이 변한다는 건, 추억의 변질을 의미한다.

미국 스테이크 소스의 대명사 A1은 소고기 값이 한창 오를 때, 닭고기 소비량이 늘어나는 것을 보고 닭고기 소스를 출시한 적이 있다. 그러나 시장의 반응은 차가웠고, 1년을 못 버텼다. 상품이 가지고 있는 브랜드 이미지, 회사가 추구하는 가치가 상품에도, 홍보물에도, 기업 웹 페이지에도 한결같은 목소리로 쭉 이어져야 한다. 흔들려서는 안 된다. 핵심 가치를 사내 직원 모두가 공유해야 하고, 그 가치를 바탕으로 제품을 만들고, 홍보해야 한다.

핵심 메시지로 플랫폼이 돌아가야 한다 _____.

사이트 어느 곳을 대충 훑어보더라도, 이 사이트가 전달하고사 하는 '핵심' 메시지가 느껴져야 한다. '당신의 가장 좋은 선택 GS샵'

이라는 캐치프레이즈로 GS샵이 설립될 때, 회사 홈페이지 메인 화면에 보이는 로고도 거기에 맞게 동일한 기조를 유지한다.

고객이 사이트 내에서 상품을 검색할 때에도 심플하고 편안하게 할 수 있도록, 즉 고객이 가장 좋은 선택을 가장 편한 방법으로 할 수 있도록 돕는 사이트가 되는 것이 GS샵의 목적이다. 고객이 검색했던 흔적들을 빅데이터가 캐치해, 유사한 다른 상품을 권해 준다거나, 그동안의 고객의 쇼핑 목록을 분석해 어울릴 법한 카테고리의 다른 상품을 검색해서 제안해 주기도 한다. 당신의 가장 좋은 선택을 위해!

'GS SHOP' 로고 중 'O'에 해당되는 곳에 '( )'와 같이 괄호 느낌으로 로고 디자인을 한 이유는 다양한 여러 가지 상품 중 가장 좋은 걸 '( )', 즉 괄호 속에 골라서 담도록 도와드리겠다는 의미다.

그대가 소통하고자 하는 핵심 메시지, 혹은 기업의 캐치프레이즈는 무엇인가? 거기에 맞게 플랫폼이 구축되고 있는지 생각해 보았는가? 만약 플랫폼의 각 페이지마다 각기 다른 소리를 내고 있다면 심각하게 고민해 볼 문제다.

심장이 터질 듯
짜릿하게, 아찔하게, 화끈하게

에이브러햄 링컨은 "나는 어제보다 더 현명해지지 않은 사람을 대단하게 여기지 않는다."고 말했다. 매일 나는 더 나아지려고 노력하는가? 매일 나는 나를 위해, 내 일을 위해, 내 삶을 위해 '무언가'를 하고 있는가? 마케터로서 나는 고객에게 더 나은 내일을 약속할 수 있는가?

나와 고객과 상품은, 현재진행형 연애 중 _____.

4,000번이 넘는 생방송을 14년간 해오면서, 똑같은 말을 두 번 이상 되풀이한 적은 없다. 오늘의 고객이 내일의 고객일 수 없고, 어제 통했던 말이 오늘 통하리라는 법이 없다. 그래서 매일매일 뭘 자는 방송 진행 시트를 수정하고, 다시 쓴다. 상품도 변하고, 고

객도 변하고, 상황도 변하고, 시간도 변하고, 나의 경험치도 변하고, 파트너도 변하고, 매일 매 방송마다 모든 것들이 변하는데, 어제의 대본을 오늘에 끼워 맞춰 간다는 건 오답노트를 들고 문제를 푸는 격이다.

고객들은 그대의 한결같음에 깜짝 놀랄 것이다. '아, 지루해. 이 오빠 만나면 안 되겠어.' 다시 말하지만 고객과 나, 고객과 상품은 현재진행형 연애 중이다. 언제 봐도 가슴 떨리는 존재가 되지 못한다면 이 연애는 오래가지 못한다.

그대의 필살기는 무엇인가 _____.

"상품 판매를 하면서, 나는 고객에게 날마다 더 나은 '가치'를 전해주고 있는가?"

스스로에게 물어봐야 한다. "그제도, 어제도, 내일도 여전하시군요."는 칭찬이 아니다. 도태를 의미하고, 지루함을 의미한다. 고객은 날마다 더 새롭고, 더 놀랍고, 더 강력한 것을 원한다.

고객이 내 상품을 봤을 때, 어떤 탄성을 지를지 생각해 보았는가? 고객이 내 상품 헤드카피만 보고도 덥석 수화기를 들고 싶게 만들 수 있는가? 내 상품이 비싸도 고객이 기꺼이 소유하고 싶게 만들 수 있겠는가? 우리는 고객을 놀라게 해야 한다. 매일, 날마다, 매 순간순간….

나도 모르게 침이 툭 튀어 나오게 만든다거나, 고객을 '놀라 자빠지게' 만들 그대의 '필살기'는 무엇인가? 얼마나 고객을 놀라게 할 준비가 되어 있는가를 우리는 고민해야 한다.

당신의 상품 소구에 '가슴 떨림'이 있는가?

"오늘 단돈 19,900원! 완전 싸요. 초히트, 대박 매진 행렬!"

"10분 만에 완성되는 마법 같은 학습법~ 지금 당장 눌러 주세요!"

이런 종류의 카피들! 싸다고 사란다. 당장 결제하란다. 뭐가 계속 대박이란다. 자, 다시 묻겠다. 당신의 상품 소구에 '가슴 떨림'이 있는가? 내 멘트는 고객을 가슴 뛰게 하는가? 우리는 매순간 스스로에게 다음의 10가지를 자문해 보아야 한다.

1. 고객의 판타지는 무엇인가?
2. 나는 고객의 판타지, 깊은 내면의 꿈을 이뤄 줄 조력자가 될 준비가 되었는가?
3. 마케터는 고객을 판타지의 문으로 안내하는 헬퍼(helper)다.
4. 진심을 다해 돕고 싶은가?
5. 그럼 그 진심이 녹아 있는 단어로 고객과 이야기하라.
6. 내 상품이, 나의 이야기가 고객의 가슴을 울렁이게 하는가?
7. 나는 고객에게 가슴 떨리는 존재인가?
8. 내 상품은 고객에게 가슴 떨리는 존재인가?
9. 고객이 나의 상품 소구, 헤드카피, 방송 멘트를 듣고, 보면서 "와우!"를 외치는가?
10. 나는 고객에게 어떤 사람으로 기억되길 원하는가?

'상품'을 판다는 건, 곧 '가치'를 판다는 이야기다. 진짜 내 입에서 나오는 말들이 가치가 있는 말인지, 종국에는 고객의 삶을 가치 있게 바꿀 수 있는 상품인지, 또 그런 상품을 만들고 있는 건지, 잘 만들었으면 그 가치를 제대로 전달할 준비가 되었는지, 매일매일 자신을 돌아봐야 한다.

때로는
미쳐도 좋아

　주어진 근무 환경에서, 주어진 직장에서 시키는 일만 하고, 따박따박 나오는 월급에 그저 대출금이나 안전하게 갚으면서, 그렇게 수십 년을 보내다, '월급 만 원도 안 오르는데 일 대충 하지.'라는 생각으로 시간 때우듯이 일을 하면, 말 그대로 직장인은 될 수 있을지언정 절대 직업인이 될 수 없다.

'직장인'이냐, '직업인'이냐
시켜서 하는 일만 잘하는 사람은 누가 일을 시키지 않으면 혼자서는 일을 할 수 없다. 어떻게 일을 해야 하는지에 대한 '일머리'가 스스로 크지 않는다. 항상 시키는 것만 해서 그렇다. 일하는 사람은 '직장인'과 '직업인', 두 부류로 나뉜다. 내가 직장에 소속되어 있을 때만 직장인으로서의 가치가 있으면 그저 '직장인'인 것이고, 혼자서도 내가 나의 직업을 만들고 내 경력과 재능으로 직업을 키워 나갈 수 있는 사람은 '직업인'이다.

"선배님, 괜히 힘쓰지 말고, 그냥 우리 시키는 것만 해요."

필자를 아주 사랑하는 모 후배의 말이다. 필자가 괜히 이것저것 시도했다가 욕을 먹거나, 돈 쓴다고 찍히거나, '튀는 놈'이라고 눈 밖에 날까 봐 진짜 걱정돼서 하는 말이다.

"야, 항상 똑같은 일을 하고, 항상 똑같은 사람을 만나고, 항상 똑같은 생각만 하면서 '변화'를 꿈꾸는 건 미친 소리 아니야? 변하고 싶으면 다른 걸 해 봐야지. 바꾸고 싶으면 기존에 하던 걸 버릴 줄도 알아야지."

좀 깨져도, 욕 좀 먹어도, 좀 튀어도 말이다.

새로운 시도로 성장한다 _____.

필자는 욕먹는 걸 두려워하지 않았던 사람이다.

"저놈 보래? 저놈 왜 저래?"

그래도 필자는 결과로 보여 주고 싶었다. 새로운 걸 시도할 때의 고객의 반응 그리고 매출의 혁신이 어떻게 탄생되는지를…. 그래서 기존에 했던 방식에 항상 의문을 가지고 접근한다. 이것 말고, 다른 방법은 없나? 이것 말고 더 새로운 건 없나? 기존 방식을 뛰어넘는 또 다른 무언가!

물론 이미 세팅된 방식대로 가면 제일 편하다. 제일 만만하다.

준비 시간, 노력 다 필요 없다. 그냥 그대로 하기만 하면 된다. 하지만 즐겁지 않다. 재미가 없다. 그러면 일을 하면서 성장하지 못한다.

"은정아, 너 어디 나가? 어… 어… 야!"

카메라 프레임, 그러니까 카메라가 잡고 있는 앵글 밖으로 나가는 건 화면에서 진행자가 사라지는 걸 의미한다. 카메라 감독, PD, 무대 감독, 스태프, MD, 모두가 화들짝 놀란다. 그러면 필자는 사라졌다가 살짝 빼꼼 문을 열 듯 카메라 속으로 '짠!' 하고 등장한다. 늘 두세 사람이 정자세로 화면에서 옴짝달싹못하고 앵글에 갇혀 있는 게 싫어서, 걸어서 앞이나 뒤로 가든지, 화면 안에서 뛰든지, 화면 앵글 밖으로 사라지기도 하면서 화면을 다양하게 만든다. 마치 고객들 앞으로 다가갔다가, 뒤로 갔다가, 잠깐 나갔다가, 다시 옆으로 왔다가 하는 느낌으로 말이다.

한번은 조명 감독님이 "은정 씨, 어디까지 나갈 거예요?"라고 물었다. 하도 프레임을 신경 안 쓰고 이리저리, 사방팔방 화면 속에서 돌아다니다 보니 조명이 미처 세팅되지 않은 자리에 있어서 필자의 얼굴이 시커멓게 나왔다는 이유였다.

"감독님, 죄송해요. 놀라셨죠? 저 여기서부터 저기까지 다 돌아다닐 거고요. 좀 시커멓게 나와도, 그것도 재밌을 것 같은데요. 뭐, 어때요."라고 답했다. 마치 강연장에서 대중을 향해 걸어서 들어가는 느낌으로, 필자는 테이블 밖으로 나와 카메라 앞까지 지주 걸어간다. 다들 안 하는 짓(?)이다. 스태프들도 처음에는 필자의 이런 시도에 '그렇게 하면 안 된다. 왜 가까이 오느냐? 화면에 네 얼굴이 대문짝만하게 나온다.'라고 하시다가, 나중에는 필자의 자유분방함에 카메라 워킹을 맞춰 주셨다.

한번은 샤워기 방송을 하는데, 물방울이 카메라에 튀었다. 생방송 중에 카메라 앞으로 가서 그냥 행주로 쓱쓱 닦았다. 카메라 바로 앞까지 갔으니 당연히 얼굴이 대문짝만하게 나왔을 것이고, 이를 보는 시청자는 자신의 TV 모니터를 호스트가 닦아 주는 듯한 느낌을 받았을 것이다. 우리 카메라 감독들은 이제 놀라지도 않는다. 필자가 이것저것 시도를 하도 많이 하니, 이제는 으레 그런가 보다 하고 맞춰 준다.

빤한 스토리는 고객의 심장을 관통하지 못한다 _____ .

실제로 살을 빼서, 전후 사진을 보여 주면서 다이어트 식품 방송을 시도한 것도 필자가 최초였다. 2011년 아이를 출산했는데, 출산 전 아가씨 때 사진부터 다이어트에 성공하기까지의 사진을 파노라마로 보여 주자고 필자가 제안했다. PD는 살찐 모습을 보여 주는 걸 호스트들이 꺼려서 대체로 잘 안 보여 주려고 하는데 괜찮겠냐고 물었고, 필자는 '그래야 리얼(real)'이라고 답했다.

'마테 다이어트' 방송은 그해부터 3년 연속 다이어트 상품 1등을 기록했고, 경쟁사도 필자가 했던 것처럼 진행자의 살 빼기 전후 사진을 준비하여 방송을 기획해서 따라 했다. 그전까지는 없었던 시도였다.

빤한 스토리, 빤한 진행은 결코 고객의 심장을 관통할 수 없다. 그래서 필자는 '관례대로', '그대로'를 싫어한다. 하기 싫다. 하기 싫은 걸 억지로 하면, 능률도 안 오르고 스스로를 성장시킬 수 없다. 새로운 것이 처음에는 거부감을 부른다. 그러나 저항을 견뎌낼 가치가 있다. 비록 그것이 중간에 스태프나 동료들과 조율해야 되는 과정이 길어진다고 해도, 필자는 끝까지 설득하고, 더 새로운 걸 계속해서 시도한다.

영어로 말하며 방송한 '최초'의 쇼핑 호스트

시원스쿨 방송도 그러했다. 그전까지는 아무도 영어로 말을 하지 않았다. 이상했다. 영어 콘텐츠를 판매하는데, 영어가 되는지 안 되는지를 보여 주지 않았다. 필자는 시원스쿨 방송을 맡았을 때, 영어 공부를 했다. 그리고 필자의 영어 실력이 좋아지는 모습을 생방송에서 1년 넘게 꾸준히 보여 주었다. 영어 공부를 하면서 방송을 준비하라고 강요한 사람은 없다. 그냥 필자가 하고 싶어서 한 거다. 그리고 결과는 '대박!'이었다. 전 홈쇼핑사를 통틀어 필자의 기록을 깬 호스트는 없었다.

어리바리한 모습부터 시작해 제법 말도 하고 생방송 중에 선생님의 질문에 곧잘 대답하는 학생이 되었다. 선생님은 절대 생방송 중에 필자에게 물어볼 질문을 미리 알려 주시지 않으셨다. 대단한 전략가다. 필자가 긴장하고 항상 영어를 공부하도록 유도하시는 거다. 그래야 그다음 방송에서 더 향상된 모습을 고객에게 보여 줄 수 있으니 말이다. 매번 리허설 따위는 없었다. 그냥 막 던지셨다. 더 열심히 공부할 수밖에 없었다.

선생님의 질문에 틀린 답을 할 때도 있었다. 그러면 그걸 그대로 적나라하게 생방송 중에 보여 줬다. 딱 거기까지가 공부한 수준이니까, 필자의 수준이 높아지는 걸 보여 주기 위해서 틀리면서, 또 맞히면서, '리얼(real)'하게 가는 게 맞다고 생각했다. 틀리면 부끄럽냐고? 아니다. 필자는 샘플이다. 좀 망가지면 어떠냐. 나를 통해 고객이 '대리만족'할 수 있다면, 나의 변화를 통해 고객이 자극을 받을 수 있다면, 그걸로 족하다.

무대 위에서 한바탕 춤판이 벌어지다 _____.

헉! 술? 술을 팔라고? 아니, 무알콜 맥주! 이런 상품이 어떻게 필자에게로 왔는지 모르겠지만, MD들은 이처럼 난해하거나 독특한 상품들을 필자에게 잘 가지고 온다.

"누나~ 이건 누나 꺼야."

술을 그리 즐기는 것도 아니고, 술과 인연이 별로 없는(치사량이 맥주 3잔) 필자에게 MD는 이건 누나가 팔아야 된다며 술 한 번 팔아 보잔다. 그런데 이상하게도 이런 상품은 정말 정복하고 싶은 욕심이 든다. 맛도 진짜 맥주와 거의 비슷하면서, 나도 모르게 취하는 것 같은 느낌도 들었다. 피그말리온 효과 때문인 건지, 약간 알딸딸했다. 진짜다. 심지어 미팅 중에도 혀가 꼬이는 경험까지 했다!

누가 이 무알콜 맥주를 살까? 타는 듯한 뜨거운 여름 날씨에, 심지어 낮 시간 편성. 아… 이 시간에 누가 술을 찾을까? 집에 있는 임산부, 술 먹고 싶어도 못 먹어 미칠 것 같은 이들! 무알콜로 술을 먹어야 되는 상황에 처한 이들을 상상해 보았다. 여름에 여행도 많이 갈 텐데, 휴가철 나는 취하면 안 되는 상황이고 술자리 분위기는 즐기고 싶고… 그런 이들을 위해서 준비해도 좋을 것 같고, 무엇보다 이 낮 시간에 술에 취해 있으면 안 되는데 술이 '땡기는(?)' 전업주부들의 모습을 상상해 보았다.

'그래, 왕년에는 마시고 싶을 땐 그냥 마셨는데, 임신해서 못 마셔, 애 픽업 가야 되니 못 마셔, 같이 마실 사람 없어 못 마셔, 밖에 나가서 놀 수 없어 못 마셔, 마실 흥이 안 나니 못 마셔…. 이래저래 못 마시는데 날씨는 미치도록 덥지, 집에서 청소기 돌리고 있는 나는 그리하여 많은 걸 포기한 아·줌·마! 놀자! 놀게 해 주자. 억압된 욕망을 분출시켜야 돼!'

그래서 필자는 방송 무대를 '나이트클럽'으로 꾸며 달라고 했다. PD가 깜짝 놀라며 되물었다.

"네? 선배님, 나이트요?"

"응. 완전 나이트클럽 음악으로 빵빵하게 틀어 주고, 우리 조명 아래에 미러볼(mirror ball)도 좀 달자. 그리고 모델들, 클럽에서 즐겁게 노는 분위기로 남녀 각각 열 명 정도 불러. 오늘 그냥 노는 거야!"

오프닝부터 암전 상태로 깜깜한 무대에 갑자기 미러볼 조명이 떨어지고, 고막이 찢어질 것 같은 나이트클럽 음악 비트에 심장이 쿵쾅거린다. 그러면 필자는 파트너와 함께 리듬에 몸을 맡긴 채 춤을 추며 등장, 한 손에는 맥주를 들고 심지어 마시면서…. 캔 모양도 완전히 맥주와 똑같이 생겼다.

"여긴 어디? 몰라, 몰라! 그냥 소리 질러! 예~"

방송 중에 전화가 오고 난리가 났다.

"선배님, 위에서 너희 뭐 파냐고, 지금 술 마시냐고 난리예요. 진짜 술 마시는 분위기인가 봐요."

"오케이~ 그대로 가시죠!"

제품이 뭔지 잘 모르고 방송을 얼핏 본 임원들도 저기 저 호스트 뭐하냐고, 지금 왜 저러냐고 놀라셨다고 했다. 아, 그럼 작전 성공! 일단은 보게 만든 거다. 이 덥고, 나른한 뜨거운 여름 대낮에 사람들의 시선을 붙잡은 거다.

한바탕 춤추고, 술 마시고, 또 춤추고, 심지어 필자가 여러 가지 안주 모둠을 만들어 가며 파트너에게 먹이기도 하고 스태프들을 갑자기 등장시켜 같이 춤추고…. 완전 '춤판'이었다. 매출은 어땠냐고? 30분 만에 모든 제품 완판!

"살면서 미쳤다는 말을 들어 보지 못했다면 너는 단 한 번도 목숨 걸고 도전한 적이 없었다는 것이다."라는 W. 볼튼의 명언을 기억하자.

두 번의 실수는 없다

바둑에는 '복기'라는 것이 있다. 대국이 끝나고 나서 승패와 상관없이 이미 뒀던 바둑을 되짚어 보면서 문제점을 발견하고, 또 다른 대안과 묘수를 찾아가는 과정이다. 방송에도 복기가 필요하다. 내가 오늘 진행한 방송에서 나는 얼마나 꼼꼼히 철저히 복기를 다하였는가?

같은 실수를 반복하는 이는 프로가 아니다 ____.

한 번 말했는데, 귓등으로 듣는다. 두 번 말했는데, '아차' 깜빡했다고 말한다. 세 번 말했는데, 사태의 심각성을 모른다. 그런 후배에게 필자는 더 이상 잔소리를 하지 않는다. 그 후배는 자신의 실수나 잘못에 대해 진지하게 들여다볼 준비가 되어 있지 않은 것이다. 아니, 더 엄밀히 말하면, 잘못을 알면서도 곤란한 상황, 지적받는 상황만 회피하고 싶은 마음뿐이다. 그런 마음으로는 절대 실력이 늘지 않는다.

누구나 실수한다. 누구나 실패한다. 그 실수를 직시하고 다음에는 다시 반복하지 않겠다는 마음, 누군가 나의 실수를 지적하고 부족함을 상기시켜 줄 때, 오히려 고마운 마음으로 객관적으로 나를 바라보자. '문제 = 나'로 인식하는 것이 아니라, 문제와 나를 따로 떼어 놓고 '문제'만을 객관적으로 집중하여 바라보자.

문제를 지적해 주는 이에게 감정적으로 섭섭해하고 삐딱한 마음으로 상대의 충고를 받아들인다면, 결코 건강한 마케터가 될 수 없다. 내 문제를 객관적으로 모니터링해 줄 동료, 선배, 가족을 곁에 두고, 늘 '지적 듣기'를 즐기자. 그리고 두 번의 반복은 없어야 한다. 같은 실수를 반복하는 이는 프로가 아니다.

예습보다 중요한 건 복습 _____ .

새롭고 신선한 그 무언가를 한다는 건 즐거운 일이다. 새로운 아이디어, 새로운 방송, 새로운 스타일의 무대, 강연, 진행 방법 등…. 그러나 그 신선한 시도들이 빛나기 위해서는 탄탄한 기본기가 바탕이 되어야 한다. 기본기가 흔들리는 상태에서는 그 어떤 새로운 시도도 제대로 발현되기 어렵다. 요리 실력이 그저 그런 이가 아무리 진수성찬을 다양하게 차린다 한들, 모든 메뉴 맛이 그저 그렇다면 상다리 부러지게 차린 보람을 찾기 어려울 것이다.

새로운 무엇을 시도하기 전에 내 발음, 발성, 진행, 시연 연습, 상품 이해, 회의 진행 준비, 상품 분석 능력 등에 대해 고민하자. 오늘의 방송이 제대로 잘 진행되었는지 체크하지 않고서는 그 어떤 새로운 방송도 소화불량 상태로 겉돌 뿐이다. 오늘 내가 해야 될 미션, 내가 진행한 PT에는 고칠 부분이 없었는지, 매일 하는 복습이 내일의 예습보다 중요하다.

잘못을 고치지 않으면 앞으로 나아갈 수 없다 ____.

짜증, 회한, 두려움, 창피함, 후회, 분노, 원망, 자괴감 등, 별별 못난 감정들이 나를 괴롭힌다. 그리고 스스로 면죄부를 준다. '괜찮아. 잊어, 잊어. 소주나 마시자.' 그러면서 이 또한 지나간다며 그저 상황을 모면할 기회만 노린다. 술 마신다고 실수가 지워지나? 절대 아니다. 내 잘못은 아무리 부끄럽고 짜증나도 두 눈 부릅뜨고 똑바로 직시해야 한다. 보면서 반성하고 후회하고, 더 나은 대안에 대해 늘 뼈저리게 고민해야 한다.

모니터링을 하지 않는 사람은 절대 더 나은 PT를 만들 수 없다. 확실하다. 자신에 대해 너무 관대하다. 자기애가 너무 충만하여 작은 실수도 너그러이 봐주고 넘어간다면, 큰 실수 앞에서도 해결책은커녕 도망갈 궁리만 하게 될 것이다.

우리 모두는 실수를 한다. 내일도 어쩌면 또 예상치 못한 실수를 할지도 모르겠다. 하지만 실수를 대하는 자세는 각자 다르나. 실수를 딛고 더 강한 프로가 되는 길은 실수를 다루는 자세에 달려 있다.

창의적 생각은
어디에서 오는가

    나이 마흔 줄에 창의적 생각을 요하는 업계에서 일한다는 건, 창창하고 팔딱팔딱한 젊은 청춘들과 견주며 창의적인 방송을 만들며 살아간다는 건, 그게 숙명이든 운명이든 간에 생존을 위한 몸부림이리라. 새롭고 신선한 아이디어란, 어쩌면 기존의 세상과 기존의 법칙을 살짝 삐딱하게 보는 것에서부터 시작하는 게 아닐까 싶다. 과연, 지금 상황에 문제는 없는지, 지금 나의 판매 전략에 문제는 없는지, 지금 내가 표현하는 기획에 문제는 없는지….

    "확실해요? 그게 최선입니까?"

    스스로 되묻는 습관, 거기에서 창의적 생각이 만들어지는 것이다. 왜 그럴까 궁금하면, 절대 참지 마라.

참지 마라, 문제라고 생각하라

필자는 요리를 할 때도, 기존에 했던 방법과 다르게 새로운 걸 시도하는 것을 좋아한다. 10년 넘게 비슷한 방법으로 불고기 맛을 내왔던 필자였다. 그런데 그날따라 불고기가 맛은 있는데, 양념이 너무 요란하고 강하게 느껴졌다. 하던 대로 그냥 해? 아니다. 이참에 다시 되짚어 보자. 뭐가 그렇게 입맛을 텁텁하게 만드는지 조사(?)에 들어간다.

'아, 간장을 너무 많이 넣었던 것이 텁텁하고 강한 맛을 만드는구나.'

요리책을 뒤지고, 다른 요리 방법이 없는지 검색하고, 10년 넘게 간장 맛으로 불고기를 만들던 방법을 버리고, 간장 양을 반으로 줄이고 소금으로 맛을 내어 봤다. 훨씬 깔끔하고 신선한 불고기 양념이 만들어졌다. 이런 식이다. 뭔가 이상하다거나 뭔가 너무 불편하다 싶으면, 기존 것에서 문제가 뭔지를 다시 들여다보는 거다.

방송에서 사과를 쪼개는 시연을 할 때였다. 늘 세로로 위(꼭지부디)에서 아래로 잘라서 보여 주다가, 그게 정답인가 싶어 가로로 잘라 보았다. 사과 속 꿀도 훨씬 잘 보이고, 새로워 보였다. '뭔가 남과 다르게 해야지!' 하면 모든 것이 부담이다. '다르게 하겠다!'가 아니라 '이게 최선인가?'라고 생각하면 기존의 진행 방식과 기존의 상품에서 어떤 점이 문제인지 보이기 시작한다.

그리고 그 문제의 답이 나올 때까지 계속 물고 늘어져라. 선배를 물고 늘어지든, 인터넷을 물고 늘어지든, 책을 물고 늘어지든, 더 좋은 대안은 언제나 있다. 지금이 최선이 아님을 인식하라. 문제는 '문제를 문제로 보지 못하는 눈'에 있다.

고요한 시간에 온몸을 맡겨라 ____ .

핸드폰은 잠시 꺼 두고, 나만의 고요한 시간에 몸을 맡겨라. 전자음 소리가 나지 않는, TV 소리도, 음악 소리도, 자동차 소리도 나지 않는 곳으로 가자. 머리를 맑고 고요하게 씻어 줄 공간에서, 되도록이면 자주 정기적으로 '머리 샤워'를 하자.

'멍 때리기 대회'를 해도 '멍 때리기'를 하기 힘든 이유는, 인간은 하루에 5만 개에서 6만 개 정도의 생각을 하도록 만들어졌기 때문이라 한다. '오만 가지 생각 좀 하지 말라'는 말도 그래서 나온 모양이다. 하도 생각을 많이 하기 때문에 일에서 벗어나 머리에 가득 찬 열기를 빼 줄 휴식 시간이 필요하다. 빠짝 일하고, 빠짝 놀고, 빠짝 쉬고…. 우리의 뇌는 쉬고 난 뒤 훨씬 효율적으로 재작동된다.

필자는 되도록이면 집에 일을 싸 들고 오지 않는다. 어차피 회사에서 해결되지 않은 일을 집에 들고 온다고 갑자기 해결되는 것도 아니고, 그날의 데드라인을 정한 후에 바짝 생각하고, 퇴근하면 깨끗하게 머리에서 지워 버린다. 되도록이면 업무 생각을 하지 않는다. 일할 때 하고, 놀 때 놀고, 쉴 때 쉬는 규칙을 정해야 머리도 효율적으로 잘 굴러간다.

전혀 엉뚱한 관심 없는 분야에 나를 던져 넣어라 ____ .

 뻔한 생각은 뻔한 업무, 뻔한 관계, 뻔한 일처리에서 나온다. 오래된 연인에게 편안함은 있지만 짜릿함이 없는 이유는 너무 익숙해져 버렸기 때문이다. 익숙함을 거부하자. 편안함을 거부하자. 늘 하던 방식 말고, 다른 걸 해 보자. 나에게 자극을 주는 거다.

 필자는 도서관에서 책을 빌릴 때도, 좋아하는 분야와 함께 영 읽기 어려운 과학이나 물리학, 철학 분야의 책도 섞어 가며 빌린다. 가끔 진짜 난해한 책도 그냥 읽어 본다. 뇌 속에 늘 인식하던 패턴의 책만 보는 건 먹던 음식만 먹는 것과 다름없다. 새로운 장소, 새로운 음식, 새로운 책을 맛보게 해 주면 거기서 신선한 아이디어들을 많이 만나게 된다. 완전 다른 조합의 만남.

 익숙함은 기회의 발목을 잡는 덫이다. 새로운 만남, 새로운 책, 새로운 환경을 즐겨라. 서는 곳이 달라지면 보는 풍경이 달라진다고 했다. 창의적 생각은 결국, 뇌를 다양하게 자극할 때 만들어진다. 오늘 나는 얼마나 나의 뇌를 자극시켜 주었는가?

PART 3

순간을 붙잡는 쇼핑 호스트

쇼핑 호스트란? '진짜'를 파는 사람이다.
진짜 마음으로, 거짓 없이, 솔직하게,
'진정성'을 담은 방송 말이다.
두렵고 떨리는 마음으로, 정성과 마음을 다하여
고객을 맞이해야 한다.

회사는 어떤 호스트를 원하는가

회사가 좋아하는 이미지 vs 사내에 없는 이미지 _____.

회사마다 추구하는 오래된 이미지가 있다. 예를 들어 언론사도 KBS 아나운서와 MBC 아나운서의 이미지가 다르듯, 회사가 추구하는 분위기, 추구하는 철학에 맞는 호스트를 뽑고 싶어 한다.

GS샵을 예로 들자면, 전반적으로 부드럽고 인상 좋은 호스트를 선호한다. 인상이란 눈매, 입매, 몸짓에서 나오는 정감 있고 부드러운 느낌을 말한다. 그런 어느 정도 순한(?) 이미지를 좋아한다.

그렇다고 다 그런 사람들만 뽑는 건 아니다. 어떤 해에는 "우리는 독한 이미지가 없어. 독한 느낌의 애들 좀 뽑아!"라고 해서 일부러 개성 있게 생긴 호스트를 대거 뽑았다가, 1년 안에 트레이닝 과정에서 걸러 낸 적도 있었다. 독한 이미지를 찾았지만, 막상 너무 독한 사람이 들어오니, 기존 조직원과의 불협화음 및 적응의 문제가 생긴 것. '쎈 언니' 이미지도 좋지만, 진짜 너무 쎈 언니어서는 안 된다는…. 참 어려운 일이 아닐 수 없다.

원하는 홈쇼핑사가 있다면, 그 회사가 추구하는 이념·철학이 무엇인지 정도는 사전에 홈페이지에 들어가서 살펴보는 것이 좋다. 홈쇼핑사의 쇼핑 호스트가 꿈이라면, 회사마다 호스트들의 특징을 정리해 보는 것도 도움이 된다.

예를 들어 GS샵의 남자 호스트들은 부드럽고 착하고 온화한 이미지들이 많은데, 좀 놀아 본 오빠(?) 같은 이미지가 없다. 패션의 경우 그런 호스트를 많이 찾는 편이다. 키도 되고, 몸매도 되고, 말까지 잘하는, 그런데 좀 놀아 본 오빠(?) 같은 이미지…. 혹시 자신이 그런 이미지라면, 지원 강추! 또한 근육질에 몸매가 좋은(건강식품, 헬스, 레저 상품에 맞는) 남자 호스트도 거의 없다.

반면, CJ오쇼핑의 경우 이성적으로 멘트를 하는 선생님 같은 남자 호스트는 제법 많은데, 감성적인 남자 호스트는 적다. 이처럼 홈쇼핑사마다 부족한 이미지의 여자·남자 호스트들이 있다. 방송을 잘 보면서 분석해 보면, 회사마다 결핍 요소가 보일 것이다.

실제로 10년 전쯤, 한 남자 호스트 지망생과 짧은 대화를 나눌 계기가 있었다. 쇼핑 호스트가 되고 싶은데 어떻게 해야 하는지 어렵다고…. 이에 필자는 새치도 있고 말하는 것에 두려움이 없으니 일단 이미지를 만들어 보라고 했다. 가고 싶은 회사가 CJ오쇼핑이었는데, 그 당시 CJ오쇼핑 남자 호스트들은 거의 안경을 끼고

키가 좀 작은 편에 이성적인 느낌이 강한 호스트들이 많았다. 그래서 반대로 근육을 만들고 운동을 많이 해서, CJ오쇼핑에는 없는 이미지로 가라고 했다.

그리고 만약 면접까지 보게 된다면, 차분하게 정장 입고 PT를 하다가 재킷을 찢든 벗어던지든, 건강한 근육을 보여 주면서 반전 PT를 준비해 보라고 조언했다. 그 친구는 지금 CJ오쇼핑에서 아주 즐겁게 방송을 하고 있다.

똘기는 있더라도 착해야 한다(?) _____ .

호스트는 기본적으로 생각이 튀어야 한다. 필자가 말하는 '똘기'는 안하무인격으로 행동하라는 뜻이 아니다.

"어라, 저놈 봐라? 저런 아이디어도 낼 줄 아네!"

"어, 젊은데? 신선한데?"

여러 가지 방송 경력이 있다고 하더라도, 홈쇼핑에 들어오고자 한다면 거기에 맞는 탤런트가 있어야 한다. 주어진 대본만 잘 읽는 방송인은 완전 사양이다. 아나운서들이 다 그런 건 아니지만, 아나운서를 오래 했던 친구들이 호스트로 입사하게 되면 처음에 굉장히 적응하기 어려워한다. 쓰인 대로 반듯하게 너무나도 잘 읽는 탓에 1년을 버티지 못하고 많이들 퇴사한다. 홈쇼핑은 '대화'이다. 자연스럽게 '이야기'할 줄 아는 사람을 뽑는다.

쇼핑 호스트는 제품을 접할 때, 협력사를 만날 때, 반짝이는 아이디어가 있어야 한다. 첫눈에 그걸 어떻게 아느냐고? 친구들로부터 '4차원'이라는 소리를 꽤 들어 본 사람, '저 골 때리는 놈 고집을 누가 꺾어?'라는 얘기를 들어 본 사람, '저놈은 뭐든 하고 싶어 하는 사람이라서 지 꼴리는 건 무조건 해야 돼.'라는 평가를 받는 사람, '대환영'이다. 호스트는 자기만의 색깔, 자기만의 향이 있어야 한다. 그걸 잘 정제해서, 면접 볼 때 쏟아붓고 나와야 한다.

그런데 '똘기는 있더라도 착해야 한다!'는 말은 무슨 말인가? 기본적으로 홈쇼핑을 운영하는 회사는 조직이 크다. GS, CJ, 현대, 롯데 등 대기업을 비롯하여 자금 규모가 되는 큰 기업들이 홈쇼핑 회사를 운영한다. 이처럼 큰 기업은 큰 조직을 움직여야 하므로 조직에 잘 순응할 수 있는 인물을 원한다. 나는 예의 바르고 윗사람을 잘 공경하는 '인간다운 인간'인가? 여기에 'Yes!'라고 스스로 답할 수 있다면 합격!

홈쇼핑은 처음부터 끝까지 Co-work다 _____.

홈쇼핑은 혼자 움직이는 조직이 아니다. PD, MD, 협력사, 세트, 음향, 조명, 성우, 보이지 않는 무수히 많은 손길 그리고 옆에 같이 진행하게 될 게스트, 후배 또는 선배 호스트···. 정말 많은 이들이 한 몸이 되어, 함께 어우러져서, 하나의 작품을 만드는 것이 홈쇼핑 방송이다.

그러므로 면접관은 예비 호스트들이 평소에, 학교생활에서, 사회생활에서, 또는 가정에서 얼마나 배려하고 인내할 수 있는지를 궁금해한다.

건강한 체력, 건강한 정신 _____.

"은정 씨, 차 끊어지면 뭐 타고 갈래요?"

"친구들하고 새벽까지도 놀아 봤는데 10시는 저에게 저녁인데요. 차 끊어지면 회사에서 자죠, 뭐."

내 맘대로, 그냥 나오는 대로 답했던 것 같다. 그때는 왜 내게 이런 질문을 하나 싶었는데, 입사 후 금방 그 이유를 알게 되었다. 홈쇼핑은 오전 6시에 첫 방송을 시작해서, 새벽 2시에 마지막 방송을 끝낸다. 스탠바이를 2시간 전에 해야 하기에 새벽 4시에 출근해서, 다음 날 새벽 2시 반쯤에 퇴근하는 구조다. 물론, 첫 방송을 진행하는 이들이 그날 마지막 방송을 하는 날은 그렇게 많지 않다.

그렇다고 아예 없는 건 아니다. 그리고 중간중간 회의가 있을 때는 회사에 10시간 넘게 있는 건 기본이고, 새벽에 출근했다가 밤새고 다음 날 아침에 퇴근하기도 한다. 그래서 쇼핑 호스트 휴게실에는 간이숙직실이 있다. '라꾸라꾸 침대'가 없었으면 이 직업을 10년 이상 버티지 못했을 것이다.

그래서 간혹 면접관들이 체력을 궁금해한다. 버틸 수 있는지, 견딜 수 있는지, 평소 건강 관리는 어떻게 하는지…. 그래서 너무 마르거나, 약해 보이는 호스트도 사양이다. 나의 정신과 육체는 건강한지 스스로 점검해 보자.

순발력으로 재치 있게! _____.

갑자기 방송 중에 조명이 터지면 어떻게 할까? 오븐에 굽는데, 재료가 아니라 내 손이 구워진다면? 화면이 날 잡는데, 바닥이 미끄러워 넘어져서 테이블 밑으로 내가 사라진다면? 식칼 시연을 하는데, 갑자기 내 손으로 공포 영화를 찍게 된다면? 방송 중 생리 현상이 급해지면? 방송 중 사레가 걸리면? 방송 중 물건을 떨어뜨리면? 방송 중 웃음이 터져서 멈추지 않는다면?

 이 모든 것들이 필자가 겪은 일이거나, 옆에서 본 일들이다. 온종일 생방송으로 진행되는 곳이 홈쇼핑이다 보니, 정말이지 별별 일이 다 있다. 호스트는 어떠한 상황에도 당황하지 않고 재치 있고 유연하게 방송을 이어 나가야 한다.

 그래서 면접관들은 생방송 진행에서 얼마나 재치 있게 임기응변을 잘할 수 있는 사람인지 궁금해한다. 면접관들의 예측 불가한 질문들에 씩씩하고 재치 있게 답할 준비가 되었는가? 그렇다면 홈쇼핑의 문을 두드려 보자!

쇼핑 호스트의
연봉이 궁금해?

"억대 연봉이시죠?"

"쇼핑 호스트 하면 완전 돈 많이 받나요?"

직업을 선택할 때는 응당 수익률(내가 일한 대비 돌아오는 이익)을 따지며 신중히 선택해야 한다. 초면에도 "얼마 받아요?"라고 아무렇지 않게 물어보는 걸 보면, 정말 어지간히 궁금한가 보다.

솔직히 필자는 쇼핑 호스트가 정확히 얼마 받는지 그리고 뭘 해야 하는지 준비 없이 들어갔던 경우라, 돈에 그리 크게 관심이 없었다. 알바로 학비를 벌던 대학 졸업생에게 첫 월급은 그게 얼마든 감동 그 자체였으니 말이다.

연차별 연봉이 궁금해? _____ •

2004년 당시 LG홈쇼핑(현재 GS샵) 대기업 신입사원 연봉이 2,500만 원이었다. 지금부터 14년 전이 그 정도였고, 필자는 그때 정직원으로 들어왔으므로 입사 동기들과 월급이 비슷했다. 그러다가 경력 10년 즈음에 프리랜서로 전향해서 연봉이 많이 오르게 되었다.

지금은 대부분의 홈쇼핑사들이 프리랜서 형태로 호스트를 뽑는다. 신입으로 입사해서 2년 정도까지는 완전한 프리랜서 형태가 아닌 반 교육생 형태로 월급을 받게 된다. 그러다가 3년차가 되면, 선배들과 같이 프리랜서로 활동하게 된다.

쇼핑 호스트는 경력에 따라 출연료가 천차만별이다. 하지만 거의 5년차 정도에도 회당 몇 십만 원은 받으니까 주 몇 백은 받는 셈이다. 주 몇 백이 한 달이면…. 잘하는 호스트는 5~6년차에도 월 1천만 원 정도는 벌 수 있다. 물론 이것도 개인에 따라 다르다.

10년차가 넘어서면 소위 말하는 억대 연봉자들이 될 확률이 높아진다. 물론 10년차쯤 되면 몸값이 높아지니, 방송 횟수에 제한이 들어온다. 몸값이 높으니 아주 신중하게 방송에 투입시킨다. 몸값이 비싼 만큼 어렵고 힘든 아이템을 맡게 된다. 거기서 성과를 내 줘야 몸값이 계속 올라가게 되고, 힘든 상품을 제대로 소화시키지 못하면 연차와 상관없이 점점 도태되고 선호도가 떨어지며 자연스럽게 연봉이 깎이게 된다.

나이가 많다고, 연차가 높은 선배라고 해서, 후배보다 연봉이 다 높은 것만은 아니다. 그래서 실력으로 판을 뒤집을 수 있는 곳이 홈쇼핑이기도 하다. 간혹, 재밌는 건 5~6년 연차의 호스트들이 메인 진행과 서브 진행(선배와 호흡을 맞추며 보조 역할까지 하는 것)까지 두루두루 가능해서, 방송 횟수가 더 많고, 그래서 선배의 연봉을 앞지를 때도 있다.

프리랜서의 세계

20여 년 전 쇼핑 호스트 프리랜서의 회당 출연료가 5만 원이었다고 하니, 지금 시작하는 후배들은 선배들이 닦아 놓은 길을 걷기에 호스트의 위상이나 연봉 면에서 많이 좋아진 건 사실이다.

3년차부터 몇 십만 원대에서 이후 능력에 따라 회당 몇 백만 원도 받을 수 있다. 회당 몇 백을 받으려면 그 회사에서 손가락에 꼽을 만큼 꽤 잘해야 한다. 같은 계약서는 한 건도 없다. 사람마다 다 다르다. 계약 조항에 일주일에 진행할 프로그램 개수를 5개 이상 못 박을 수도 있고, 1년 계약을 할 수도, 아니면 그 이상, 그 이하로 할 수도 있다. 대부분은 1년을 계약 기간으로 한다.

홈쇼핑사마다 세부 규칙이 조금씩 다르다. 어떤 홈쇼핑사는 호스트가 허락하기만 한다면 하루에 4개 이상 프로그램을 진행해도 되도록 무조건 투입하기도 한다. 그야말로 잘하는 놈에게 더 퍼주고, 못하면 인정사정없는 구조.

어떤 홈쇼핑은 연속 방송이나 하루 2개 이상 방송을 못하도록 규정해 놓은 곳도 있다. 방송 수를 모든 호스트들이 아주 많지도, 아주 적지도 않게, 일주일에 4~5개 정도로 맞추는 홈쇼핑도 있다(이

건, 엄밀히 말하면 프리랜서 생리에 맞지 않는 구조다).

메인 호스트 vs 서브 호스트

보통 3년차 이상이면, 메인 진행을 조금씩, 점차적으로 시켜 본다. 홈쇼핑 화면을 보면, 화면에 보이는 왼쪽이 선배 호스트이고, 오른쪽이 후배 호스트나 게스트(방송 진행을 돕는 분, 전문인들, 협력사에서 온 분)이다.

3년차 이상 되면, 스스로, 독립적으로 방송을 이끌어 나갈 수 있는지를 테스트하게 된다. 여기서 확실히 잘하면 3년차에 월급 500만 원 이상씩 가져가는 후배들도 제법 많이 있다. 그래서 3년차 때 눈도장을 잘 찍어야 된다. '나는 떡잎부터 제대로인 놈'이라는 걸 확실히 보여 줘야 한다. 그렇지 않으면 10년차가 되어도, 초반 이미지 때문에 실력을 저평가받는 경우도 많다.

돈은 그냥 주는가? 아니다. 그만큼 자신의 위치에서 최고의 실적과 차별화된 방송을 만들어 나가야 돈이 저절로 따라오는 법. 쇼핑 호스트는 매 방송마다 테스트를 받는다고 보면 된다. 한 번의 방송이 그 호스트의 모든 것을 말해 주기 때문에 매 방송마다 모든 세포의 에너지를 끌어모아 최선을 다해야 된다.

한 번 잘하면 열 번 기회가 오고, 열 번 잘하면 백 번 기회가 오는 곳이 홈쇼핑이다. 또 반대로 한 번 미끄러지면, 기회가 오기까지 아주 오랜 시간 자신을 단련시켜야 되는 곳도 홈쇼핑이다.

딱딱하게 팔기 vs 말랑하게 팔기

홈쇼핑 판매 기법 중 이런 말이 있다.

"흔들어 주세요!"

흔들어 달라고? '흔들다'는 '분위기를 몰아서 정신없이 혼을 빼놓고 사게 하다'는 뜻의 홈쇼핑 업계의 은어다.

흔들어 주세요? _____.

자, 어떨 때 흔들어야 하나? 대체, 그 흔든다는 게 뭘까? 글쎄, 그 흔든다는 것도 어떻게 흔들어야 분위기가 흥겹고 정신없어서, 나도 모르게 지갑을 연다는 말인가? 예를 들어, 3만 원대 쥐포를 판다고 해 보자.

"고객님, 이 쥐포로 말할 것 같으면, 어디어디 바다에서 잡아서, 어떻게 말려서, 그래서 이게 사이즈가 어떻고 저떻고, 이게 만들 때 어떤 노하우로 어쩌고저쩌고…."

3만 원 결제하는 데 10분이나 걸릴 지경이다.

상품은 특성에 따라, 가격에 따라 '고관여'와 '저관여'로 나뉜다. 고객이 다각도로 고민해서 결정이 이뤄지는 상품을 '고관여 상품'이라 하고, 깊은 고민 없이 때로는 충동적으로 가볍게 구매하는 상품을 '저관여 상품'이라고 한다.

너무 오랜 시간 고민하지 않게, 생각의 가지를 끊어 버리는 게 흔들어 파는 거다. 저가 상품의 경우는 빠른 시간 큰 고민 없이 선택하게 해야 한다. 한 시간에 수억 원씩 팔아야 되는 홈쇼핑에서 3만 원짜리를 1만 개 이상 팔려면, '우아 떨고' 앉아 있을 시간이 없다는 얘기다.

판매의 두 가지 기법

판매에는 '하드 세일(hard sale)' 기법과 '소프트 세일(soft sale)' 기법이 있다. 쉽게 말하자면 '하드 세일'은 프로모션을 강조하는 것을, '소프트 세일'은 제품의 필요성을 강조하는 것을 말한다. 이러한 하드 세일과 소프트 세일이 적절히 조화롭게 섞이면서 결국 구매로 이어지게 만드는 작업. 이것이 바로 쇼핑 호스트가 하는 일이다. '흔들어 파는 것'은 하드 세일에 들어간다. 하드 세일은 그야말로 딱딱하고 거칠게 밀고 나가는 기법이고, 소프트 세일은 부드럽게 설득하면서 진행하는 기법이다.

사실 필자는 하드 세일과 소프트 세일의 경계를 나누는 걸 별로 좋아하지 않는다. 하드 세일이라고 무조건 "오늘 얼마이고요. 몇 종 드리고요. 싸요, 싸요! 사장님이 미쳤나 봐요."라고 하지 않는다. 프로모션을 강조하더라도 강조는 하되, 같은 말이 도돌이표 형식으로 계속 반복되면, 그 말은 거칠게 다가오지 않는다. 중요한 포인트는 때때로 단호하고 거칠게 밀어붙여도 좋다. 단, 상대방이 불쾌해하지 않는 선에서 말이다.

멘트에는 강약이 있어야 한다 _____.

SB(공중파 광고 타임)에는 채널을 돌리다 홈쇼핑으로 유입되는 고객이 많기 때문에 1~2분 안에 빨리 결정하게 만드는 '거친 한 방!'이 필요하다. 짧은 시간 구매를 유도해야 한다고 해서 꼭 '프로모션'만 통하는 건 아니다. 보통 프로모션 강조를 '하드 세일'이라고 생각하는데, 필자가 생각하는 하드 세일은 송곳처럼 날카로운 한 방! 가슴을 찌르는 멘트의 집중 사격! 그게 가격이든, 상품 니즈든, 그건 중요하지 않다. 가장 중요한 시간에 가장 강렬한 메시지를 거칠고 단호하게 밀어붙이는 기법. 그게 하드 세일이다.

이와는 반대로 소프트 세일이란, 부드럽게 고객이 스스로 생각할 수 있게 진행하는 기법이다. 필자의 경우는 하드 세일과 소프트 세일을 경계 없이 잘 섞어서 사용한다. 고객과도 밀당이 필요하다. 또 계속 밀어붙여서 고객을 코너로만 몰고 가서도 안 된다. 강하게, 더 세게, 이렇게만 계속 나가다 보면 결국 고객은 질려서

도망간다.

 사람에 대한 존중과 배려는 기본으로 가지고 가되, 고객이 나의 말을 듣고 결정할 수 있도록 때로는 단정적으로, 때로는 부드럽게, 때로는 생각할 시간을 주기도 하면서 적절하게 버무려야 한다. 마치 탄탄한 스토리 구조를 가진 영화를 보듯, 마치 가슴을 울리는 '쥐락펴락'이 있는 음악을 듣듯, 멘트에는 리듬과 강약이 있어야 한다.

뇌 속에
5단 서랍장을 만들어라

　쇼핑 호스트가 PT를 짤 때 반드시 해야 될 작업이 있다. 바로 '가지치기'와 '분류'다. 가지치기는 앞서 'PART 2 마케팅 고수의 장사법'에서 언급한 바가 있으니 넘어가고, 분류에 대해 이야기를 나눠 보겠다. 상품을 분석해서 만든 자료는 다음과 같이 크게 다섯 가지로 분류해서 기억해야 한다. 뇌 속에 5단 서랍을 만들고, 이름표를 붙여라.

차곡차곡 5단 서랍장 속에 넣어야 할 것들 _____.

　1번 서랍장 속에는 내가 사야 되는 이유를 꾹꾹 눌러 담아라.
　2번 서랍장에는 많고 많은 물건 중에 꼭 이 제품이어야 하는 이유를 담아라.

3번 서랍장에는 왜 이곳(판매처)에서 사야 되는지에 대한 이유를 담아라.

4번 서랍장에는 지금 당장 사야 되는 이유를 담아라.

5번 서랍장에는 안 사고 싶다면 그 이유를 찾아서, 담아 두어라.

자, 5단 서랍장 각각 칸마다 차고 넘치도록 생각들을 꾹꾹 눌러 담아 놓고, PT를 시작할 때 서랍의 순서에 상관없이 낱개의 생각들을 마치 어울리는 옷들을 골라 서로 코디하는 것처럼 묶고 나누고 조합하라. 1번에서 하나 꺼냈다고 2번 서랍에서 하나씩 꺼낼 필요는 없다. 상황에 맞게 한 서랍에서 2~3개씩 꺼내 조합할 수도 있고, 각각 하나씩 섞어서 말을 만들 수도 있다. 그리고 반드시 방송에서는 5단 서랍 안 모든 칸 속의 생각 재료들이 빛을 볼 수 있도록 꺼내 줘야 한다.

어떤 호스트들은 지금 사야 될 이유는 잘 얘기하는데 고객이 안 사는 이유에 대한 고민은 하지 않는다. 어떤 호스트들은 본인 이야기에 심취해서 내가 이 제품을 좋아하는 이유를 늘어놓지만, 정작 여기서 특별히 사야 되는 이유에 대해서는 얘기해 주지 못한다.

PT 내용 안에, 고객이 궁금해하는 부분 또는 망설이게 되는 부분이 다 풀어지지 않으면 짧은 시간 구매로 이어지기 어렵다. 고객이 도밍갈 통로를 미연에 차단하기 위한 탄탄한 설득 구조를 만들기 위해서는 5단 서랍장을 만드는 작업이 반드시 선행되어야 한다.

서랍장 안의 생각 재료들 _____ .

왜 내가? : 나는 왜 이 제품이 필요할까? 나의 입장에서, 내 어머니의 입장에서, 내 아이라면? 내 동생이라면? 우리 아버지라면? 어떤 상황이고, 무엇이 부족하고, 필요한지를 여러 가지 각도로 고민해서 적어 보자.

왜 이 제품? : 제품은 차고 넘친다. 너무 많아서 문제다. 꼭 이 제품이어야 하는 이유를 찾아야 한다. 많고 많은 제품 중 이게 아니면 안 되는 이유를 찾아, 적어도 10가지 이상씩 생각 서랍에 넣어 두자.

왜 여기서? : 타사에서도 살 수도 있고, 백화점에서, 마트에서, 다른 유통 경로를 이용할 수 있는데, 굳이 꼭 여기서 사야 하는 이유를 찾아서, 서랍 속에 넣어 두라. 그게 가격일 수도 있고, 독점일 수도 있고, 편리성일 수도 있고, 배송일 수도 있을 것이다. 오래, 깊이 고민하라. 서랍이 안 닫혀 미어터질 정도로….

왜 지금? : 쇼핑 호스트는 분당 매출로 평가받는다. 매 초, 매 분, 지금 구매로 이어지지 못하면, 그날 방송은 망한다. 지금 고객이 사야 되는 이유를 찾아보자.

왜 안 사? : 장애물을 없애는 것! '굳이 안 사도 될 것 같은데, 꼭 사야 하나?', '이거 너무 비싼 거 아닐까?', '이게 꼭 이렇게 많은 복합 구성으로 필요할까?' 등등 구입하기 전에 망설여지는 부분이 무엇인지, 고객 입장에서 고민하고 적어 보자.

기억하라. 5단 서랍장이다. 5단 서랍장을 만들고, 조합하고, 나누고, 섞고 분류하는 작업. 쇼핑 호스트가 꿈인 당신에게 꼭 필요한 작업이다. 그대여, 건투를 빈다.

진짜를 보는
연습

    같은 자리에 똑같은 시간을 함께 보낸 팀원들도, 하나의 상품을 바라보는 눈은 제각각이다. 상품이 상징하는 하나의 메시지를 만들기 위해서는 그 상품을 깊이 이해해야 한다. 보이는 부분만 봐서는 안 된다. 상품이 주는 느낌을 여러 가닥으로 적어 보고, 이미지로 그려 보는 것도 많은 도움이 된다. 그냥 보는 것이 아니라 '이해하면서' 봐야 한다. 일종의 마인드맵을 만들어 보는 거다. 사물이 주는 '느낌'에 온 감각을 집중하다 보면, 눈으로 보이지 않는 내면의 상품이 가지고 있는 또 다른 이면을 보게 된다.

멘트는 압축적이고 강렬하게! _____.
홍보라는 것이 어느 날 갑자기 하늘에서 뚝 떨어지는 게 아니다.

가슴에 손을 얹고 답해 보자. 나는 얼마나 진지하고, 얼마나 오래, 얼마나 깊이, 상품을 관찰하고 사용하며, 진정 상품에 빠져 있었던가? 연상되는 이미지를 작은 그림이나 단어로 압축해서 가지치기를 해 보자. '시원스쿨'을 예로 들어 보고자 한다.

영어가 안 되면 시원스쿨	젊다	왕초보 탈출
셀럽들이 선택한 영어	독학	시원하다
암기	쉽다	이시원
성인영어	…	

이런 식으로 생각나는 대로 쭉 상품에서 느껴지는 느낌이나 단어들을 나열하는 연습을 한다. 무조건 10개 이상은 생각하고, 그 10개에서 파생하는 생각을 또 10가지 이상 가지치기해 보는 연습을 한다. 1번부터 10번까지 처음 연상되는 단어에, 거기서 또 파생되는 단어를 계속 가지치기하면서 더 잘게 쪼개는 연습을 하는 것이다.

시원스쿨 ···▶ 시원하다 ···▶ 아이스
                           ···▶ 냉장고
                           ···▶ 소화제
                           ···▶ 해열제
                           ···▶ 피톤치드

- 파도
- 뚫어뻥
- 사이다
- 오아시스
- 쿨팩
- 물장구

이 단어들을 시원스쿨과 연결해서 그림을 그리고, 그림을 표현할 광고 카피를 만들어 본다고 생각하고 이미지를 노트에 그려 본다. 끄적끄적 생각나는 대로…. 단어들과 그림을 연결 지어서, 하나의 광고 카피처럼 상품을 기억한다.

영어에 체했을 때, 시원스쿨 소화제
영어에 열 받을 때, 시원스쿨 해열제
영어에 목마를 때, 시원스쿨 오아시스

이런 식으로 계속 가지를 치다가 이미지를 만들어 상품과 이미지를 묶어서 그림으로 상품을 기억하게 하면 강하게 인지된다. 모든 상품은 존재의 이유가 있다. 그리고 상품은 저마다 고유의 성격과 이미지가 있다. 그 이미지를 찾아서 분류하고 하나의 그림으로 만드는 연습을 계속하다 보면, 상품은 그림으로, 또한 환상으로 각인된다.

추억, 다독임,
건강함

'추억'을 먹다

원하는 건 뭐든지 만들어 준다는 아베야로의 '심야식당'은 사람들의 발길로 밤새 북적인다. 주인장은 언제나 열린 마음으로 손님들의 이야기를 들어 주고, 추억의 기억들은 음식 접시 앞에서 새 생명을 얻는다. 사람들은 이곳에서 음식을 나누면서 삶과 추억, 위로를 나눈다. 그리고 마음의 허기까지 채우고 돌아간다.

"우리, 왜 예전에 부산 갔을 때 말이야. 그때 먹었던 '고래사' 기억나? 맞아, 맞아. 해운대 시장 돌아다니다가, 호텔에서 맥주랑 마시려고 잔뜩 샀었는데…. 진짜 맛있었어. 그치? 여보, 나 갑자기 부산 오뎅 먹고 싶어. KTX 끊을까 봐."

임신했을 때, 부산에 너무 가고 싶어 필자가 했던 말이다. 초량 시장에서 엄마 손 붙잡고, 졸졸 따라다녔을 때 맛봤던 '부산 오뎅', 여름에 밥하기 귀찮은 날이면, 중국집에서 자주 시켜 먹던 배달음식 밀면(부산에는 중국집에서 밀면까지 팔았다. 그만큼 부산 사람은 짜장면 못지않게 밀면을 자주 먹는다).

부산이 고향인 필자에게 이 맛있는 음식들을 맛볼 수 없다는 건 서울살이의 고통 중 하나였다. 사실, 막상 먹으러 내려가면 예전 어렸을 때만큼 맛있는지는 모르겠다. 하지만 먹으면서 학창 시절이 생각나고, 음식점을 찾아다니면서 옛날 살던 집이 그립고, 그러면서 음식과 추억이 동시에 소환되는…. 아, 보고 싶은 얼굴들!

직접 가지 않더라도, 추억을 전화로 주문하시라! 그리하여 지역 맛집들은 홈쇼핑과 연대하여 대박을 기록하기 시작한다. 2015년부터 대대적으로 지역 맛집을 홈쇼핑을 통해 방송했다. 고래사 어묵, 삼진 어묵, 제주 올래 국수, 전주 초코파이, 만석 닭강정 등 고향에서 또는 여행지에서 사랑하는 이들과 함께했던 기억은 '식품'을 통해 되살아난다. 이렇듯 홈쇼핑에서는 추억을 판다.

'다독임'을 먹다 _____ .

구수한 된장찌개 냄새, 곰삭은 칼칼한 파김치 냄새, 시원 달콤한 콩나물 무침 냄새, 애호박새우젓찌개의 달달하고 개운한 냄새…. 모두 다 '엄마 냄새'다. 허기진 배를 부여잡고 책가방 던지며 현관문에 들어서면, 엄마는 언제나 나에게 따뜻한 밥상을 뚝딱 차려주셨다. 객지에서 공부하느라, 일하느라 엄마 냄새 맡아 본 지 오

GS샵 자취 박스 이벤트

래인 이들에게 우리는 '위로'를 나눈다. 밥은 제대로 먹고 다니냐고…

그렇다면 이건 어떤가? 진짜 '엄마 비주얼'의 '엄마' 같은 분이 '엄마 표' 음식을 차려 준다면? 아, 생각만으로도 침이 고인다. '강순의 김치', '강순의 곰탕'은 필자에게 그런 존재였다. 선생님을 만나서, 방송을 준비하면서, "아, 그냥 이렇게 '있는 그대로' 가면 되겠구나. '여기 뭐가 들었어요. 어떻게 만들었어요.'를 강조할 게 아니라, 그냥 우리 강순의 엄마, 그 모습 그대로 보여 주면 되겠다."고 생각했다.

그때 담당 PD가 "선배님, 선생님이랑 만담하시는데 그냥 매진 되네요."라고 한다. 그저, 엄마의 마음, 어떤 마음으로 만드셨는지만 묻고, 듣고 있으면 방송은 끝난다. 론칭 이후 한 번도 빠짐없이 2년 연속 모든 방송 '매진'을 기록한 상품이다.

"선생님, 이거 너무 잘 나가서, 더 만들면 안 돼요?"

"뭘, 더 만들어? 기운 없어! 됐어. 그만혀!"

그저 순리대로, 되는 대로, 선생님은 사고 안 나고 안전하게 배송할 수 있는 양만큼만 앞으로도 그렇게 만드실 거라 하셨다. 딱 내 스타일 선생님! 김치를 보지 않고 선생님만 봐도, 왠지 김치가 맛있을 것 같다. 역시, 엄마! 선생님께서 옛날에 시집살이한 이야기만 들어도, 고객들은 주문을 한다. 할머니 옛날이야기 듣는 듯한 기분이 든다.

가끔 생방송 중에 며느님이 전화를 자주 안 한다고 욕도 하신다. 뜨악! 그런데 장사가 된다. 장사가 너무 잘된다. 어쩌면 우리는 맛있는 음식과 함께 엄마의 위로와 엄마의 다독임을 '먹고' 싶은 건지도 모르겠다.

'건강함'을 먹다 _____.

8년 전 임신을 하면서 시작한 텃밭 농사는 삶의 패러다임을 바꾸어 놓았다. 건강하게 산다는 건 무엇인가를 스스로에게 묻게 되었고, 먹거리에 관해 조금 더 까다롭고, 조금 더 신중해졌다. 급기야 3년 전부터 경기도 양평에 삶의 터전을 마련하면서, 자연의 순리대로 먹고 사는 것에 대해 생각하며 사는 중이다. 동료들은 이런 필자를 특이하게 생각하기도 하고, 식품 관련 제품들에 대해서는 간혹 시골살이를 하는 필자에게 묻곤 했다.

그러던 어느 날, 임효진 선배는 "이거 어떨 것 같아?"라며 이것저것 필자에게 물어보셨다. 젊은 농부들이 정직하게 키운 채소들을 소포장해서 매주 배달해 주는 '만나박스'. 만나박스의 채소들은 물 세척이 다 된 상태로 배송되며, 무엇보다 '뿌리'가 살아 있는 채로 밭에서 바로 온다는 것이 포인트였다. 농부들의 땀과 노력만 넣고, 먹지 않아야 될 것은 다 뺀, 진짜 살아 있는 채소였다.

"우와! 선배님, 이런 것도 해요? 진짜 너무너무 좋아요."

필자가 맡은 상품도 아닌데 가슴이 뛰었다. 잘되었으면 하는 마음이 컸다. 물론, 방송이 끝나고, 뚜껑을 열었을 때 아주 대박은 나지 않았지만 기대보다 잘 나왔다고 만족하는 분위기였다고 했다. 이런 상품은 잘 키웠으면 좋겠다. 정말로, 진심으로, 멋진 시도였다고 본다.

홈쇼핑에서 일찍이 이런 시도를 해 본 적은 없었다. 생각이 젊은 MD와 육아·살림 9단 SH, 순수청년 PD가 만들어 낸 방송은 보는 것만으로도 흐뭇하고 좋았다. 방송을 하기까지 많은 장애가 있었다. "아니, 채소를 무슨, 그것도 마트 가면 살 수 있잖아? 무슨 홈쇼핑에서 샐러드를 파냐?"에서부터, "너, 망하면 네가 다 책임질 거냐?"는 질책, "이런 상품이 되겠냐?"는 냉소 한 보따리를 가슴에 끌어안고, 그렇게 방송을 했다고 했다.

첫 시작은 미미했으나, 우리는 이런 상품에 주목해야 한다. 더 건강하고, 더 안전하고, 더 정직한 식품 개발을 위해 애써야 한다. 환경은 갈수록 오염되고, 우리는 갈수록 아플 것이며, 먹거리는 갈수록 불안해질 것이다. 2017년 홈쇼핑에서는 일찍이 없었던 신선한 시도이고, 바람직한 시도라고 본다. 온갖 욕을 참아 가며,

'가능성' 있는 상품에 용감히 도전하는 자세. 진정한 마케터의 자세다.

뿌리가 잘려 나간 채 예쁘게 진열된 채소와 뿌리째 밭에서 뽑자마자 소비자의 집으로 바로 전달되는 채소는 절대 같을 수 없다. 마트에서 파는 채소와 내가 직접 키운 채소는 영양과 맛, 두 가지 면에서 모두 엄청난 차이가 있다. 어릴 때 시골 외가에서 평상에 둘러앉아, 할머니가 농사지은 옥수수를 먹었던 기억이 있는가? 도시에서는 맛볼 수 없는 진짜 건강한 그 맛을 기억하는가? 밭에서 바로 간다. 생명이 숨 쉬는 상태로….

마트의 냉장고에서 냉기 샤워를 받으며 며칠간 진열된 채소, 생명의 흙과 뿌리가 다 제거된 상태로 번질번질한 조명 아래 방긋방긋 웃고 있는 저 채소들은 과연 정말 건강한 아이들(?)일까? 벌레 하나 먹은 흔적 없는 채소를 왜 우리는 신선하고 깨끗하다고 생각하는가? 벌레가 못 먹는 채소는 사람도 먹으면 안 된다.

앞으로 홈쇼핑이 정말 고객의 건강을 생각하는 마음으로 상품을 기획하기를 바란다. 좀 더 신선하고, 좀 더 안전하고, 좀 더 건강하게….

듣고 보고
깊이 이해하라

생각 창고에 다양한 재료를 쌓자 _____ .

사람이 많은 곳으로 가라. 마트, 백화점, 찜질방, 그냥 좀 엿듣기도 해라. 뭐 어떤가. 필자는 목욕탕에서 인생을 배운다. 특히 건식 사우나에서는 진짜 많은 이야기가 오간다. 엄마들은 뱃살을 쥐어뜯으며 "왜 뱃살이 안 빠지지?" 하고는 달달한 식혜를 주문한다. 어젯밤 이놈의 영감쟁이가 술 먹고 몇 시에 들어왔는데 어떻게 뚜껑이 열렸는지도, 목욕탕에 가면 술술 다 들을 수 있다.

그런가 하면 미용실은 어떤가? 미용실도 기가 막힌 장소다. 한 달에 한 번 머리하러 갈 때마다 원장님의 손을 거쳐 간 많은 여인네들의 이야기를 원장님의 입을 통해 아주 진하게 압축해서 들을 수 있다. 듣고 있노라면 '인생 사는 거, 참 재밌네!' 싶기도 하고,

'세상에, 저 집 남편은 왜 저런대?' 싶기도 하고, 각종 별별 시어머니들의 시집살이 잔혹사를 듣고 있으면 감사의 마음이 들기도 한다. 아들 가진 엄마들의 고충, 아이가 둘인 엄마들의 애환 등 이런저런 얘기를 듣고 있으면 나에게 없는 부분을 간접경험하게 되어 내 생각 창고의 다양한 재료들이 쌓인다.

필자가 만나는 사람들은 필자와 전혀 다른 사람들인 경우가 많다. 잘 맞는 친구들도 많지만, 완전히 다른 성향, 종교, 식성, 나이, 방송 스타일 등 모든 면에서 딴판인 사람들도 많다. 그런데 그들과 만나면 즐겁다. 각자 가지지 못한 부분에 대해 대리 만족도 해 보고, 대리 경험도 해 볼 수 있어서 좋다.

방송에 들어가서만 수다쟁이?

후배 중에 '얼음공주'가 있다. 술 한 잔 들어가서 얘기해 보면 진솔하고 좋은 사람인데, 평소 너무 과묵해서 선배들하고도 인사 외에는 말을 잘 하지 않는다. 10년 내내 그랬다. 선후배들과 쇼핑 호스트 휴게실에서 커피 마시면서 수다 떠는 모습을 본 적이 거의 없었다. 평소에 저렇게 조용한 사람이 방송에만 들어가면 굉장히 사교적인 모습을 보였다. 우리는 그녀를 알아서 그런 건지, 보고 있으면 왠지 '아주 많이 노력하는구나.'라고 느껴졌다. 평소에는 잘 웃지 않는 사람이 방송에 들어가서 애쓴다 싶었다.

사람에 대해 관심이 없는 쇼핑 호스트는 사람에 대한 이해도가 떨어진다. '나 중심'의 생활이 전부이기 때문이다. 어느 정도 연차가 되면 독립적으로 진행하기 때문에 선배들과 만날 일이 별로 없을 수 있다. 그래서 굳이 불편한 선배들과 좋은 관계(?)를 만들고 싶어 하지 않는 후배들도 있다. '나는 나, 너는 너'라는 식이다.

하지만 필자는 생각이 좀 다르다. 선배는 우리가 그 나이가 되어 보지 못하면 죽었다 깨도 알 수 없는 경험을 가지고 있다. 그 경험과 노하우와 철학은 옆에 있는 것만으로도 많이 보고 배울 수 있다. 그래서 필자는 후배들에게 선배들과 친해지라고 말한다. 선배들이 대충 던진 농담들 속에도 경륜과 내공이 담겨 있다. 진짜 일 잘하는 사람, 방송 잘하는 사람은 정말 다양한 이들의 삶의 노하우와 삶의 경험을 잘 흡수하는 사람이다. 사람 속으로 들어가길 바란다. 어울리는 동안 때때로 상처를 받더라도, 그러면서 선배들에게서 배우고, 후배들에게서 배운다.

그 사람의 입장에서 생각하는 연습

필자는 이야기를 할 때에도 상대방이 저렇게 말하는 '의도'가 있음을 생각한다. 무슨 뜻이 있어서 저런 말을 하고 저런 행동을 할까? 곰곰이 생각해 보면, 모든 행동에는 이유가 있다. 같이 방송하는 파트너가 자꾸 눈을 찌푸린다면 "혹시 화면이 잘 안 보이세요? 앞으로 당겨 드릴까요?"라고 물어볼 수 있다.

선배가 "너희, 배고프지 않니?"라고 물어보는 건 본인이 배고프다는 뜻이다. 더 나아가 "같이 가 줄래?"라는 뜻이다. 이제 말하지 않아도, 선배들의 표정만 봐도, 배가 고픈지 아닌지를 알 수 있을 정도다. 홈쇼핑 방송 파트 사람들은 끼니를 제시간에 제대로 챙겨 먹는 일이 드물다. 방송 시간이 식사 시간과 겹치거나 방송을 하고 나왔는데 미팅이 바로 잡혀서 두 끼를 연속으로 못 먹고 일할 수도 있다.

그런 구조에서 선배의 "너희, 밥 먹었니?"라는 질문은 '나 배고픈데 같이 먹을래?'라는 의미를 담고 있다. 그런데 요즘 후배들은 "너희, 밥 먹었니?"라고 물어보면 "네."라고 대답만 하고 자기 할 일만 한다. 그럼 선배들은 더 이상 말을 길게 하지 않는다. 같이 가자고 하는 것이 괜히 늙은 선배가 후배를 귀찮게 하는 건가 싶기도 하고, 그들도 각자 자기 일을 하느라 바쁠 텐데 방해하고 싶지 않아서이다.

우리의 말이 들리는 대로, 그대로 해석 프로그램에 넣어서 다 해석이 된다면 이 세상에 말로 인한 오해와 불신은 없을 것이다. 그 사람의 입장에서 생각하는 연습을 못하는 사람은 자신도 상대방에게 이해와 신뢰를 구할 수 없다. 사람을 제대로 이해하지 못하면 '장사 세포'가 클 수 없다. 평소 사무실에서, 업무 현장에서, 타인이 말하는 속뜻이 무엇인지 잘 생각해 보자.

관찰하고 이해하며 배우는 인생 _____ .

처음 결혼을 해서 시댁에 선물을 보냈는데, 어머님이 막 화를 내셨다.

"와 이런 거 보냈노? 아이고, 이거 필요 없다. 없어도 된다. 아이고, 왜 보냈노!"

'오리지널 경상도 스타일'로 말씀하시는 어머님의 '고맙다'는 의미의 또 다른 표현이 필자를 당황하게 했다. 게다가 진짜 화난 말투였다!

"경상도 사람들은 식구끼리 고맙다고 얘기를 잘 안 해."

신랑 '번역기'를 통해서 속뜻을 알기 전까지, 왜 선물을 보냈는데 화를 내시나 했다. 고마우면 고맙다, 싫으면 싫다, 좋으면 좋다, 그런 말을 잘 안 한다는 게 쉽게 이해되지 않았다. 필자는 태생은 부산인데, 학교는 서울에서 다니고, 성인이 된 이후로는 서울 사람들과 소통하고 살았다. 수십 년을 그렇게 살다가 오랜만에 '오리지널 네이티브 스피커'와 얘기를 나누다 보니, 오해가 생길 법했다.

이제는 어머니가 말씀하시는 액면 그대로의 말이 아닌 속뜻이 무엇인지 나름 고민하고 들어 본다. 같이 얘기를 나누다 보면, 어머님 세대의 생각과 아픔, 애환도 조금씩 이해하게 된다. 아마 어머니도 'OX'가 확실한 며느리를 보고, 요즘 서울 사람들은 다 저러나 싶으셨을 거다. 이렇게 사람을 관찰하고, 이해하면서 인생을 배워 나가는 건지도 모르겠다.

빛나야 할 것은
오직 상품뿐

빨간 립스틱, 블링블링 반짝이는 의상, 제대로 힘준 머리, 귀걸이·목걸이·시계·팔찌 등 온갖 장신구로 전신을 치장한다. 이보다 더 화려할 수 없다. 우리의 시선은 어디로 가야 할지 갈 길을 잃는다.

한번은 팔찌를 판매하는 쇼핑 호스트가, 한쪽 팔에는 1천만 원이 넘는 명품 팔찌를 차고, 또 다른 팔에는 홈쇼핑 방송에서 판매하는 5만 원짜리 팔찌를 차고 나온 걸 보았다. 허걱! 도대체 어떤 팔찌를 봐야 할지…. 게다가 지금 판매하는 저 팔찌는 왜 그리 초라해 보이는 건지…. 도대체 무슨 의도로 그 둘을 같이 매치해서 차고 나온 걸까?

방송할 때만큼은 까칠해지자 _____ .

방송할 때 필자는 세상에서 가장 까칠한 여자가 된다. 옷에 실오라기 하나 삐져나오는 것도 용서가 안 된다. 특히, 판넬을 보여 줄 때는 판넬 코팅 때문에 빛 반사가 될 때가 있다. 그러면 화면의 글자가 빛에 반사되어 잘 보이지 않는다. 그런 경우에 대비하여 필자는 빛 반사가 되지 않을 최적의 각도를 찾아서 미리 맞춰 놓는다. 필자가 가지고 들어가는 판넬이나 물병, 커피 빨대가 화면에 지저분하게 나올 때가 있다. 아무리 멘트가 주옥같아도, 지저분하게 시선을 잡아먹는 소품은 멘트를 방해하는 훼방꾼이다.

  세트팀이 싫어하는 호스트를 뽑는다면 필자가 손가락에 꼽힐지도 모르겠다. 필자는 테이블에 스크래치가 많이 나 있어도, 반드시 바꿔 달라고 한다. 안 되면, 테이블에 커버를 덮어 가리기라도 해 달라고 부탁한다. 특히 유·아동 책은 카메라가 위에서 아래로 잡는 경우가 많은데, 이때 책만 잡히지 않고 테이블 상판도 같이 잡힌다. 테이블에 시선이 많이 꽂힌다.

  또 이전 방송에서 음식물이나 화장품을 판매한 경우에는 테이블에 지저분한 이물질이 제법 많이 묻어 있다. 묻어서 굳어 있는 경우도 많다. 필자는 이상하게도 그런 게 눈에 너무 잘 들어온다. 누구에게 시킬 것도 없이, 바로 물티슈를 가지고 와서 열심히 청소한다. 내 상품이 지저분한 테이블 때문에 같이 지저분해지는 것을 바라지 않는 마음에서다. 내 일, 남의 일이 따로 없다. 그냥 눈에 보이면 먼저 본 사람이 치우면 되는 거다.

심지어 필자 옆에 있는 게스트나 호스트 후배도 필자의 레이더 망에서 자유롭지 못하다. 게스트가 마이크를 살짝만 삐뚤게 매거나 마이크 선이 옷 밖으로 많이 나오는 경우, 필자가 직접 마이크를 만져 주거나 수정해 준다. 시커먼 마이크 선에 고객의 눈을 빼앗기고 싶지 않아서다.

오직 하나, '상품'을 위해 _____ .

방송 전, 무대 체크는 필수다. 우선, 무대 배경색이 뭔지 미리 확인하고 들어가야 한다. 배경과 의상이 잘 맞는지 고민하고, 잘 맞추어 입고 들어가야 한다. 또 핸들링을 할 때, 가령 '사과' 방송을 할 때, 재밌게도 많은 스타일리스트들이 빨간색을 준비해 준다. 사과니까 상큼하게 빨간색이 어울릴 거라고 생각하는 것 같다. 하지만 보통 핸들링을 가슴 가운데에서 들고 보여 주는 사과의 경우, 옷 색깔이 빨강이면 빨간 사과가 돋보일 수 없다. 옷 속에 그대로 파묻혀 버린다.

말하랴, 세트 신경 쓰랴, 게스트 머리카락이 제대로 딱 붙어 있는지까지 잔소리하랴, 신경 쓸 게 백 개는 된다. 그걸 매 방송 때마다 레이더를 '지구 끝까지' 펼쳐서, 온갖 자질구레한 것까지 다 간섭(?)하고 진행한다. 오직 하나, '상품'이 제일 빛나게 하기 위해서다.

스티브 잡스는 프레젠테이션을 할 때마다 늘 검정색 상의를 입고 나왔다. 왜 그럴까? 설마 돈이 없어서, 매일 같은 옷? 아마, 프레젠테이션의 주인공은 스티브 잡스가 아니라 애플의 신상품이기 때문 아닐까? 블랙 배경으로 진행되는 애플의 프레젠테이션에 늘 빛나는 주인공은 애플 자체여야 하기 때문에 '어떻게 하면 상품을 가장 빛나게 보여 줄 수 있을까?'를 고민한 흔적이 의상에서도 느껴진다.

내 의상이, 내 화장이, 내가 들고 들어간 물병이, 내가 차고 있는 시계가, 내 머리카락이, 내가 준비한 판넬이나 소품이, 그 무엇이 되었든, 상품을 지저분하게 만드는 것들은 과감히 청소해야 한다. 상품을 혼란스럽게 만드는 것도 역시 버려야 한다. 빛나야 할 것은 오직 상품뿐이다.

MSG가
뭐 어때서

 '如厠二心(여측이심)'이라는 말이 있다. '뒷간에 갈 때 마음 다르고 올 적 마음 다르다'는 뜻의 한자성어다. 이처럼 고객은 너무나도 쉽게, 너무나도 빨리 달라진다. 그리하여 그대의 고객들이 마음을 돌리시기 전에 '꽈악' 붙잡아 둘 나만의 무기가 필요한 것이다. 고객을 붙잡을 준비가 되었는가?
 목적 구매가 아닌 이상, 홈쇼핑은 거의 대부분 다른 채널을 보다가 '우연히' 채널을 돌렸는데, '나도 모르게 샀다'고 한다. 아주 짧은 순간의 찰나. 누가 멱살을 잡고 끌고 가는 것도 아닌데, 어쩌면 이리도 나도 모르게, 카드 번호를 누르고 앉아 있는 건지…. 이거 오늘, 그것도 지금 당장 사지 않으면 엄청난 손해를 입을 거란 확신으로 말이다.

지금 당장 사게 하라? _____ .

홈쇼핑 시청 고객은 절대 오랫동안 '놀다' 가지 않는다. 보고 바로 '아니다' 싶으면 1초 만에 채널을 돌리면 끝이다. 따라서 보게 하고, 듣게 하고, 사게 하는 것이 쇼핑 호스트들의 미션이다.

홈쇼핑에도 MSG가 있다. '최, 최, 최'가 바로 그것이다. 최저, 최고, 최다, 최강…. '최' 자 돌림 아이들(?)이다. 죽어 가는 찌개 맛도 벌떡 일으켜 세워, 밥 한 그릇 뚝딱 해치우게 만드는 최강의 조미료. 자주 사용하면 약발이 떨어지지만, 가끔씩 뿌려 주면 요리 맛이 살아난다. 홈쇼핑에서 죽어 가는 상품을 살릴 때나, 특집으로 매출 목표를 달성해야 하거나, 재고를 소진할 때, 시즌이 마감될 때, 잘 보면 이런 표현들을 많이 쓴다.

최저 : 말 그대로 최저 가격이다. 가장 좋은 가격으로 사는 거다. 날이면 날마다 가격이 좋으면 고객은 다음에 사도 되는 거라고 생각한다. 따라서 기간 한정(세일 기간이 정해짐) 또는 방송 횟수에 제한을 둔다. 최저 가격을 너무 남발해서도 안 된다. '언제나 천 냥 가게'는 오늘 가도, 내일 가도, 늘 천 냥이니까.

최다 : 제일 많이 준다. 많이 주는 것만큼 좋은 것도 없다. 그런데 잘 보면 본 구성(본품)으로 제일 많을 때가 있고, 사은품(때로는 받고 싶지 않은 구성일 수도 있다)으로 개수를 맞춰서 '최다'라고 표현할 때도 있다. 호스트는 고객이 불쾌하지 않게 사실 정보를 잘 전달하되, 뭘 가장 많이 주는지를 오해 없이 전달해야 한다. 고객은 무조

건 많이 준다고 해서, 그냥 사지 않는다. 고객은 바보가 아니다.

최고 : 그야말로 MSG다. 남발하면 조미료에 질려서 맛이 있는지 제대로 구분하지 못한다. 적당히, 시기적절하게 써야 한다. '최고'라는 표현은 유일무이(唯一無二), 즉 이거 말고는 없다는 표현인데, 명확하고 단정적으로 들려서 귀에 꽂힌다. 하지만 세상에 최고가 어디 있겠는가? 금방 또 신제품이 나오고, 호스트가 생각하는 최고 말고도 이 세상 어딘가에 또 다른 최고가 있을 수도 있다. 잘 조사하고 제대로 표현해야 한다. 예를 들면 '대한민국 시장 점유 1등, 에어컨 최고 매출 기록', '쿠션 파운데이션 중 ○○홈쇼핑 최고 매출'과 같이 명확하게 증명할 수 있는 전제조건을 달아 줘야 한다. 그래야, 말의 논리가 선다.

마지막 : 진짜 마지막이라고 하면, 정말 그다지 필요 없을 것 같은 물건도 일단 사서 쌓아 놓고 보는 게 사람 마음인가 보다. 우리는 이 '마지막'이라는 표현에 쉽게 흔들린다.

쇼핑 호스트 = 요리사 _____ .

쇼핑 호스트는 요리사다. 말을 맛있게 요리하는 요리사 말이다.

첫째, 좋은 재료가 기본이다. 두말하면 잔소리!

둘째, 담백하고 건강한 맛을 내자. 고객을 내 가족과 같은 마음으로 섬긴다.

셋째, MSG도 너무 과하면 본연의 맛을 잃게 된다. 그러므로 적당히 쓰자. 나를 위해서, 그리고 고객을 위해서….

피겨와
쇼핑 호스트

"저 여자 호스트, 목소리가 듣기 피곤해요. 난 그 여자 호스트 나오면 채널 바로 돌리잖아. 말하는 게 그냥 괜히 기분 나빠요."

참기름 제대로 발라 놓은 듯 번지르르하게 말도 잘하고, 똑 부러져 보이는 호스트. 하지만 정이 안 가는 건 왜일까? 듣고 있으면 피곤한 건 왜일까?

피겨 스케이트에는 기술 점수와 예술 점수가 있다. 기술적으로 아무리 매끈하게 작품을 완성했다고 하더라도, 예술적 감동을 주지 못하면 높은 점수를 받기 힘들다. 예술적 감동은 내 몸과 작품이 하나가 되어 마음과 혼을 담을 때 비로소 만들어지는 법이다.

"제 점수는요…."

호스트의 방송 점수도 제각각이다.

예술적인 쇼핑 호스트란? _____ .

"신이 우리를 가르칠 때는 채찍을 쓰지 않는다. 신은 우리를 시간으로 가르친다." 발타자르 그라시안의 말이다.

한 분야에서 10년 이상 같은 일을 해 봐야, 비로소 보이는 것들이 있다. 누군가는 '1만 시간의 법칙'이라고도 하는데, 듣고 보니 하루 3~4시간의 고뇌의 흔적들이 10년쯤 쌓여야 1만 시간이 된다. 10년이 지나야, 비로소 보이는 것들이 있다.

처음 상품을 판매하는 사람들은 의욕이 앞선다. 잘 팔아야지, 목표를 달성해야지, 칭찬받아야지, 승진해야지…. 고객을 내 틀에 맞춰서 조정하려고 한다. 철저히 '나' 위주로 말이다. 그 마음이 수년간 이어지면서, 사람은 안 보이고 돈만 보이게 된다. 내 앞의 고객은 나의 인사고과를 위한 발판 정도로 여기게 되고, 매출이 떨어질 때는 상품 탓, 소비자 탓만 늘어놓게 된다.

"상품? 이만하면 됐고, 방송 세트? 오호, 예뻐! 진행 시트? 훌륭해. 순서대로 딱딱 잘 돌아간다. 그런데 이 냉랭한 반응은 뭘까? 상품 사양, 방송 순서, 세트의 완성도, 신나는 배경 음악, 뭐 다 딱딱 맞아 떨어지는데, 대체 왜 손님이 없지?"

기술 점수가 아무리 높더라도, 예술 점수가 떨어진다면 고객은 이탈한다. 예술적인 쇼핑 호스트란? '진짜'를 파는 사람이다. 진짜 마음으로, 거짓 없이, 솔직하게 '진정성'을 담은 방송 말이다. 두렵고 떨리는 마음으로 정성과 마음을 다하여 고객을 맞이해야 한다.

쇼핑 호스트에게 말년 병장이란 없다 _____ .

한번은 '김치' 방송을 하는데, 라이브톡(방송 중 실시간으로 들어오는 문자)으로 이상한 문자가 왔다고 했다. PD는 문자를 보고는 '기분 나쁠까 봐' 화면 전송을 하지 않았다고 하는데, 나중에 알고 보니 내용은 이러했다. 지금 저 호스트, 김치 방송을 하는데 손톱에 매니큐어 칠하고 저렇게 김치를 찢고 있냐고, 입맛 떨어져서 못 보겠다고, 어떻게 매니큐어 바른 손으로 음식을 만지냐는 거였다.

듣고 보니, 그러했다. '아~ 내가 음식을 만지면서, 손톱 매니큐어를 안 지우고 그냥 들어갔구나.' 그저, 손톱 매니큐어 하나 안 지운 게 뭐 어떤가 생각했는데, 그건 그냥 필자만의 생각이었다. 간혹, 요즘 젊은 엄마들이야 손톱에 매니큐어를 칠한 상태로 요리도 한다고 하지만, 당장 우리 어머니만 해도 손톱에 매니큐어를 칠하고 나물을 무친다는 건 천부당만부당한 일이었으니···. 얼마나 입맛이 떨어졌으면 문자까지 보냈을까 싶었다.

그날 이후 식품 방송을 할 때는 웬만해서는 손톱에 색깔이 진한 매니큐어를 칠하지 않았고, 정 바르고 싶으면 연한 핑크로 거의 눈에 안 띄게 했다. 손톱에 뭔가를 칠하고 안 칠하고의 문제가 아니었다. 홈쇼핑 고객층은 다양한데, 필자가 너무 필자 위주로 생각했던 것이다. 사소한 듯 사소하지 않은 사건이었다.

'난 정말 깨끗하고 정성스럽게 김치를 보여 줄 자세가 되었는가?'

'내가 음식을 만든다면 어떤 손으로 음식을 만들어야 할까?'

'손톱 색깔 하나에 고객은 밥맛이 떨어질 수도 있구나. 조금 더 사려 깊었어야 했다.'

그날 이후, 필자는 늘 정갈한 손톱, 깨끗한 구두, 흐트러지지 않는 단정한 머리에 좀 더 집착하게 되었다. 쇼핑 호스트들에게 말년 병장이란 없다. 군기 바짝 든 이등병처럼, 언제나 고객 앞에 서 바짝 정신을 차리고 있어야 한다.

실컷 공부하고, 하루 종일 시장 조사를 해서 방송에 들어간다고 해도, 고객의 기분을 상하게 하면 그걸로 '끝'이다. 기분(氣分)을 한자로 보면 '기운을 나눈다'는 것 아니겠는가? 책에도 안 나오고, 공부를 해도 알 수 없는 기분. 나는 고객에게 좋은 기를 나누는 사람인가? 나쁜 기를 나누는 사람인가?

'떨리는 마음으로 조심스럽게 고객 한 명 한 명을 헤아려야지.' 다짐해도, 매 방송마다 깨지면서 또다시 일어서고, 또 깨지고…. 그게 호스트다. 기술과 예술이 하나가 되어 멋진 하모니를 만들 때, 우리는 '진짜'를 팔 수 있다.

의심병을
달고 살아라

 프랑스의 수학자이자 철학자인 데카르트는 "진리를 찾기 위해 끝없는 의심 속으로 나를 끌고 들어가야 한다."고 말한다. 그는 또 이런 명언을 남겼다. "나는 생각한다. 고로 나는 존재한다." 나는 이 명언을 이렇게 바꾸고 싶다.
 "나는 생각한다. 고로 나는 쇼핑 호스트다."

자기 자식(상품)은 엄마(상품 개발자)가 제일 잘 안다 _____.
"Why? 대체 왜? 왜, 왜, 왜?"
 끊임없이 외쳐야 한다. 대체 왜 이렇게 생긴 건지, 대체 왜 이렇게 구성을 짰는지, 대체 무슨 생각으로 이걸 사야 되는지, 모든 상품에는 만든 이의 이야기가 있다. 자기 자식(상품)은 자식을 낳고 키운 엄마(상품 개발자)가 제일 잘 안다. 협력 업체를 대신해서 상품을 소개하는 사람이 호스트다. 상품을 공부한다고 하더라도 진짜 깊이 알기 위해서는 엄마, 즉 상품 개발자에게 물어봐야 한다.

제품을 만든 사람만큼 상품을 더 잘 알 수는 없다. 회의 시간에 협력 업체들이 알짜 정보를 열심히 '떠먹여' 줄 때도 있지만, 아주 과묵하고 점잖으신(?) 업체 분들은 "아이고, 호스트님이 알아서 잘해 주실 텐데…. 저희는 믿습니다."라고 말한다. 자식에 대해서 직접 낳은 부모만큼 잘 아는 사람이 어디 있다고 그냥 무턱대고 믿으신단다.

필자는 쇼핑 호스트에게 피곤할 만큼 문자를 하고 전화를 하시는 분들이 좋다. 그래야 '멘트 창고'의 멘트들이 많아질 테니…. 필자도 협력사에 귀찮을 정도로 전화하고 물어본다. 왜 이렇게 만드셨는지? 어떤 고민을 하셨는지? 어떤 실패를 하셨는지? 설사, 귀찮아하신다 해도 어쩔 수 없다. 궁금한 게 풀려야 잠이 온다.

의심 속으로 나를 끌고 들어가라 _____ .

예를 들어 보자. 2기압 쿠쿠 밥솥 미팅 시간이다. 협력사에서 이렇게 말한다.

"실버 색상이 대세이고요. 2기압이라서 밥맛이 좋고요. 기능은 현미, 잡곡, 백미, 죽, 만능찜이 되고요. 음성 지원되고요. 가격은 백화점에서는 얼만데, 여기서는 10만 원쯤 더 싸고요. 사은품은 ○○○이고요. ○○○세트 팔아 주시면 됩니다."

자, 여기서 여러분은 협력사의 설명에 어떤 질문을 할 것인가? 실버? 왜 실버가 대세라는 거지? 어떤 기준으로? 몇 년도부터? 어느 나라에서? 어느 지역에서? '대세'라는 기준은 뭐지? 2기압이 왜 밥맛이 좋지? 왜 2기압이라고 이름을 붙였지? 2기압이 시중에서도 인기가 많나? 2기압이 만들기 어려운가? 2기압이 대체 뭐지? 기압은 어떻게 만들어지지? 2기압을 만드는 기술이 다른 곳은 없나? 2기압으로 만드는 데 몇 년이 걸렸지? 만들면서 쌀은 몇 킬로그램 썼지? 어떤 연구를 했지? 그리고 맛의 차이는 어떻게 만들지? 더 맛있게 만들기 위해서 어떤 실험을 했지?

현미가 된다는 게 어려운가? 어렵다면 뭐가 어렵지? 왜 현미를 기능에 넣은 게 중요하지? 이런 기능들이 각각 온도나, 밥 되는 시간에 있어 차이가 있을까? 죽이 되는 게 중요할까? 압력솥에서 죽이 되는 게 원래 가능할까? 죽이 되면 어떤 게 좋을까? 죽이 모든 쿠쿠에서 다 될까?

음성 지원 기능이라니…. 말해 주는 게 중요할까? 말을 안 해 주면 뭐가 불편할까? 그리고 백화점보다 저렴한 이유는 뭐지? 왜 여기서 사야 될까? 타사에서는 어떻게 진행될까? 경쟁 상품은 어느 정도의 기능에 어느 정도 선에서 노출될까?

한도 끝도 없다. 한도 끝도 없게, 방송 들어가기 직전까지도 '왜, 왜, 왜'를 물어야 한다. 왜 이렇게 만들었을까? 왜 이런 기능일까? 왜 이런 색깔일까? 왜 이런 케이스에 담았을까? 왜 20대가 좋아할까?

호기심 많은 호스트가 양질의 방송을 한다 _____ .

회의 중 많은 질문을 할수록 더 많은 멘트 재료를 건질 수 있다. 요리에서는 재료가 '70', 요리사의 실력이 '30'이라고 했다. 회의 시간에 질문을 많이 하기 위해서는, 사전에 고객평, 직전 방송 모니터링, 경쟁 방송 모니터링, 시장 조사를 마친 상태에서 회의에 들어가야 한다. 그래야 신선하고 맛있는 재료를 잔뜩 담아 갈 수 있다.

회의 시간만으로는 부족하다. 집에서도 고민하고, 연구하면서 갈증을 느낀다면 주저 말고 협력사에 전화하라. 오늘 처음 본 협력사라도 물어볼 건 물어봐야 한다. 협력사를 위해서? 아니다! 내 방송의 퀄리티를 위해서다. 많이 고민하고 물어본 호스트가 양질의 방송을 한다.

낯가림이 심해서, 처음 본 사람과는 대화를 잘 못한다는 호스트? 그런 자세로는 제대로 된 방송을 하지 못한다.

말의 재료는 주변 사람들(협력사, 제품 개발자, 고객, MD, 경쟁사, PD, SH 선후배)에게서 거의 대부분 찾게 된다. 거기서 수확한 날것의 정보들을 다듬고 맛있게 요리하는 사람이 호스트다.

'왜 그럴까? 왜 그럴까? 왜 그럴까?' 끊임없이 의심하라. 의심하는 것을 즐겨라.

"어디 귀퉁이에 '짱 박혀' 안 보이는 것까지 물어봐도 될까?"

그렇다! 물어봐도 된다. 필자는 귀찮게 물어보는 후배들에게 떡 하나라도 더 주게 된다. 귀찮지 않다. 오히려 기특할 때가 많다.

많이 궁금해하고, 생각하는 연습을 많이 하는 호스트가 양질의 방송을 만든다.

좋은 호스트가 되기 위한 7가지 자세

카메라에 불이 들어오면, 그때부터 안하무인격으로 멘트 사격을 퍼붓는 호스트들이 있다. 처음부터 잘못 배워서? 물론 잘못 배운 면도 있다. 그러나 좀 더 꼬집어 얘기하면, '깨닫지 못해서'가 더 걸맞은 표현인 듯싶다.

하나, 쇼핑 호스트는 '듣는 사람'이다 ____.
호스트는 말 잘하는 사람이라고 다들 생각하지만, 실제로는 잘 듣는 사람이어야 한다. 쇼핑 호스트의 자질 중 가장 중요한 능력이 바로 '듣기 능력'이다.
　신입 때는 이게 똥인지 된장인지 구분하는 능력이 거의 제로에 가깝다. 그냥 입을 열고 무슨 말이든 '마가 뜨지 않게(무음으로 공백이 생기는 것)' 떠들어 대는 것만이 밥값을 하는 길이라고 생각한다. 그런데 이렇게 아무 생각 없이 입을 여는 것이 오히려 방송에 엄청난 방해가 된다. '생각 없이' 말하는 말은 말이 아니라 '소음'이다.

처음 쇼핑 호스트가 되면, 같이 진행하는 선배의 의견을 물어라. 어떻게 준비하고, 어떤 식으로 호흡을 맞출지, 첫 PT 정도는 같이 주고받으며 리허설을 해 보기를 권한다. 그리고 많이 들어야 한다. 듣는 훈련이 안 된 쇼핑 호스트들은 연차가 높아져도, 파트너들과 삐걱거리거나 매끄러운 진행을 하지 못한다.

둘, 맛있는 말을 위한 '숨 고르기' _____ .

어떤 쇼핑 호스트는 정말, 숨도 안 쉬고, 침도 안 삼키면서 말한다. 왜? 여유가 없어서다. 또는 머릿속으로 멘트가 명확히 정리되지 않았을 때, 멘트가 지저분해지고 사족이 많이 붙는다.

깔끔하게 말하고, 중간에 쉼표를 자주 쓰자. 맛있는 밥이 되기 위해서는 '뜸 들이기'가 필요하다. 말이 맛있어지려면, 적당한 뜸도 들여야 하고, 중간중간 쉼표도 필요하다.

셋, 집착은 너를 망하게 할 것이다 _____ .

"많이 팔아야지. 실수하지 말아야지. 더 잘해야지!"

건강한 욕심은 방송을 빛나게 하지만, 과욕은 방송을 망치게 한다. 고객과 파트너(협력 업체, 같이 진행하는 호스트, 게스트)에 대한 배려가 없는 방송은 산으로 갈 뿐이다. 방송은 혼자 하는 것이 아니다. 많은 호스트들이 '나만 예뻐 보이면 돼.', '내가 돋보여야지.'라는 생각, 즉 지나친 '자기애'로 일을 망칠 때가 많다.

또 머릿속에 그려 놓은 시나리오에서 벗어나는 상황을 못 견뎌 하는 경향이 많다. 라이브(live) 방송에서 유연성은 필수다.

넷, 멘트 욕심을 버려라 ＿＿＿ .

입에서 나오는 모든 말들이 다 말이 되는 건 아니다. 상대방의 마음에 남아야, 그게 말이다. 말을 많이 한다고 해서 판매가 더 잘되는 건 아니다. '들리는 말'을 해라.

메인 호스트로 진행하든, 선배와 함께 진행하든, 그것은 중요하지 않다. 누가 더 많은 말을 하든, 누가 더 주도적으로 하든, 그게 중요한 게 아니다.

아주 짧은 순간의 찰나에, 기억에 남게 말하는 호스트가 더 빛나는 법이다. 여러 명의 호스트가 함께 진행하거나, 게스트가 함께 진행할 때, 혼자 독주하지 마라. 방송은 아름다운 합주다.

다섯, 흐름에 몸을 맡겨라 ＿＿＿ .

PT 순서에 너무 얽매이지 마라. 사람 사이의 대화가 어찌 짜 놓은 각본대로 돌아가겠는가?

큰 틀은 세우되, 고객의 반응을 살피면서, 고무줄처럼 늘였다 줄였다를 자유롭게 하라. 말의 방향을 잘 살피면서, 박자를 맞춰서 진행하라. 대화는 자연스러워야 한다.

여섯, 고객을 헤아려라 _____.

자기 말만 하다가 나오는 호스트들이 있다. 상대방은 듣든 말든 준비한 내용만 쏟아 놓고 나온다.

호스트는 방송의 주인장이다. 주인이 손님을 초대했으면 따끈한 차도 대접하고, 편안한 소파에서 쉬도록 하고, 손님의 이야기도 들을 줄 알아야 한다. 고객이 뭐가 불편한지, 방송 중에 뭐가 답답한지, 계속 풀어 드리면서 방송을 진행해야 한다. 혼자 떠들고 나오는 방송은 방송이 아니다. 배려가 넘치는 호스트, 그래서 '이 집엔 자주 놀러오고 싶어요.'가 되어야 한다.

일곱, 스태프들과 소통하라 _____.

홈쇼핑 방송도 결국, 사람이 하는 일이다. 쇼핑 호스트가 스튜디오에서 가장 가깝게 일해야 하는 사람이 카메라 감독과 FD다. 그들과의 소통이 중요하다. 내가 어디로 가고자 하는지, 무엇을 보여 주고자 하는지를 그들에게 소상히 알려라. 방송 전에도 스태프들과 끈끈하게 소통하지 않으면, 카메라는 카메라대로, 호스트는 호스트대로, '따로국밥'이 되고 만다. PD와의 소통이 물론 중요하지만, 정작 스튜디오에 들어가면 카메라 감독과 더 많이 부딪히고, 더 많은 대화를 하게 될 것이다.

우정과 신뢰를 구축하라. 호스트는 성격 좋고 푸근한 '큰외숙모'

같은 존재여야 한다. 스태프들에게 편하게 다가가고, 소통하고, 함께 그림을 만들어 나가야 한다. 혼자 입으로만 떠든다고 방송이 되는 게 아니다.

    호스트가 하기에 따라, 카메라 감독들은 호스트들의 든든한 지원군이 되어 준다. 그들과 동선에 대해 고민하고, 근사한 그림(화면 연출)을 만들기 위해 같이 논의하라. 스태프들과의 관계가 탄탄해야 매끄러운 방송을 만들 수 있다.

깡은 죽을 때까지
가지고 가는 거다

그 생기발랄하던 후배들, 초롱초롱한 눈망울로 "선배님, 저 잘해 볼게요."라고 했던 후배들이 입사하고 몇 달이 지나고, 몇 년이 지나면 해동 덜된 동태처럼 흐물거린다. 지쳤을 것이다. 규칙적으로 출퇴근을 하는 것도 아니고 새벽 4시에도 출근하고 새벽 2시에도 퇴근하니, '박카스를 달고 살아도' 피곤은 너와 나의 친구일 것이다.

정신력도 체력에서 나온다 _____.

이렇게 피곤한데 운동까지 하라고 하면, 어떤 후배들은 그럴 시간이 어디 있냐고 되묻기도 한다. "그러나 이게 다 널 위해서란다. 아가야!" 10년 넘게 이 뒤죽박죽 스케줄에서 과로로 쓰러지지 않고 잘 버티려면 체력이 튼튼해야 된다. 하다못해 아침에 눈뜨면 스트레칭이라도 해야 몸에 피가 잘 돈다.

어떤 날엔 하루 2시간을 겨우 자기도 하고, 방송이 없는 날엔 하루 10시간 이상 자느라 귀한 시간을 버리기도 한다. 그러니 제정신일 리가 없다. 맑은 정신으로 방송하고, 맑은 정신으로 공부하려면 건강한 체력부터 만들기 바란다. 누구는 며칠 만에 감기가 낫는다지만 우리처럼 매일같이 '시차 적응(?)'을 해야 되는 쇼핑 호스트들에게는 감기가 일 년 내내 따라다니고, 성대 결절, 요통, 디스크, 하지 정맥류, 만성 두통, 이런 병들 한두 개씩은 다들 몸의 일부처럼 달고 살아간다.

'깡'은 어디서 나오는가? 건강한 체력과 맑은 정신에서 나온다. 세트가 무너져도, 조명이 터져도, 올곧은 자세로 방송을 진행할 수 있는 것도, 파리가 콧잔등 위에 앉더라도 터지는 웃음을 참을 수 있는 정신력도, 다 체력에서 나온다. 그대, 부디 건강하시기를….

변화를 겁내지 않는 것, '젊음'의 힘 _____.

젊다는 건 무엇인가? 40살, 50살이 되더라도 '호기심'을 가지고 늘 새로움을 추구하는 사람은 젊은이다. 나이가 어려도 생각이 늙으면 그들은 더 이상 청춘이 아니다. 들어올 때의 패기 넘쳤던 그 모습, 그 마인드 그대로 초심을 잃지 않았으면 한다.

"회사의 방침이 그래서 더 이상 시도를 못하겠어요."라고 애기하는 후배들을 많이 본다. 아이디어는 매우 좋은데, 위로 올라가기도 전에 팀장급에서 "이거 되겠어? 괜히 돈만 쓰고…. 그냥 하지 마."라고 얘기한다. 계속 무언가를 새롭게 해 보려는 후배들의 의지를 꺾어 놓고 만다. 그럼 필자는 이렇게 말한다.

"돈 많이 안 쓰고 아이디어로 다르게 할 수 있는 걸 찾아보자. 제작비가 부족하면 멋진 생각으로 방송을 바꿔 보자."

상황을 탓하면, 아무것도 할 수 없다. 주어진 상황에서 더 잘할 수 있는 '무엇'을 발견해 내는 것. 변화를 겁내지 않는 것이 '젊음'이다.

말랑한 게
좋아

"망가져! 망가져! 널 좀 버리라고!"

"네? 선배님? 뭘 버려요?"

발레 전공에, 한국에서 공부 제일 잘해야만 간다는 S대 출신의 후배는, 몸매도 완벽해, 부족할 것 없이 컸어, 심지어 아나운서 출신에 말투도 아나운서 스타일. 뭐 하나 부족할 것 없는 '엄친아'다. 너무 똑 부러져서, 흠이라곤 없어 보이는 무결점 후배. "넌 정녕 사람이냐?" 시키는 것도 완벽하게 잘하는데, 정말 이상하게, 이상하게 멘트가 끌리지 않는다.

개인적으로 보면, 예쁘고 착한 후배인데, 방송에 들어가면 이상하게 뭔가 '차가워' 보이는, '우리 과(?)'가 아니라서 같이 오래 얘기하기는 좀 뭣한, 그런 존재랄까?

"○○야, 너 빨리 시집가서, 애도 좀 낳고, 시집살이도 좀 하고 둥글둥글해져서 와라!"

"네? 선배님?"

"너, 너무 차가워…. 넌 생긴 것도 완벽해. 몸매도 완벽해. 야, 봐! 뱃살 하나도 없고…. 비인간적이야, 비인간적!"

우스갯소리로 비인간적이어서 같이 못 놀겠다고 했지만, 너무 똑 부러지고, 뭔가 세상 고민이라고는 눈곱만큼도 없어 보이는 사람에게 나의 고민이나 고통을 나누고 싶지는 않다고나 할까? 그녀와 공통분모를 찾기란 여간 어려운 일이 아니었다.

'우리'라는 울타리

공통점이 많으면 많을수록 너와 나는 '우리'가 된다. 같은 학교, 같은 지역, 같은 출신, 같은 교회, 같은 모임…. 같은 곳에 발을 담갔다는 이유만으로 서로 끌어 주고 밀어 준다. 참 희한한 성향인데, 우리는 그저 같은 그룹 소속이었다는 이유만으로 친밀감을 느낀다. 심지어 졸업한 지 수십 년이 지나도, 학교 후배라는 프리미엄이 붙는다. '이놈의 학연·지연이란….'

혼자보다 어딘가에 소속되어 있을 때, 더 편안하고 안전하게 느낄 때가 많다. 혼자 매 맞는 건 억울해도, 단체 벌은 그런가 보다 하고 넘어간다. 고객 또한 '우리'라는 울타리 속으로 들어가고 싶어 한다. 같은 고향, 출신, 학교, 교회, 모임, 동네, 하다못해 같은 학원 출신 등 뭐든지 묶어서 엮어 보려는 성향. 한국 땅에 살고 있는 우리는 아직까지 개인보다 '어디어디 소속'으로 기억되길 바란다.

공통분모를 찾아라! _____ .

그런 면에서, 비현실적인 것처럼 보이는, 어쩌면 '우리' 아줌마들과 동떨어져 보이는 어린 후배가 동동 떠 보이는 것도, 그러한 이유인지도 모르겠다.

"조금 더 보통 사람처럼, 그렇게 살아 봐. 애도 니 손으로 키우고, 김치도 담가 보고, 장도 보고, 애 때문에 울어도 보고…."

공통분모가 많을 때, 고객과의 대화도 자연스러워지고 한층 즐거워질 것이다. 고객을 분석한다면서 사람을 계속 평가하고 판단하려고 하면 할수록 고객은 대화에서 멀어질 것이다. 가끔은 당신의 패를 보여 줘라. 나도 똑같은 아줌마라고, 나도 그렇게 살고 있다고, 내게도 좀 '허당'인 구석이 있다고, 난 뱃살도 많다고 말이다. 사람 냄새를 풍기는 마케터! 그런 마케터에게는 늘 사람이 모인다.

너무 딱 떨어지게, 너무 혼자 완벽한 척하지 마라. 좀 망가져도 된다. 뭐 어떤가? 한 번이 어렵지, 한 번 망가지고 나면 그대의 마음이 훨씬 편안하고 말랑해질 것이다. 장사하는 사람은 절대 '고자세'여서는 안 된다. 사람이 찾게 만들고, 사람이 머물게 만들고, 사람이 들끓게 만들려면, 고객과 나 사이에 '공통분모'를 많이 만들어라. 서로 '통(通)'하는 사이가 되게 말이다.

나는 나, 너는 너? No~ 너, 나, 우리! ____.

마케팅은 관계를 쌓는 것이다. '팔고 나면 땡!'이 아니란 말이다. 고객과의 대화가 깊어지고 관계를 오래 지속하려면, 서로의 공통분모가 많아야 한다.

"쟤랑은 안 맞아서 오래 얘기하면 피곤하기만 해."

그럼 오래 못 가는 사이가 되는 거다. 마케터는 자신을 보여 줄 필요가 있다. 같이 걷고, 같이 밥 먹고, 같이 숨쉬고, 같이 대화할 수 있는 존재가 되어야 한다.

선거철만 되면 재래시장에 등장하는 정치인들을 많이 본다. 진짜 '보통 사람'이 아닌 이들은 바로 티가 난다. 아무리 서민인 척 '서민 코스프레'를 해도, 그의 행동과 말에서 진짜 서민을 위한 정치를 할 수 있는지 아닌지가 보인다. 그들은 평소 먹지 않는 시장 음식을 우걱우걱 입속으로 쑤셔 넣는다. '나도 여러분과 공통분모가 있어요!'라는 나름의 처절한 몸부림이다.

'우리'라는 울타리 안에서는 선택도 굉장히 비합리적으로 이루어진다. 아이들 유치원 때부터 엄마들의 모임과 커뮤니티가 많이 생겨난다. 거기에 속하지 않으면 소위 '왕따'가 되어, 엄마들 사이에 흐르는 고급 정보를 공유할 수 없게 된다. 그런가 하면, 엄마들 모임에서 엄마들이 단체로 뭘 산다고 하면, 깊이 물어보지도 않고 숟가락을 얹어서 같이 산다.

마케터, 낮은 자세로 고객을 돕는 헬퍼 _____.

방송 판매에서도 이런 심리를 많이 이용한다.

"요즘 초등학생 아이를 둔 엄마들 사이에서 아이스크림 홈런 모르는 엄마가 없으시죠."

"요즘 고등학생들 사이에서 인기 최고 논술강사!"

"50대 여성 고객이 가장 많이 선택한 치약!"

공통분모를 찾고, 2인 3각 경기처럼 '우리'로 묶어 같이 가게 한다. '너, 나 따로'가 아닌 '우리' 안에서 선택하게 말이다.

앞서 말한 발레리나 출신 후배는, 이제 결혼하고, 임신해서 행복한 가정을 꾸리며 살고 있다. 그리고 "선배님, 저 많이 수다스러워졌죠?"라며 너스레도 떤다. 고객과의 공통분모를 찾고, '사람 냄새' 나는 좋은 엄마가 되고자 노력하고 있다. 그런 모습을 고객과 공유하는 것으로 그저 족한 것이다. 조금 더 사람 속으로, 조금 더 사람을 향해서, 같이 섞이고 부대끼고 같이 느끼면서 말이다.

마케터는 낮은 자세로 고객을 돕는 헬퍼다. 손잡고 같이 가는 2인 3각 경기에서 같이 발맞춰서 걷는 '우리'가 되어야 한다.

자신이 먼저 편안해져야 _____.

"예! 자신 있습니다! 선배님!"

"야, 너 군대 제대한 지 얼마 안 됐냐?"

"아닌데요…."

"나 방금 고막 터지는 줄 알았어."

잔뜩 군기가 잡힌 후배들은 사석에서도, 방송 안에서도 제대로 놀 줄 모른다. 심지어 술이 몇 잔 들어가도 이처럼 '각 잡힌' 인간들은 어찌나 딱딱하게 얘기하는지, 사실 선배가 묻지 않으면 질문도 안 한다. 그저 이 불편한 선배와의 자리에서 빨리 벗어나고 싶은 생각뿐일 것이다.

사람이 불편하다. 옆에서 같이 진행하는 선배도 불편하고, 카메라 감독들이 헛기침만 해도 어깨가 뻣뻣해지고, 어색하기 짝이 없고, 게스트도 어렵고, 고객은 내 속에 처음부터 없었고, 모든 게 어렵고 불편하다. 그런 마음으로 방송에 들어가면 이를 보는 고객들도 무진장 불편하다.

필자의 방송을 열심히 모니터링하시는 양가 부모님들은 오늘 필자가 완전 신입을 데리고 들어갔는지, 아니면 좀 연식이 된 후배를 데리고 들어갔는지 단번에 알아보신다. 못 보던 얼굴이라 아시는 게 아니라, 목소리랑 제스처만 대충 봐도 '어색'하다는 말씀을 하신다.

마음에 힘이 잔뜩 들어가면 목소리에도 힘이 들어간다. 손짓, 몸짓에도 힘이 들어간다. 결코 상대방을 편안하게 해 줄 수 없다. 그대가 호스트이기에, 그대 자신이 편안한 상태가 아니면 그 집에 놀러온 게스트들이 불편할 수밖에 없다. 손님을 초대해 놓고, 불편하게 만드는 꼴이다.

아마 시간이 걸릴 것이다. 하지만 노력해서 더 빨리 편해지도록 더 많이 접촉하라. 선배와 접촉하고, 고객과 접촉하고, 스태프들과 접촉하라. 접촉의 빈도, 시간이 많아질수록 마음이 좀 더 말랑해질 것이다.

호칭에서부터 시작된다 _____.

"야, 누나가 그랬잖아."

"언니가 이렇게 해 볼게."

필자는 후배들과 말을 트는 처음부터 이렇게 스스로를 호칭한다. 필자가 자꾸 '선배가 하는 것처럼 해.'라고 말하며 스스로 '선배'라는 호칭을 사용하면, 듣고 있는 후배에게는 '불편한 대선배'가 될 것이다.

이렇듯 사람 사이를 말랑하게 해 주는 데에는 만남의 빈도수도 물론 중요하겠지만, 호칭에서부터 달라야 한다. 남자들이 술자리에 가면 어려운 상무님도 '형'이 되는 것처럼 말이다. 술을 마시지 않아도 편하게 해 주고 싶었다. 마음을 느슨하게 풀어 주고 싶었다.

재밌는 사실은 10년 넘게 방송하는 동안 필자가 '고객'이라는 호칭을 방송 중에 한 번도 사용하지 않았다는 점이다. 누군가는 필자의 이야기를 듣고 '개똥철학'이라고 할지 모르겠지만, 내가 '고객님'이라고 부르는 순간, 나는 고객을 그야말로 '고객'으로 대하게 되고, 상대방은 나를 '영업인'으로 대할 것 같기 때문이다.

물론 사실적으로는 그게 맞는 말일지 모르나, 필자는 '장사'를 한다고 생각하고 방송에 들어가고 싶지 않았다. 그저, 외숙모, 큰엄마, 아버지, 동생, 내 친구에게 편하게 이야기하고 나와야겠다는 마음으로 방송하고 싶었기에 호칭에서부터 '고객'이라는 단어를 빼고 방송한다. '고객' 대신, '우리~', '어머니~'와 같은 말을 더 많이 쓴다. 말랑말랑하게, 누구라도 쉽게 친구가 될 수 있게….

휘둘리지
않으려면

　선배의 헛기침에도 어깨가 굳는다. 카메라 감독들이 이러쿵저러쿵하는 말들이, 마치 내 욕을 하는 것 같다. 이어피스(귀 안에 착용해서 PD와 소통하는 작은 청취 장치)로 PD가 싫은 소리 한마디만 해도, 어찌할 바를 모른다. 주문량이 떨어진다. 무슨 말을 해도 반응이 안 온다. 패닉 상태가 된다. 장사를 못하겠다. 도망가고 싶다. 흔들리는 동공과 두서없는 멘트로 지금 난 '정상'이 아님을 만천하에 알린다.

　콧노래를 부르며 스튜디오에 들어간다 해도, 나올 때는 미간에 '내 천(川)' 자를 그리며 나올 수 있다. 전략을 잘 짜서 전투에 들어가도, 전장에서 이기는 건 '전투력 + 정신력'이다. 그런데 방송에서는 너무나 많은 변수들이 우리의 '멘탈(mental)'을 쥐고 흔든다.

생각보다 크게, 생각보다 자주, 생각보다 다양하게….

마음의 목욕 _____.

그날은 모 게스트와 식품 방송을 했던 날이다. 그 게스트는 전날 스케줄이 많아 잠도 제대로 자지 못한 상태에서 늦게까지 아내와 한바탕하고 나왔다고 한다. 그래, 부부 싸움도 할 수 있는 것이고, 피곤할 수도 있다. 하지만 백 번 양보하고 봐주려고 해도 용서되지 않는 것이 있었으니, 그것은 바로 방송을 대하는 그의 '태도'였다.

 십수 년간, 방송을 제법 오래 하셨던 분이다. 개인적인 악감정은 없다. 그런데 '베테랑'이라고 생각했던 그 게스트가 방송 준비를 제대로 해 오지 않고, 중간에 멘트 없이 음악이 나가는 동안에는 아내 욕을 어찌나 하는지, 아내는 남편이 밖에서 저 정도로 자신을 욕하고 다니는 걸 알고나 있을지, 그분의 아내가 측은할 정도였다.

 화가 가득 찬 마음으로 왔으니, 당연히 불똥이 여기저기에 튀었다. 준비가 안 돼 있으니 일이 잘 안 풀리고, 일이 잘 안 풀리니 짜증이 날 터, 그런데 그 짜증을 필자에게까지 내는 게 아닌가? 순간 '기가 막히고 코가 막혀' 멘탈에 금이 갈 뻔했다. 준비 없이 멘트를 하는 것도 옆에서 받쳐 주려니 힘들었지만, 분노를 안고 들어온 그와 '즐겁게' 방송을 하자니 여간 힘든 게 아니었다.

 '그래, 태도는 밉지만 사람은 미워하지 말자!'며, 정말 마음속 밑

바닥에 깊숙이 남아 있는 박애주의 정신까지 어떻게 해서든 박박 긁어서, 참고 봐주면서 어찌어찌 방송을 마쳤다. 당연히 방송 분위기도, 매출도 좋지 않았고, 방송을 마친 후에도 오랫동안 기분이 많이 상해 있었다.

며칠 뒤, 그는 그날 미안했다며 문자를 보냈다. 하지만 그의 방송을 대하는 태도는 쉽게 잊히지 않았다.

아무리 집에서 지지고 볶다가 왔다 해도, 방송 전 회의 시간에 열심히 깨졌다 하더라도, 오늘따라 몸이 천근만근 무너질 것 같아도, 카메라에 불이 켜지면 머릿속에서 깨끗이 지워야 한다. 가장 정갈하고, 가장 행복하고, 가장 에너지가 충만한 상태로 들어가야 된다.

깨끗한 에너지 채우기

필자가 스튜디오에 들어가면 방송 전에 꼭 하는 일이 있다. FD, 후배들, 카메라 감독들에게 "아자아자, 파이팅! 어이어이, 얍! 팟팅!"이라고 필자만의 우렁찬 기합 소리를 내는 것이다.

필자가 혼자 크게 소리치면 처음에는 가만히 보면서 웃기만 하던 동료들도, 나중에는 같이 따라 한다. 그리고 다 함께 웃는다. 그러더니 이젠 "은정이 또 시작이네!" 하며 같이 파이팅을 외쳐 준다. 시작부터 좋은 기운과 좋은 에너지를 충전하고 들어가기 위해서다.

보이는 옷만이 아니라 마음의 옷도 깨끗하게 빨자. 마음을 정갈하게 하고, 깨끗한 에너지를 채우자. 작은 바람에 쉽게 휘둘리지 않기 위함이다. 방송 전 필자는 이처럼 스튜디오 조명이 흔들릴 정도로 기합 소리를 낸다. 기를 모으는 필자만의 비법이다.

적극적으로 혼자만의 시간을 가지라 _____ .

방송하고, 회의하고, 부딪히고 깨지고, 수다 떨고, 커피 한 잔 마시고 나면 하루가 한 시간처럼 후딱 간다. 홈쇼핑의 시계는 일주일이 하루 같고, 한 달이 일주일인 듯 정말 빨리 흘러간다. 속도전이다. 빨리 정하고, 빨리 처리하고, 빨리 회의하고, 정신없이 돌아가는 홈쇼핑.

사실 오픈된 환경에서 나만의 시간을 가지는 게 쉽지 않을 것이다. 더더욱 회사는 직원들 간의 소통을 원활히 한다는 이유로 책상에 모든 칸막이를 다 제거하고 아주 시원하게 서로가 서로의 얼굴을 바라보면서 다정하게(?) 일할 수 있게 했으니, '나만의 시간', '나만의 공간'은 거의 없다고 봐야 한다.

하지만 그럼에도 불구하고 우리가 찾아보려고 노력한다면 회사의 숨은 공간은 분명히 있다. 나만의 옥상 공원, 나만의 휴게실, 또는 회사 근처이지만 사람들이 잘 찾지 않는 아주 작은 커피 가게라도…. 찾다 보면 나만의 '아지트'를 찾을 수 있다. 예를 들어 건물 8층에 있는 회사의 북카페는 점심 시간에는 도저히 독서를 할 수 없을 정도로 붐비고 시끄럽지만, 직원들이 대부분 퇴근한 저녁 시간에는 조용히 혼자서 공부하기에 안성맞춤이라면, 그곳이 바로 나만을 위한 공간이 되는 것이다.

  사람들을 좋아하지만, 매일같이 워낙 많은 사람들과 부대끼며 일하다 보니, 혼자만의 시간이 늘 고프다. 회사에서 워낙 많은 시간을 머물다 보니, 군중 속에서 하루 종일 골수의 에너지까지 다 쪽쪽 빠진 채로 집에 가게 된다.

  사람이 아무리 좋아도 사람들 속에만 있지 말고, 때로는 나를 돌아보고 매일 한두 시간씩 잠잠히 나와 마주보는 시간을 가졌으면 한다. 일기를 쓰는 것도 좋고, 독서를 하는 것도 좋고, 조용히 음악을 들으며 내 마음이 비워지고, 또 채워지는 연습.

  마음이 편안하고 따뜻한 기운이 넘칠 때, 여러분의 회사가, 여러분이 일하는 영업 환경이 전쟁터라 하더라도 평정심을 잘 지키며 살아갈 수 있을 것이다. 고독의 시간을 즐겨라.

'실력'으로 존경받는 '선배'

필자는 최연소 쇼핑 호스트였다. 대학 졸업하고 바로 입사한 경우가 거의 없었기 때문에, 스물넷이라는 어린 나이에 쇼핑 호스트가 된 최초의 인물이었다. '뭣도 모르는 게', '뭣도 모를 때' 들어온 거였다. 그리고 그 뒤로 필자보다 나이 많은 언니들이 후배로 들어왔다. 필자의 바로 아래 후배 중 나이가 필자보다 7~8살 더 많은 분들도 있었다.

  웬만하면 먼저 입사한 호스트가 방송에서 '메인(리드하는 호스트)'을 잡는다. 그럼 후배 호스트가 '서브(보조 역할)'를 하는 게 일반적

규칙이었는데, 필자는 워낙 어릴 때 입사를 했기 때문에 메인을 잡을 기회가 잘 오지 않았다. 결혼도 하고, 필자보다 인생 경험도 많고, 방송 경험도 많은 후배들에게 더 많은 기회가 주어졌다.

한번은 필자가 후배를 데리고 '프라이팬' 방송에 들어갔는데, 그 후배는 필자보다 연상인 유부녀였다. 프라이팬에 대해서는 당연히 필자가 그녀보다 경험이 적을 수밖에 없는 상황이었다. 물론 필자가 메인 진행을 했지만, 누가 메인인지 서브인지 모를 정도로 그녀에게 휘둘렸다. 그녀는 애송이 같은 어린 선배를 기다려 주거나 선배의 멘트를 들으려 하지 않았다.

이래서는 평생 후배들에게 모자란 선배가 되겠구나 싶어 그때부터 한식·양식 요리사 자격증도 따고, 백화점 문화센터에서 김치 담그는 법, 남편 퇴근 시간을 당기는 집 반찬 만들기, 온갖 베이커리부터 테이블 세팅법까지 별의별 걸 다 배우러 다녔다. 당시 '남편도 자식도 없는 아가씨 호스트'였지만 그냥 주저앉아 있을 수는 없었다.

자격지심에서, 부족해서, 후배들보다 못난 선배여서, 더욱 '실력'으로 존경받는 '선배'가 되고 싶었다. 그때는 질투와 미움의 감정이 컸는데 세월이 흐르고 보니 그들이 필자의 선생이었고, 그들 덕분에 필자가 더 성장할 수 있었다. 그래서 후배들에게 더더욱 고맙다.

언젠가 생길 또 다른 기회를 위해 _____ .

아이를 가지면 그 공백기 동안 후배가 내 자리를 치고 올라올까 봐 아기를 못 가진다는 호스트가 있었다. 정말 안타까웠다. 호스트 간의 경쟁이 너무 과열되다 보니 내 가족계획도 내 맘대로 못 세우는 지경에 이른 것이다. 좀 치고 올라오면 어때? 치고 올라오다가 내려갈 때도 있고, 내려가다가 다시 올라갈 때도 있다.

10년 넘게 지내다 보니, 지금 반짝인다고 계속 반짝이는 것도 아니고, 지금 인정받지 못한다고 늘 변방에서 숨죽이고 살아야 하는 것도 아니라는 걸 깨달았다. 이런들 어떠하고, 저런들 어떠하랴. 항상 자신을 갈고닦으면 좋은 때에 자신과 딱 맞아떨어지는 상품이나 사람을 만나게 된다. 언제나 그랬다. 너무 조급해하지 말자.

어떨 때는 방송이 너무 없어서 자괴감을 느끼고, 또 어떨 때는 방송이 너무 많아서 돈은 많이 들어오는데 친구들·가족들 만날 시간이 없어 인간관계도 꼬이고 건강까지 잃는다. 모든 걸 다 가질 수는 없다. 얻는 게 있으면 잃기도 하고, 잃는 게 있으면 그로 인해 새로운 것을 얻기도 한다.

'땜빵' 방송 한다고 투덜거리지 마라. 거기서 당신만의 색을 보여 주면 당신은 또 다른 기회를 얻게 될 것이다. 질투심, 경쟁심, 후회, 미움, 분노의 감정이 그대를 잡아먹지 못하게 마음을 비우자. 자신을 갉아먹는 나쁜 감정들을 지우고 비워 내야, 환경에 휘둘리지 않고 덤덤히 '내가 좋아하는 방송'을 제대로 잘할 수 있다.

그대, 건투를 빈다.

나를 키우는 보약
'상상훈련'

"선배님, 저 실수할까 봐 너무 겁나요."

"오늘 망할 것 같아요. 저, 어제 준비한다고 했는데, 너무 걱정이 돼서…."

이런 소리는 밖으로 뱉는 게 아니다. '내가 후배라서, 내가 부족해서, 이 상품 망할 것 같은데, 날씨가 좋아 사람들이 다 밖으로 나가겠는데, 경쟁사랑 유사 상품 붙었네, 왜 하필 나한테, 왜 지금 나에게, 왜 내가….'

그렇게 생각하니까 망하는 거다. 우리 뇌는 생각보다 유연하지 않다. 우리 뇌는 듣는 대로, 주인이 시키는 대로 답하고 반응한다. 말이 씨가 된다는 말이 그냥 나온 게 아니다. "실수하면 어쩌죠?" 하는 순간, 뇌는 주인이 실수를 하면 안 되는 방향으로, 소극적으로 바뀐다. 뇌는 경직된다. 근육도 긴장한다. 나도 모르게 '실수'라는 말이 뇌 속 깊이 콕콕 박혀서, '실수 안 해야지, 안 해야지…'가 오히려 실수를 만든다.

나를 성장시키는 '울트라 파워 보약' _____.

코끼리를 생각하지 말라고 하면 자꾸 나도 모르게 코끼리를 생각하게 된다. 이처럼 조지 레이코프가 말한 '생각의 프레임'이란 얼마나 무서운 건지, 그게 부정적인 프레임이든 긍정적인 프레임이든, 그 틀 속으로 들어간 뇌는 그 틀 안에서만 결정하고 행동하게 된다.

방송을 할 때도, 강연을 나갈 때도, 컨설팅을 할 때도, 늘 새로운 환경, 새로운 사람들, 새로운 프로젝트 앞에 놓이게 된다. 사람들은 말한다. 매번 생방송을 하고, 수천 명 앞에서 강연하면 떨리지 않느냐고. 필자의 대답은 한결같다.

"아뇨. 있는 그대로 하면 돼요. 저분들은 다 제 팬입니다."

사실, 모르는 분들 앞에서 강의하고 방송할 때도 많다. 팬은 무슨? 오늘 처음 만난 이들이 더 많다. 하지만 필자는 '저 사람들은 나를 돕는 사람들이다. 나는 저들의 친구다. 저들은 내 팬이다.'라고 생각하고 들어간다. 입 밖으로 '긴장된다. 떨린다. 불편하다.'라고 절대 말하지 않는다. 입 밖으로 뱉는 순간, '긴장'이라는 프레임 속에 갇혀서 결국 잔뜩 겁먹은 진행자가 될 것이기 때문이다.

"한다. 까짓것! 한다. 뭐 어때서? 그냥 간다! 있는 그대로 한다.

좀 틀리면 어때? 좀 어리바리할 수도 있지. 그러면서 사람 냄새도 나고 그런 거지. 놀자. 즐기자. 한 판 신나게 놀아 보자! 초긍정! 하하하~"

그 긍정의 힘으로, 오늘까지 '깡다구' 하나로 살았던 것 같다. 놀랍게도 '그냥 한다. 된다. 할 수 있다.'의 프레임은 필자를 성장시키는 '울트라 파워 보약'이 되어 주었다.

별거 아니네!

어릴 때, 필자는 엄청난 몸치였다. 체육 시간이면 무슨 핑계를 대서든 배가 아프네, 머리가 아프네 하며 운동장 밖으로 안 나가거나, 나가더라도 빈둥빈둥, 하는 둥 마는 둥 했던 학생이었다.

그날은 뜀틀 넘기를 하는 날이었다. 가면서 넘어 보기도 전에 유턴해서 포기하거나, 가다가 걸리고, 올라갔다가 찍히고, '으악' 소리를 지르고, 아프고 겁나고…. '뜀틀, 너라는 아이(?)는 아무튼 내겐 너무 무서운 존재'였다. 선생님은 그런 필자에게 이렇게 말씀하셨다.

"은정아, 뜀틀을 보지 마. 뜀틀 너머에 있는 저 나무 있지? 저 나무로 간다고 생각하고 멀리 바라보고 뛰어."

그랬다. 눈앞에 있는 뜀틀이 너무 높아 보여서, 그저 겁만 잔뜩 먹고 지레짐작으로 넘지 못할 거라 생각했다. 선생님의 응원에 시선을 뜀틀에 두지 않고, 저 멀리 소나무 쪽으로 보냈다. 그곳을 향해 날아간다. 날아간다~ 슈우우웅~ 성공! 별거 아니었네.

그랬다. 별거 아니었다. 더 크게, 더 높이, 더 멀리, 목표를 잡고 몸을 던지면, 주어진 목표가 쉽고, 가볍게 느껴진다. 그런데 스스로 자신의 가능성을 낮게 잡고 '무섭다'는 프레임 속에 나를 가두어서, 뇌로 내 몸 곳곳에 세포와 근육을 조정하고 옴짝달싹 못하게 만든 것이다.

더 큰 목표의, 더 높은 긍정의 프레임 _____ .

필자는 상품을 판매하기 전에 주문을 외운다.

"오늘 내가 저거 빠개 버린다. 부셔 버린다. 완전 시원하게, 화끈하게 놀다 나온다."

예를 들어 오늘 목표 수량이 5,000개라고 하면 필자는 5,500개나 6,000개 정도로 마음의 목표를 설정하고 들어간다. 그리고 중간중간 콜수(주문량)를 보면서, 6,000개를 커버하기 위해서 '이 상황에서 더 분발해서 에너지를 짜야겠다.'고 생각한다. 느긋하게 시간을 때우는 건 휴가지 파라솔 밑에서나 하면 된다.

필자는 그 시간, 그날의 설정 목표를 항상 마음속에 크게 잡고 들어간다. 그러면 그 큰 목표를 해내기 위해, 나의 뇌가, 근육이, 세포가 더 힘을 내는 걸 느낄 수 있다. 더 큰 목표의 프레임, 더 높은 긍정의 프레임 속에서 날마다 그대가 헤엄치며 즐기길 응원하는 바이다. 오늘도 필자는 상상훈련으로 스스로를 키운다.

"더 잘할 수 있어. 난 해낼 거야. 난 죽여주게 잘할 거야."

혼자 빛나는 별보다
함께 빛나는 별이 되자

혼자 떠든다. 혼자 북 치고 장구 치고 다 한다. 혼자 돋보일 거라 생각한다. 땡, 땡, 땡!

아주 이기적이고, 못난 선배 그 이상 그 이하도 아니다. 쇼핑 호스트의 세계에서 스타가 되는 건 고액 연봉과 직결되는 일이기에, 어떻게든 빛나고자 노력한다.

"나만 인정받으면 돼. 나만 잘나면 돼. 거추장스럽게 후배는 왜 붙여 놔서, 성가시게 하네."

후배는 그저 '병풍' 취급하는 몹쓸 쇼핑 호스트들을 많이 목격한다. 옆에 있는 후배 호스트뿐만이 아니라, 업체를 대표해서 나온 게스트들도 귀찮은 존재로 여기며, 자기 길 길만 열심히 달리는 쇼핑 호스트들이 생각보다 많다.

나만 잘난 사람 = 나쁜 사람 _____ .

후배가 끼어들 틈을 안 주는 호스트들이 많다. 어찌 보면, 심정적으로 이해가 안 되는 건 아니다. '당연히' 모자라고, '당연히' 속 터지고, '당연히' 말귀를 못 알아듣는 신참들이다. 당연한 거다. 그럼 가르쳐서 성장시켜야 한다. 그래야 하는 이유는? 바로 그대를 위해서다.

많은 이들이, 후배를 가르치고 모니터링해 주는 걸 귀찮아한다. 에너지와 시간을 엄청 뺏기는 일이기 때문이다. 필자는 함께 있는 후배들이 필자에게 뭐라도 건져 가는 것이 있었으면 좋겠다. 왜? 같이 잘해야, 같이 성장해서, 그들도 크고, 필자도 크기 때문이다. '못하는 사람, 못한다고 무시하고, 배제하고, 방송에서 꿔다 놓은 보릿자루 같이 대하면' 그들과 함께 방송을 망치게 된다.

그대의 방송은 혼자서 만드는 게 아니다. 후배가 빛나야 그대도 같이 빛나는 거다. 필자는 후배들에게 좋은 선배가 되기보다는 배울 게 있는 선배가 되고 싶다. 후배들에게 무언가를 알려 줄 때 과연 필자는 얼마나 더 앞으로 나아가고 있는지를 반성하게 된다. 그래서 후배들을 모니터링하면서 오히려 스스로를 더 많이 돌아보게 된다.

혼자서 독불장군처럼 방송을 진행한다고 고객이 그대의 말만 오롯이 듣고 사지 않는다. 어떨 땐, 옆에 있는 쇼핑 호스트가 측은해 보여, 그대가 '나쁜 사람'처럼 느껴질 수도 있다. 정말 '나쁜 사람', '나만 잘난 사람'이 되고 싶은 게 아니라면, 옆에 있는 파트너에게 도움의 손길을 보내길 바란다. 함께 빛나는 별이 더 밝게 빛나는 법이다.

나의 가치는 회사의 가치와 함께 간다 ____.

회사가 대기업이라 일하는 직원들이 대기업에 맞는 퀄리티가 되는 건 아니다. 기업의 사이즈와 상관없이 기업을 움직이는 직원들이 함께 성장하지 않으면 함께 망하는 회사를 만든다.

동료들이 망하는 걸 즐거워하지 마라. 망하는 동료들이 많은 회사에 혼자 안 망하고 있을 수는 없다. 망하는 이들 옆에서 그대가 아무리 열심을 다해도 다음 망할 차례는 그대가 될 것이다.

'나 홀로' 하는 성장은 성장이라고 할 수 없다. 나의 팀이, 내 조직이, 내 회사가 함께 같이 커야 나의 가치도 성장하게 된다. 함께 가는 거다. 회사를 위해? 아니, 나를 위해!

언제나 그대가 항상 위에 있을 거라 생각지 마라 ____.

먼저 된 자 나중 되고, 나중 된 자 먼저 될 수도 있다. 앞서가는 듯하지만 앞서는 게 아니고, 뒤처져 보이지만 뒤처지는 게 아닐 수도 있다. 무조건 이겨야 된다, 무조건 밟아야 된다는 생각이 '망나니' 같은 쇼핑 호스트를 만든다. 앞만 보고 달리면 옆에서 누가 넘어지든, 피를 흘리든 안중에도 없다.

혼자 잘난 사람은 단 한 명도 없다. 우리는 모두 누군가의 도움으로 이 자리에 있고, 또 누군가에게 도움을 주며 함께 가는 거다.

쇼핑 호스트가 빛이 나려면, 타인에 대한 배려와 이해 없이는 불가능하다. 당신이 피 흘릴 때 상처를 보듬어 줄 선배·후배가 있는가? 그대가 홀로 영원할 수 없기에 우리는 서로 도우며 오랫동안 서로를 의지하며 함께 가는 거다. 도울 수 있는 손이 있다는 것에 감사하며 더 많이 나누기를 즐거워하자.

쇼핑 호스트, 이것이 궁금하다
Q&A 베스트 10

Q1 쇼핑 호스트가 되려면 어떻게 해야 하나요?

▷ 쇼핑 호스트는 전공·나이 불문이라는 점에서 누구에게나 열려 있는 직업이다. 굳이 쇼핑 호스트학과나 방송 관련 학과를 나올 필요는 없다. 필자 또한 방송 경력 없이 쇼핑 호스트가 되었다. 회사마다 직원을 뽑는 기준은 조금씩 다르겠지만, 타고난 '끼'를 보유한 '무대 체질'이라면 누구나 도전 가능하다. 대학생이라면 학교 방송반부터 시작해 보는 것도 좋다. 카메라 앞에 설 수 있는 다양한 매체(리포터, 지역 방송, 1인 미디어 등)를 활용해서, 본인만의 커리어를 만들어 두는 것도 도움이 된다.

Q2 연봉은 얼마나 되나요?

▷ 회사에서 근무할 당시 필자는 정직원으로 10년가량 근무했기 때문에 대기업 과장 연봉까지 받다가 프리랜서로 전향했다. 일반적으로 계약 형태에 따라 연봉이 달라지는데, 정직원의 경우는 회사의 급여 체계에 따라 일반 회사원처럼 받게 된다. 근래, 대부분의 홈쇼핑사들은 프리랜서 형태로 계약을 맺고 있다. 프리랜서의 경우는 회당 수십만 원에서 몇 백 단위까지 개인의 역량에 따라 연봉의 차이가 큰 편이다. 개인의 능력에 따라 억대 연봉도 가능하다.

Q3 대본은 어떻게 외우나요?

▷ 대본은 없다. 흔히들 전문작가가 호스트의 방송 내용을 적어준다고 생각하는데, 호스트는 방송 전 기획 방향과 회의에 나온 내용을 토대로 스스로 공부하고 조사해서, 직접 본인의 방송 멘트를 작성하고 숙지한 후 들어간다. 같은 상품을 팔아도 담당 호스트가 달라지면 방송은 전혀 다른 색깔로 표현된다.

Q4 팔기 싫은 상품도 있는지요?

▷ 물론, 팔기 싫은 상품도 있다. 필자가 평소에 관심이 없던 분야의 상품을 맡게 되는 경우나, 소위 '궁합'이 안 맞는 상품이 있다. 이런 경우는 1시간 방송이 10시간처럼 느껴진다.

Q5 방송 준비는 어떻게 하는지?

▷ 상품 배정을 받으면, 기획 회의 전에 유사 상품의 판매 이력을 찾아보고, 타사 모니터링을 하고, 기존 방송을 찾아보고, 시장 조사를 한다. 백화점이나 마트, 온라인 쇼핑몰 등 비교할 수 있는 판매처는 대부분 알아보고 회의에 들어간다. 회의 후 전략이 정해지면 거기에 맞게 관련 도서를 찾아본다. 선후배들의 의견, 고객평을 많이 참고한다.

Q6 진짜 매진 맞나요?

▷ 진짜 매진이 아닌데 거짓으로 매진 멘트를 하거나 자막에 매진이라고 노출하면, 방송심의위원회로부터 징계를 받게 된다. 사실에 벗어난 정보나 과대·과장 광고 등에 관한 제재, 모니터링을 늘 받는 곳이 홈쇼핑사다. 정기적으로 사업 승인을 받아야 홈쇼핑을 운영할 수 있다. 심의 제제로 인한 벌점이 높으면 재승인을 받기 어렵다.

Q7 녹화 방송이죠?

▷ 일반 홈쇼핑사들은 오전 6시부터 새벽 2시까지 대부분 생방송으로 진행된다. 최근 몇 년 사이에 급증한 T-커머스(television commerce) 홈쇼핑사들은 오전 9시부터 오후 6시까지 녹화 방송으로 방송을 송출하고 있다.

Q8 어떻게 해야 말을 잘하죠?

▷ 말을 잘한다는 건, 말할 거리가 많아야 함이 기본이다. 다양한 분야의 독서로 상식과 지식의 깊이를 더해야 어느 모임, 어떤 상황에서도 화제를 이어 나갈 수 있다. 또 말을 잘하는 사람들의 글이나 강연을 많이 보고 들으면서 분석해 보는 것도 도움이 된다.

Q9 진짜 다 그렇게 제품이 좋나요?

▷ 물론 실물보다 더 좋아 보일 때도 많다. 가장 예뻐 보이고, 가장 좋아 보이게 이른바 '조명발', '카메라발'을 받는 것도 한몫한다. 여기에 매년 까다로워지는 제품 검수 기준 때문에 홈쇼핑에 입점하는 제품들은 품질 검수를 매우 철저하게 받는다고 볼 수 있다.

Q10 정말 이번 방송이 '최저'가 맞나요?

▷ '최저 가격', '마지막', '최다' 등의 수식어가 붙기 위해서는 방송 전 사전 심의에 합격해야 한다. 증명할 수 있는 자료가 없으면 자막이나 멘트에 마음대로 '최저 가격'이라고 말할 수 없다. 자막에 '최저 가격'이라고 고지가 되었다면 진짜 최저 가격이 맞다.

PART 4

홈쇼핑 · 온라인 마케팅, 이렇게 해서 대박 났다

내 방송에 한계를 두지 말자.
아무리 까다로운 상품도 죽으라는 법은 없다.
하다 보면 길이 나오고, 그 길이 비포장도로라도
달리다 보면 잘 닦인 길도 만난다.
그냥 하자. 부딪히자.

주방용품

간소·실속·안전
삼박자를 갖춰라

간소하게, 실속 있게, 안전하게! 주방용품은 그렇게 바뀌고 있다. 들어가서 목욕해도 되겠다 싶은 특대용량의 곰솥은 언제나 구성에서 빠지지 않는 오늘의 주인공. 대왕문어가 아니라 대왕문어 할아버지 몇 분이 들어가셔도 남을 찜솥도 늘 하이라이트 구성이었다. 어마어마하게 큰 솥들과 낙낙한 사이즈의 전골판, 국솥 등등 솥으로만 8개·10개씩 묶어서 쏟아부어 주던 시절이 이젠 '아, 옛날이여~'가 되었다.

간소한 사이즈, 간소한 구성.

5년 전쯤부터 이런 '울트라 슈퍼 사이즈' 솥들, 프라이팬, 주방 기구들을 고객은 선호하지 않는다. 10년 전까지만 해도 대용량으로

만 묶어서 명절마다 프라이팬 특대 사이즈를 퍼레이드로 방송하면 1시간에 1만 개 이상씩 나가곤 했다. 요즘엔 28㎝가 넘어가는 프라이팬을 계속 들이밀었다간 엄마들이 채널을 바로 돌리신다.

"저걸 어디다 써?", "저걸 어디다 둬?" 부담 그 자체다. 크고 비싼 거 주고 욕먹는 꼴이다. 다시 말하지만 고객이 좋아야 좋은 상품이다. 내가 좋다고 좋은 상품이 아니다. 가구 수는 단출해졌고, 아이도 하나 아니면 둘에, 심지어 결혼도 안 하고 혼자 사는 판에, 뭘 자꾸 큰 놈(?)으로다가 준단 말인가. 명절에 먹는 '동그랑땡'도 마트에서 사서 간다고 하는데, 시댁 가서 뭘 그리 많이 지지고 볶는다고 '명절 특별 구성 특대 사이즈' 이런 걸 만드느냐는 말이다.

홈쇼핑 주방용품의 생태도 서서히 바뀌고 있다. 조금 더 간소한 사이즈, 간소한 구성으로 말이다. 라면 두 개 넣고 끓이면 딱인 사이즈, 강된장 끓이기 좋은 미니 사이즈, 차곡차곡 쌓으니 한 뼘이면 다 정리되는 '테팔'의 매직핸즈나, 마트료시카 인형처럼 차곡차곡 포개어서 한 통에 다 넣어서 정리할 수 있는 '스텐락' 등, 좁은 부엌, 적은 식구, 단출하고 간소함을 추구하는 고객 라이프에 맞게 상품 디자인도 바뀌고 있다.

밥솥을 판매하다 보면 고객의 그런 경향이 더 잘 느껴진다. 10인용 밥솥이 37만 원이라면 6인용 밥솥은 36만 원이다. 불과 1만 원 차이다. 둘 다 기능은 똑같다. 예전엔 '일단 큰 걸로 무조건 산다.'였는데, 이제 그것이 다 짐이라는 걸 일찍이 경험한 엄마들이 '미니멀'로 가고자 한다. 동시 노출 때, 6인용 구매 비율이 40%다.

60%만이 10인용을 산다. 1만 원만 더 주면 용량이 큰 10인용을 살 수 있다고 해도, 6인용의 구매율이 이리도 높은 건 아무래도 주방 살림을 간소하게 줄이고 싶은 마음 때문일 것이다. 이제 '여러분, 대용량입니다. 무조건 큰 거 하세요.'가 안 통한다.

실속 – 약해진 브랜드 충성도 _____ .

'경기도 안 좋은데….'하며 실속을 차리는 쇼핑을 하시는 분들이 바로 오늘의 고객들이다. 단출한 구성 1번, 2배로 많은 구성 2번으로 상품을 기획하면, 가격의 차이가 아주 크지 않으면 가볍고 단출한 구성을 선택한다. 먹거리도 그렇고, 주방용기·용품도 그렇다.

또 예전처럼 '이 브랜드 아니면 안 돼!'라는 브랜드 충성도도 많이 약해졌다. 가격 대비 품질이 괜찮다 싶으면 구입을 한다. 그래서 '우린 브랜드 없어요. 대신 브랜드 값? 이런 거 안 받아요.'라는 이마트의 '노브랜드'가 실속을 차리는 세대들에게 인기다.

가볍고 편하지만 '안전'해야 한다 _____ .

또 주방용품의 위생과 안전에 대한 이슈는 10년 넘게 끊이지 않고 나오고 있다. 환경 호르몬으로부터 안전한지의 여부, 자연 소재인지 아닌지를 더욱더 따지게 되었다. 가볍고 편하지만 안전해야 된다. 2014년 스텐락은 홈쇼핑에서 '스텐 밀폐 용기'를 만들어서 밀폐 용기 시장의 틀을 흔들었다. 스텐 프라이팬이나 냄비 시장도

2012년부터 더욱 활기를 띠기 시작했다.

화학 코팅으로 대표되는 듀폰사의 테플론 코팅이 거의 70여 년 동안 '코팅의 아버지' 자리를 지키고 있다가, 2006년부터 세라믹 코팅으로 된 프라이팬(ICC Home 프라이팬)의 홈쇼핑 등장으로 세라믹 코팅에 대한 개발이 활발히 이루어졌다. 그러다가 '해피콜'에서 내놓은 다이아몬드를 첨가한 프라이팬이 10여 년간 히트를 치면서, 프랑스 프라이팬 '테팔'이 명함을 내밀기 어려웠던 8년 정도의 시간이 있었다.

그리고 지금은 '노코팅'. 코팅 없는 프라이팬, 코팅 없는 냄비가 주부들 사이에서 사랑을 받고 있다. 물론, 코팅 없는 주방용품을 눌어붙지 않게 잘 쓸 수 있게 만드는 것이 늘 딜레마다. 안전하게 만들고자 코팅을 빼면, 아무래도 눌어붙는 단점이 생기고, 눌어붙지 않게 코팅을 하면 화학 소재에 대한 고민이 시작된다. 어떻게 하면 편하고 눌어붙지 않게 잘 쓰면서도 안전한 소재의 프라이팬이나 냄비를 개발할까가 늘 고민이다.

주방용품

뚝심과 강단으로, '해피콜'의 저력

필자가 2004년 신입 쇼핑 호스트로서 해피콜을 판매했을 때부터 지금까지, '해피콜' 하면 떠오르는 이미지는 '뚝심'이다. '될 때까지 한다. 갈 때까지 간다.'가 해피콜이 주는 이미지였고, 1999년을 시작으로 지금까지 홈쇼핑에서 손가락에 꼽을 수 있는 장수 브랜드로 자리매김한 제품이다. 2016년엔 1,700억 매출, 2017년엔 2,000억 매출까지 바라보며 계속 성장세를 유지하는 브랜드.

시장 바닥에서 몸으로 익힌 뚝심과 강단으로 ____.
개인적으로도 매우 좋아하는 창업자인 이현삼 회장님과 이야기를 나누면서, 해피콜의 뿌리는 시장에 있음을 알 수 있었다. 해피콜이 어느 날 '짠' 하고 혜성처럼 등장한 건 아니다. 회장님이 아주 젊고 돈이 없던 시절, 무작정 시장에서 3천 원, 5천 원짜리 프라이팬부터 물건을 직접 떼 와서 노점 장사를 시작했는데, 여기서 해피콜의 역사가 비롯되었다. 그냥 몸으로 부딪히는 거다. 재래시장에서 연령별로 다양한 사람들, 주부들의 이야기를 듣고, 깎아 주기도 하고, 끼워 주기도 하면서, 어떻게 장사를 해야 되는지를 몸으로 배운 거다.

"전쟁의 전략은 뭡니까?" 하는 질문에 "그냥 몸으로 일단 부딪히고 보는 거야."라고 답했던 나폴레옹처럼 창업주의 마인드는 '일단 하고 보자!'였다.

1990년대 말부터 2000년 초까지의 주방용품 시장은 크게 두 갈래로 나뉘었다. 고가의 수입 제품과 저가의 국산 제품. 그럼 해피콜의 전략과 위치는? 저가의 국산 제품 중 하나? 사실 2000년 초까지만 해도 국산 주방용품 중 브랜딩을 잘해서 독보적으로 '튀는 놈'은 거의 없었다.

그래서 더욱 튀어야 했다. "저건 다른데?", "어? 저건 뭐지?" 홈쇼핑이라는 장터를 만난 해피콜은 무조건 튀어야 했다. 1시간 안에 모든 것을 보여 주지 않으면, 나가려던 고객도 붙잡지 않으면, 안 된다. 시장 바닥에서 몸으로 익힌 뚝심과 상단으로 '닥치고' 실행! 그 누구도 느슨하게 일하는 직원은 없었다.

판매 전략 1 – 튀어야 산다

몽키스패너로 프라이팬 긁기, 자갈돌로 때리고 볶고 불 지지기,

매직으로 낙서하기, 소금을 쏟아 놓고 굽고 지지기…. 이게 다 뭐냐고?

해피콜 프라이팬 시연 내용이다. 홈쇼핑을 보면서 '저건 마술 쇼인가?'라고 생각하게 만든 원조가 해피콜이 아닐까 싶다. 지금은 많은 주방 업체들이 비슷한 시연을 만들어 오지만, 14년 전 필자가 처음으로 받아본 해피콜의 시연은 그야말로 충격이었다.

"이게… 그러니까 프라이팬으로 이런 걸 하자고요?"

해피콜이 달랐던 건, 다르기 위해 끊임없이 고민한다는 것이다. '어떻게 하면 튀지?', '어떻게 하면 보게 만들지?'를 끊임없이 고민하고, 그걸 화면으로 보여 주는 업체가 해피콜이다. 프라이팬은 요리를 하는 도구다. 그럼 요리만 잘되는 걸 보여 주면 되는 건가? 프라이팬에는 왜 꼭 요리 재료만 넣어 볶아 봐야 되지? 생각을 뒤집고, 거꾸로 생각하고, 반대로 생각하고, 남들과 다른 생각으로 새로움을 만들어 내는 기업.

심지어 시연 하나를 보여 주기 위해서 여러 명이 합숙을 하면서 아이디어 브레인스토밍을 거치고, 시연 연습을 아침부터 저녁까지 한다고 하니, 단 1초의 장면에도 의미를 담아내는 그들의 시연은 그야말로 '예술(art)'이었다.

그런데 주방에는 여자만? "Oh, No!" 해피콜 방송을 진행하는 담당자들이 여자 직원이 아닌 '잘 숙련된 남자 직원들'이라는 사실도 또 하나의 큰 차이점이었다. 처음 업계의 반응은 하나같았다. "엥? 남자가 주방에?"

그런데 해피콜은 역시 달랐다. 어떤 '극기 훈련'에도 견디는 튼튼한 프라이팬, 냄비를 보여 주기 위해서 던지고 때리고 '막 다뤄 줄' 사람은 역시 힘 좋은 남자! 풍채 좋고, 힘 센 남자가 하는 게 제격이지. 회장님의 생각은 늘 달랐다. 그리고 적중했다.

판매 전략 2 – 결국은 품질이다 _____ .

그럼 멋지게 만들어진 '쇼'만으로 장사가 되는 건가? 결론부터 말하자면 그건 아니다. 결국 장사는 이렇게 보고 듣고 사게 된 고객이 집에서 써 보고 좋아서 계속적인 구입이 이뤄져야 하고, 나만 좋아서 끝나는 것이 아니라 엄마에게도, 친구에게도, 주변인에게도 널리널리 알리는 역할을 해 주어야 하며, '이 가게에 왔더니 왠지 다른 것도 좋아서 또 사고 싶더라.'가 되어야 한다. 단골을 만들어야 한다. 그게 길고 오래가는 장사다.

홈쇼핑에서는 일명 '전환율'이라는 것을 관리하는데, 예를 들어 100을 팔아 80은 그대로 고객에게 가고, 20은 반품으로 판매처로 돌아오면, 전환율이 '80'이 되는 것이고, 100을 팔았는데 30은 고객에게 가 있고, 70이 판매처로 돌아온다면, 전환율이 '30'이 되는 것이다. 결국 전환율이 높아야(고객이 반품하지 않고 그대로 집에 두고 써야) 좋은 상품이다.

상품 기획자, 상품 제조자는 상품의 수익률 너머에 있는 사람을 보아야 한다. 그러기 위해서는 최대한 질 만들어야 한다. 내 가족이 쓸 제품을 기준으로 생각하고 만들자. 그러면 한 사람의 고객이 친구 10명을 몰고 오고, 그 친구가 또 10명을 몰고 와서 100명이 되고, 그 친구가 또 10명을 몰고 와서 1,000명이 된다. 결국 가장 기본은 정직하게 정성을 들인 상품이다.

해피콜이 롱런하는 이유 중 하나는 좋은 상품을 만들기 위해 노력과 돈을 아끼지 않는 데 있다. 사실 해피콜은 상품의 종류가 그리 다양한 편은 아니다. 하지만 신기한 건 한번 만들어진 제품은 10년, 20년씩 장수한다는 것이다. 프라이팬도 신상으로 바뀌는 데 5년 넘게 걸렸다.

왜 이렇게 제품 개발 시간이 많이 걸리느냐고 이사님께 여쭤봤더니, 제품을 개발할 때는 천천히, 오래, 길게, 꼼꼼하게 한다는 것. 급하게, 단시간에 개발된 제품은 불량률이 높고, 천천히, 수년간, 오랫동안 테스트하고, 실패하고, 버리고 다시 연구할수록 안정적이고 높은 퀄리티의 제품이 나온다는 것이다. '아, 역시 해피콜은 다르구나.' 메뉴판에는 메뉴가 몇 개 없지만, 그 집 아니면 이런 맛은 결코 낼 수 없는 맛집 같은 느낌.

판매 전략 3 – 시장은 깊고 넓고 무한하다 _____ .

주방용품의 특성상, 특히 냄비의 경우는 '구멍 나지 않으면 안 바꾸는 상품'이라고 흔히들 얘기한다. 그만큼 상품 교체 연수가 길다. 한번 사면 굉장히 오래 쓰기 때문에 빠른 소비와 재구매 주기를 당기는 데는 어느 정도의 한계가 있다. 시장을 개척해야 되는 이유다.

국내 시장에서 주방용품의 호기는 1990년대 말부터 2008년 정도로 보고 있다. 그 이후로는 홈쇼핑에서 주방 산업이 전반적으로 침체기를 맞이한다. 이유는 명확하다. 홈쇼핑이라는 매체가 철저하게 주부를 위한 매체이고, 주요 메인 고객층이 40대·50대이기 때문이다. 1990년대 초반대의 홈쇼핑 고객들이 이제 나이를 먹고 50대·60대 고객이 되었고, 이제 신규로 유입되어야 할 40대 고객들은 너무나 젊다. TV 매체 말고도 다양한 모바일, 인터넷, 기타 다른 매체를 통한 쇼핑을 더 선호하는 고객이다.

오랜 침체기에도 불구하고, 노장은 죽지 않았음을 보여 주는 기업이 바로 해피콜이고, 해피콜의 이러한 공격적 마케팅은 점차 해외로 뻗어나가고 있다. 특히, 홈쇼핑의 해외 진출과 더불어 중국 시장과 동남아 시장 진출은 매우 성공적으로 진행 중이다. '홈쇼핑'이라는 존재 자체가 없던 나라에 '화려한 쇼'가 뭔지를 제대로 보여 줬으니, '홈쇼핑 한류 열풍'의 중심에 해피콜이 있는 것은 당연한 일이다.

주방용품

불편은 창조를 만든다, '자이글'

"미치도록 고기가 좋다. 하지만 너무 뚱뚱해서 고민이었다."

10년 전 100kg 이상 나가는 몸무게 때문에 고민이었던 '자이글' 대표의 말이다. 그는 엄청난 '고기 마니아'로서 살을 빼기 위해 고기를 끊는 것이 매우 견디기 힘든 고통이었다고 한다. 날씬하게 기름을 뺀 담백한 고기를 먹고자 했던 그의 열망으로 수년간의 시행착오 끝에 '자이글'이 탄생되었다.

일본에서부터 인정받은 제품

5년 전 '자이글'이라는 제품을 처음 봤을 때만 하더라도, 필자는 그저 그런, 많고 많은 그릴류 제품 중의 하나라고 여겼다. 20여 년 홈쇼핑 역사에 거쳐 간 그릴만 하더라도 수십여 가지가 넘고, 대부분의 '그릴' 방송의 수명이 길어야 2~3년 정도였기에, 많고 많은 그릴 중 살짝 튀는, 그런 그릴일 것이라고 예상했다. 첫 미팅 시간에 제품을 봤을 때도 그냥 '호롱불처럼 생긴 독특한 디자인에 전기로 굽는 아이(?)구나.'라고 생각했고, 이렇게 오랜 시간 꾸준하게 인기가 있으리라고는 예상치 못했다.

10여 년 전까지만 해도 한국 시장 진입이 매우 어려웠던 자이글은 제품의 가능성을 일본에서 먼저 인정받기 시작한다. 일본 홈쇼핑에서 미리 조짐을 발견했고, 매 방송마다 '매진'을 기록하며 비로소 한국 홈쇼핑 관계자의 눈에 들어오기 시작했다. 지금은 단일 상품 그릴로만 8년 넘게 홈쇼핑 방송을 진행하고 있으니, 스테디셀러임은 분명하다.

심플함, 편리함, 깔끔함

자이글의 원리는 심플하다. 상단의 전기 열선에서 뜨거운 열기가 원적외선을 아래로 쏘아 주면, 하단 불판이 복사열로 데워져서 구워지는 원리인데, 원적외선의 열파장이 깊고 길게 침투해서, 요리 재료의 겉과 속이 동시에 골고루 익게 되는 제품이다. 보통 가스 불이나, 숯불에서 고기를 구우면 속을 익히기 위해 겉이 필요 이상으로 구워져 뻣뻣해지기 쉬운데, 자이글은 겉과 속이 동시에 익으므로 촉촉한 수육 같은 느낌을 준다.

여기에다 그 어떤 제품에서도 보지 못했던 '편리함'과 '깔끔함'을 더했다. 가령, 우리는 기름 많은 삼겹살이나 오리 고기를 구우면서 사방에 기름이 튀는 것을 '당연지사'라 여겨 왔다. 그런데 신기하게도 자이글은 기름이 튀지 않고, 상단에 있는 고열의 열선이 올라가려는 기름을 연소시켜 자체 소멸하게 만든다. 기름 한두 방울 정도야 어쩌다 튄다 해도, 주변을 행주로 닦을 일이 없게 만들어 준 그릴이 바로 자이글이었다.

방송에서 생선이나 삼겹살을 구우면서 기름종이를 식탁 주변에 계속 붙여 보지만, 붙지 않고 가볍게 날아가는 시연을 늘 보여 주는 것도, 라이브 중에 기름이 튀지 않음을 실시간 확인시켜 주기 위함이다.

누군가는 참지만 누군가는 새로운 걸 만든다 _____ .

사실 믿지 못했다. 처음 5년 전 미팅 시간에 기름 안 튀고, 연기 안 난다는 업체 담당자들의 설명에 "아, 예~"라고 대답은 했지만 가슴으로는 믿지 못했다. 20년이 넘는 기간 동안 홈쇼핑을 거쳐 간 별별 상품이 다 있었지만, 고기를 구우면서 기름이 안 튀는 제품은 단 하나도 없었기 때문이었다.

의심 가득한 눈빛과 표정으로 1시간 동안 회의를 하고 나서 일주일 뒤, 2차 회의 시간에 자이글 담당자가 삼겹살 한 근을 사 왔다. 지금 구워 먹으면서 회의하자는 것이었다. 필자는 이런 협력 업체의 자세가 매우 좋다. 제품에 대한 확신을 가지고 온 마음과 정성을 다해 상대를 설득하고, 그 확신을 상대의 마음에 심어 주고자 하는 그 노력과 믿음은 마치 바이러스처럼 전이된다. 창문도 없는 회의실에서 1시간 내내 기름 안 튀고, 냄새 없이 고기가 구워지는 걸 보고 확신이 들었다. '아, 이 놈은 될 놈이다!'

반짝이는 아이디어와 좋은 제품 그리고 판매자의 확신이 함께 버무려지면서, 자이글은 최근 2년 연속 1,000억 매출을 기록하는 건실한 주방가전으로 자리매김했다. 고기를 구우면 냄새가 나는 건 당연한 일? 기름이 튀는 건 늘 있는 일? No! 매일같이 고기를 먹었던 '고기 마니아' 대표는 이 불편함을 없애고 싶은 마음이 누구보다 컸으리라. 불편은 창조를, 새로운 시장을 만든다.

가전

기후 변화가 바꾸어 놓은
가전제품 시장

"이제는 아픈 애(?) 좀 그만 괴롭히자!"며 '파리협정'으로 단단히 약속을 맺든, "중국, 너 때문이야!"를 열심히 외치며 "제발 그놈의 공장 좀 그만 돌려라!" 하고 핀잔을 주든, 어떻게 해서라도 미세먼지 한번 줄여 보려고 화력 발전소의 스위치를 꺼 버린다고 해도, 우리의 지구는 이번 세기 안에 3.6도까지 오를 거라 한다.

숨통이 턱턱 막히는, '아, 이래서 죽을 수도 있겠구나!'라고 생각했던 2017년 봄. 물론 2016년 봄도 심각하긴 했지만…. 우리는 설마설마했다. 이놈(?)의 '미세먼지'가 얼마나 우리를 괴롭힐지…. 그런데 가만히 있어도 실연을 당한 여주인공처럼 길에서 눈물이 줄줄 흘렀다. 미세먼지 때문에 대한민국 곳곳에 어디 하나 멀쩡한 지역 없이, 숨 막히는 몇 달을 보내야만 했다.

'서자'의 서러움을 딛고 우뚝 선 공기청정기 _____.

없어서, 물건을 팔 수가 없었다. 7년 전 "여러분, 공기청정기가 있어야 해요!"라고 목청껏 얘기해도 공기청정기의 매출은 50%를 넘기기 힘들었다. 불과 2년 전까지만 해도 매출이 그저 그런 상품이 바로 공기청정기였다. 이른바 '힘든' 아이템이었다.

'깨끗한 공기'에 대한 니즈는 당연히 누구나 가지고 있다. 아프면 '물 좋고 공기 좋은 곳에서 살아야지.'라고 한다. 아프면 말이다. 아프기 전에는 모르고 그냥 마신다. 아니, 알아도 죽을 정도는 아니니까 그렇게 사는 거다. 하지만 이제 따갑고, 아프고, 힘들고 죽겠으니…. 공기청정기의 매출은 올봄 300% 이상의 실적을 거두며, 결국 '없어서' 판매하기 힘든 지경에 이르렀다.

사실 공기청정기는 LG, 삼성, 위니아 등에서 진즉부터 만들어 오고 있었다. 하지만 가전에서 '서자' 취급을 10년 넘게 받아 왔던 아이(?)였다. '에어컨'이나 'TV' 판매 방송에는 준비 자료도 많고 화려한 영상도 많이 찍어서, 잘난 자식(?)처럼 쭉쭉 밀어 줬는데, 공기청정기는 방송으로 보여 줄 인서트(상품 보조 영상)가 겨우 하나였다. 협력 업체에서 영상 자료들을 만들면서, 보통 인서트로 적어도 10~20개씩을 만들이 준비하는 것에 비하면, 공기청정기는 '서자'임이 분명했다.

하지만 기후 변화가 공기청정기의 신분(?)을 상승시켜 주었고, 이제는 없어서 못 파는 존재가 되었다. 지구가 아프고 힘들어 이런 가전제품이 잘 나간다고 하지만, 사실 '공기청정기' 방송을 안

해도 되는 깨끗한 한국에서 사는 게 우리 모두의 꿈이다.

내가 너희를 자유케 하리라 – 물걸레 로봇청소기 ____.

맞벌이 부부는 오래전부터 있었다. 그리고 맞벌이 부부는 진주부터 가사 노동에 지쳐 있었다. 하지만 이번 콘셉트는 '일하는 엄마일수록 에브리봇!'이다. 대체 왜, 왜, 왜?

이 미세먼지 '난리통'에서 맞벌이로 일하는 엄마가 과연 얼마나 자주, 얼마나 꼼꼼히, 침대 밑까지 물걸레로 청소를 했느냐는 거다. 그대가 일하느라 지쳐 청소하지 못해서, 무릎으로 기어 다니는 우리 아가들이 이 미세먼지를 '후루루 쩝쩝' 엄청나게 먹는다는 거다. 그대가 일주일에 한 번 정도라도 제대로 물걸레로 닦긴 했냐고, 그대는 이 엄청나고도 독한 미세먼지에 대해 얼마나 신경을 썼냐고, 엄마들에게 회개(?)를 촉구하는 상품. 그리하여 에브리봇 물걸레 청소기는 말한다.

"그대여, 너무 괴롭고 미안해하지 마라. 내가 너의 죄를 사하노라."

미세먼지의 공격으로부터 우리 아이를 지키지 못한 '못난 애미'라는 죄책감에 시달리던 엄마들은 에브리봇의 한량없는 은혜(?)로 '면죄부'를 부여받고 마음의 안식과 평강을 찾는다.

물걸레 로봇청소기야말로, 2017년 효자 상품이다. 이 제품이 인기를 얻게 된 것은 기후 변화에 민감하게 반응하고, 대기환경 오염의 심각성을 일찍이 간파하여 해당 제품을 개발한 협력 업체 사장님의 꾸준한 노력이 있었다. 홈쇼핑에서 로봇청소기가 잘됐던 적은 한 번도 없었다. 하지만 로봇청소기가 '미세먼지 해결'이라는 솔루션과 만나 판세가 달라졌다. 기후 변화가 장사의 판도를 바꿔 놓는다.

'제습 + 냉방 + 공기청정', 이제는 필수

2016년은 유난히 뜨거웠던 여름으로 기억된다. 100년 만에 최고로 더웠다고 한다. 8월 한 달 내내 하루만 빼고 폭염주의보가 내려졌고, 갑자기 '삐~' 하고 울려대는 국민안전처(현 행정안전부)의 '폭염 주의' 안내 문자에 덜컥덜컥 놀라기도 했다. 이제 에어컨은 없어서는 안 될 가전제품이 되었다.

갈수록 뜨거워지고, 갈수록 견디기 힘들어질 것이다. 작년 여름 더위에 제대로 '데인' 고객들은 '올해는 더워지기 전에 반드시 널 갖고야 말겠어!'라며 4월부터 에어컨을 구입하기 시작해, 5월에는 작년에 1년 동안 판매된 에어컨의 양만큼 구입했다. 기염을 토하는 기록이었다. 그러자 막상 6월에는 물건을 너무 많이 팔아서, 방송을 잡기 힘든 상황이 왔다. 이제 한국에서 바나나가 열릴 날이 머지않아 보인다.

또 하나 주목할 점은, 기존에는 냉방만 되던 에어컨에서, 이제 '제습 + 냉방 + 공기청정' 기능까지 모두 완비한 에어컨을 훨씬 많은 고객들이 선호한다는 것이다. 올여름이 그랬다. 중부 지방은 한 달 내내 스콜 같은 폭우가 쏟아지고, 남부 지방은 타는 듯한 더위에 '핀란드 사우나' 속에서 여름을 보냈다. 제습과 냉방 모두 이제는 선택이 아니라 필수가 되었다.

건조기와 기후 변화의 만남, '포텐' 터지다! ＿＿＿.

"건조기가 뭐야?" 작년까지의 반응이다.

"그거, 왜 있지. 미국 사람들 동전 넣고 빨래하면 빨래방에서 다 말려서 오잖아."

"아~ 건조기. 우리 집은 좁은데? 됐어. 에이, 빨래 건조대에 널면 되지. 얼마라고? 뜨악! 안 사, 안 사."

'이게 바로 신세계'라며 '빨래 널 필요 없어요!'를 외쳐도, 그 정도로는 아무 변화가 없었다. 그러던 것이 건조기와 기후 변화가 만나며 이른바 '포텐'이 팡팡 터졌다. 역시 '없어서 못 파는 상품'이 되었다. 우리는 올봄에 지독히도 '누리끼리한' 하늘을 경험했다. 빨래를 널 수가 없었다. 또한 우리는 올여름에 꿉꿉함의 끝을 보았다. 마찬가지로 빨래를 널 수가 없었다.

인간이 저지른 만행은 환경의 역습으로 돌아왔다. 이런 상품들이 없어도 될 정도로 우리의 지구가 빨리 기력을 회복하기만을 바랄 뿐이다. 기후의 변화 속에서 상품도 변한다. 고객의 니즈도 달라지고 있다. 앞으로 상품을 만들거나 판매하고자 하는 이들은 지구의 기후, 환경의 변화에 더 예민하고 철저하게 준비를 해야 한다. 상품은 인간의 생활을 안락하고, 편안하고, 안전하게 해야 할 의무와 책임이 있다. 마케터들도 기후의 변화에 더욱 촉각을 세워야 할 것이다.

가전

역발상이 만든 혁신, '삼성 무풍 에어컨'

더운 건 싫은데, 바람도 싫다면? '에어컨은 바람이다. 바람이 안 나오면 에어컨이 아니다.'라는 이분법적 사고에서는 결코 나올 수 없는 역발상이었다.

완벽이란 불편함이 없는 상태 ____.

삼성은 고객들에게 묻는다. 에어컨을 쓰면서 뭐가 싫었는지, 뭐가 불편했는지….

"아이를 키우는데, 바람이 너무 강해서 여름에도 감기에 걸려요."

"집에 어르신들이 바람 때문에 머리가 아프시대요."

"끄면 덥고, 틀면 추워요."

'아, 이걸 어쩐담.' 에어컨이 바람 없이도 시원할 수 있을까? PC

에서 플로피 디스크를 없애 버렸던 스티브 잡스처럼, 지금은 있어야 할 것처럼 보이는 것들이 사실은 없어도 되는 것들이며, 더 편하고 더 심플한 것들로 얼마든지 채워질 수 있다는 믿음, 그 믿음 아래 제품 혁신이 이뤄진다.

"없애자, 없애자! '원래'란 없다. 고정관념이다. 에어컨 = 바람이 나오는 기계? 아니다. 무풍(無風)이다! 바람, 너 없이도 우리는 시원할 수 있어!"

자연을 닮은 바람을 찾아서 _____.

바람 없이 시원하려면 어떻게 만들어야 할까? 답을 찾기 위해, 바람 없이 시원한 곳을 찾으러 떠난다. 바람은 없는데 선선한 기운이 도는 시원하고 쾌적한 곳, 바로 '동굴'이다.

만장굴, 성류굴, 미천굴…. 대한민국 팔도강산 굴이란 굴은 샅샅이 뒤져, 이 선선한 기운은 어떻게 만들어지는지를 연구한다. 굴속에서 텐트 치고, 굴속에서 자고, 굴속에서 노숙하며….

"음, 서늘한 기운~ 하지만 기분 나쁘지 않고, 쾌적한 청량감!"

자연을 닮은 바람을 찾기 위해, 발바닥이 불이 나게 뛰어야 했다. 그리고 고객의 불편함을 들어야 했다. 13만 5천 개에 이르는 미세한 구멍으로 차가운 공기를 통과시켜 초속 0.15m의 느린 속도로 냉기를 퍼뜨린다. 냉기가 멀리 퍼지도록 3도 정도 기울여, 얼굴에 직접 닿지 않으면서 주변 공기를 선선하게 만들어 주었다. 마치 만장굴 속에 풍덩 들어간 느낌으로…. 여긴 어디?

얼마든지 괴짜가 될 수 있다 _____.

홈쇼핑 방송에서도 에어컨 바람이 강하면 일반적으로 그 바람 소리가 마이크를 타고 들어와 잡음이 많이 생기는데, '삼성 무풍 에어컨' 방송을 진행할 때는 선선한 기운만 느꼈지, 필자를 불편하게 하는 바람은 없었다. 바로 역발상. '바람 없이도 시원한 에어컨'이라는 역발상이 있었기에 가능했다.

생각을 어떤 틀 속에 매어 두지 말자. 우리는 얼마든지 괴짜가 될 수 있고, 얼마든지 신선하고 반짝이는 아이디어로 세상에 없던 제품을 만들 수 있다.

리빙

홈퍼니싱, 거대한 파도가 밀려온다

 이제 고객의 관심사는 '무엇을 소비할 것인가'에서 '어떤 시간을 누릴 것인가'로 바뀌고 있다. '홈퍼니싱(Home + Furnishing)'을 한다는 것은 가구·소품·생활용품 등으로 집을 꾸미는 것을 말한다. 집을 꾸민다는 것은 단순히 집을 '치장'하는 것만을 의미하지 않는다. 이제 우리는 '웰빙'을 넘어서, '힐링'을 꿈꾼다. 집에서 머무는 시간만큼은 그저 오롯이 나를 치유하고 나를 위로하는 시간이 되기를 바라는 욕구들이 홈퍼니싱 시장을 성장시키고 있다.

유목민일지언정 희망을 꿈꾼다

1997년 IMF로 우리 모두 길고 긴 고통의 시간을 보냈다. 2000년대 들어 새 시대가 왔지만, 삶은 더 각박해지고, 주거비·생활비는 언제나 삶의 무게로 우리를 짓눌렀다. 2018년 오늘을 사는 우리의 삶도 여전히 팍팍하다. '전세 난민'으로 이곳저곳 유목민처럼 돌아다닌다. 그럼에도 불구하고 우리는 희망을 꿈꾼다. 이 작은 '집'이라는 공간, 비록 2년 뒤에는 짐 빼고 나와야 될지언정, 머무는 동안만이라도 천국처럼 살자고….

"전세 사는데 뭐 그리 돈을 들여?"

"됐거든! 어차피 집 장만 못할 거면, 사는 동안 행복할 거야!"

'웰빙', '힐링', '삶의 질'에 대한 고민이 그 어느 때보다 강력해졌다. 그동안 '집을 꾸민다', '인테리어를 한다'는 것은 목돈이 제대로 들어가는 일이었고, 그래서 돈이 좀 있어야 되는 일이었다. 한국 시장에서 홈퍼니싱은 거의 시공 위주의 대공사였다. 철마다 쉽게 옷을 사듯 가까이할 수 있는 존재가 아니라 '부담스러운' 시장이었다.

고객의 입맛에 맞게, 빠르게, 다양하게, 실속 있게 _____.

소비자의 선택폭은 굉장히 좁았다. 소비 욕구는 이미 가득 차서, 성난 뾰루지(?)처럼 부풀어 있었다. 욕구 분출 일보 직전이었다. 그리고 2014년 드디어, 그 뾰루지를 시원하게 짜 줄 임자를 만났으니, 그 이름도 유명한 '이케아'. 2014년 한국에 입점한 글로벌 브랜드 이케아는 '들어온다, 안 온다' 말도 많았지만 첫날 광명에서 오픈한 이케아의 방문자는 2만 명 이상이었다.

같은 해 H&M 홈이 잠실에서 처음으로 셔터를 올리고, 자라

홈, 이랜드의 모던 하우스, 무인양품 등이 고객의 입맛에 맞게, 빠르게, 다양하게, 실속 있게, 리빙 상품들을 출시하고 있다. 한샘 플래그샵, 신세계 그룹의 더라이프 등도 글로벌 공룡 이케아의 등장에 위기감을 느끼고, 이케아의 부족한 부분을 보완하는 전략으로 가구 배송비 무료나 조립 서비스 등을 제공하며 자생력을 키우고 있다.

고객 스스로 라이프를 디자인한다 _____ .

이케아는 단순히 가구를 판매하는 기업이 아니다. 북유럽 스타일과 북유럽 라이프를 제안한다. 합리적인 가격에 실용적인 스타일, 디자인이나 제품명도 북유럽 지명이나 스웨덴을 연상하게 하는 로고, 이미지 등을 사용하고, '풀 코디' 라이프를 제안한다. 스웨덴 사람들처럼 행복하게 살려면, 스웨덴 라이프를 만들어 주는 이케아에서 답을 찾으라고, 이 가구에는 이런 소품, 이 주방에는 이런 그릇, 이케아를 통해 머리부터 발끝까지 북유럽 라이프를 살아 보라고 속삭인다.

 이제 고객은 다양한 주거 형태, 삶의 스타일을 디자인한다. 1인 가구의 증가로 인해 '나'를 위해 집을 꾸미며 소소한 일상에서 행복을 추구하는 소비자가 많아진 것이다. 그리고 무엇보다 실속 있게 제품을 구입한다. 가격의 합리성을 묻는다. 이른바 몸으로 때운다. '에이~ 뭐, 그까이꺼! DIY? 나도 한다.' 그것도 각각 입맛에 맞게 선택한다. 인테리어 사장님에게 모든 걸 맡기지 않는다.

손잡이 하나도 내 '삘(feel)'대로 고른다.

홈쇼핑에서 만나는 DIY 상품 _____.

홈쇼핑에서 페인트나 팔아 볼까? 잘 나갔다. 제법 팔았다. 이제 고객은 동네 인테리어 가게 사장님의 말을 맹신하지 않는다. DIY 상품으로 '붙이는 벽지'의 인기도 굉장했다. 물에 적시기만 하면 도배 끝!

저렴한 비용과 약간의 노동력이 만나면, 언제든 '헌 집 줄게, 새 집 다오!'로 변신 가능하다. 행복하고 멋진 '오, 나의 즐거운 집'을 '누가' 만들어 줄 것인가? 고객에게 멋진 라이프스타일을 누가 먼저, 누가 더 다양하게, 누가 더 입맛에 맞게 맞추어 주느냐로 게임의 승패가 결정된다.

리빙

시공을 홈쇼핑에서?
'한샘 주방'

지금이야 주방, 욕실, 베란다, 중문, 창호 등 별의별 시공 상품을 TV를 통해 판매하지만, 한두 푼도 아니고 보지도 않고 시공을 결정한다는 건 아무튼 대단한 일이긴 하다. 이제 홈쇼핑에서 못 팔 상품은 없다.

홈쇼핑 판매법에 의해, 홈쇼핑에서는 담배, 분유(모유 수유 장려 차원), 약품, 총기 등의 판매를 금지한다. 그 외 대부분의 상품은 물건에 특별한 하자가 없는 한 법률상 판매를 못할 이유는 없다. 20년 전 초창기 홈쇼핑에서는 멧돼지 고기도 팔았고, 캐나다 이민 알선 상품도 팔았으며, 심지어 아파트까지 팔았으니 그야말로 못 팔 물건이 없는 곳이 바로 홈쇼핑이다.

그렇다면 고가의 시공 상품이 홈쇼핑 프라임 타임에 시간당

50~60억 원씩 판매할 만큼 대기록을 세우는 이유는 무엇일까? 그에 대한 해답을 얻기 위해 '한샘 주방'을 살펴보자.

시공도 가벼운 마음으로 쇼핑이 가능하다?

사실 시공이라는 것이 머리가 빠개지는 일 아니겠는가? 문짝 소재 하나, 경첩 하나, 컬러 하나하나, 일일이 미팅하고, 조율하고…. 뭐 하나 설치하려고 하면 일단 두통부터 생긴다. 쉽지 않은 일임엔 틀림없다.

주방을 고친다는 것도, 생각만으로 머리 빠지는 일. 하지만 늘 꿈꾸는 주방, 자주 요리를 하지 않더라도, 혼자 가만히 바라보기만 해도 "여자라서 행복해요~" 소리가 절로 나오는 그런 주방을 갖고 싶은 건 주부라면 누구나 가지고 있는 꿈이 아니겠는가?

"복잡할 것 없이, 구경하시고 오늘은 그냥 집에서 편하게 둘러보기만 하세요! 결제 후에 상담하고 그때 취소하시는 것도 가능하니, 더운데 매장 나가지 마시고 둘러나 보세요."

'본다고 붙잡는 것도 아니고, 돈 들어갈 것도 아니니, 그냥 호스트가 뭔 말을 하는지 들어나 보자.' 첫째, 매상에 들어가서 구경하는 것 자체가 부담인 분, 둘째, 멋진 주방은 좋지만 시공이라는 것 자체가 엄두가 안 나는 분, 셋째, 너무 비싸지 않을까 걱정하는 분들을 위해 일단 진입 장벽을 낮추는 게 1차 목표였다.

도장? 하이그로시? ____.

싱크대를 짤 때 가장 많은 비용이 들어가는 건 역시나 소재! 문짝이다. 도장으로 할 것인가? 아니면 하이그로시로 할 것인가? 같은 사이즈에 비슷한 스타일로 시공을 할 때 문짝을 도장으로 선택할 경우, 하이그로시에 비해 40% 이상 비용이 늘어난다. 물론 수명과 함께 미묘한 스타일의 차이가 있다. 300만 원대로 30평대 아파트의 시공이 가능한 하이그로시 문이 도장 처리로 바뀌게 되는 순간, 600만 원을 육박할 수도 있다.

하이그로시란, 일종의 코팅막을 입히는 것이라고 보면 된다. 마치 매니큐어 바를 때 맨 마지막에 발라 주는 반짝이는 탑코트 같은 것이다. 그래서 장점은 반짝이고 매끈해서 청소가 용이하고 깨끗해 보인다는 점. 그러나 너무 반짝여서 살짝 고급스러움이 덜하고, 도장에 비해 수명이 짧다. 코팅이 벗겨지면서 크랙이 가거나, 수분과 유분을 흡수하면서 지저분해지기도 한다.

그러나 요즘에는 하이그로시 공법이 워낙 발달해서 웬만해서는 7~8년 이상 견딘다. 가성비로 따져도 하이그로시는 아주 훌륭한 코팅 처리 방법이다.

도장도 우드 느낌을 살리는 도장부터, 무광, 유광, 입체감을 주는 도장 처리까지 다양하다. 여러 번 덧바르고, 말리고 또 덧바르는 과정을 최대 아홉 번까지 하면서 가구와 코팅 마감 사이에 틈이 없게 만드는 일이라고 보면 된다. 그래서 수작업이 많이 들어가는 공정이기도 하다.

이렇게 여러 번의 공정이 이루어지기 때문에 수명이 오래가고 고급스러운 느낌을 살릴 수 있다. 그러나 그만큼 가격이 비싸다. 싱크대에 1천만 원을 쓰겠다고 하면 도장 처리가 맞고, 실용적으로 하려고 하면 하이그로시도 나쁘지 않다. 한샘에서 나오는 대부분의 싱크대는 MDF에 하이그로시 아니면 도장 처리로 마감이 되었다고 보면 된다.

여기에서 MDF란, 쉽게 말하면 나무 가루, 즉 톱밥과 같은 것에 일종의 본드를 섞어 나무판 형태로 만든 것을 말한다. 강정을 만들 때, 쌀 튀밥에 꿀을 넣어 세모 또는 네모 모양으로 먹기 좋게 만드는 것처럼, 원목을 그대로 쓰면 실제로 '놀라 자빠질' 가격이 될 가구이지만, MDF를 이용하여 가격 단가를 낮추고, 제작을 용이하게 한 것이다.

저렴하게, 하지만 건강하게 _____.

일단 200만 원대에서 20평대 아파트 싱크대를 짤 수 있다면, 10년 가까이 쓸 물건이 그 가격이라면, 진짜 싸긴 싸다. 사실, 우리는 '삘(feel)'만 꽂히면 몇 백만 원짜리 가방도 산다. 10년은커녕 유행 때문에 몇 년 못 들 거면서…. 가방을 살 때 우리는 이성을 상실한다. 거기에 비하면, 주방 싱크대가 200만 원인 건 정말 기절초풍할 만큼 괜찮은 기회이다. 그야말로 '땡큐 베리 마치' 가격.

여기서 잠깐! 가격만 낮춘다고 품질에 대한 철학을 버려서는 안 된다. 자, 앞서 살펴본 것처럼 합리적으로 가격을 맞출 수 있는 소

국제 친환경 등급 기준

NAF	포름알데히드 방출량 Non Added
슈퍼 E0	포름알데히드 방출량 0.3mg/ℓ
E0	포름알데히드 방출량 0.5mg/ℓ
E1	포름알데히드 방출량 1.5mg/ℓ
E2	포름알데히드 방출량 5mg/ℓ

재가 MDF다. 하지만 생산 과정에서 들어가는 일종의 '본드' 때문에 환경 호르몬을 과하게 유발시킬 수 있는 소재 또한 MDF다. 그래서 MDF도 등급을 매기게 되는데, 등급이 낮으면 그만큼 발암 물질의 양도 많다는 뜻이다. 비슷한 사양인데 유난히 저렴한 가구를 봤다면 MDF 등급은 어떤지 꼭 따져 봐야 한다. 모르고 샀는데 냄새 빼다가 1년이 걸릴 수도 있다. 그 냄새, 누가 다 맡겠나?

홈쇼핑에서 기획할 때도 디자인, 사은품 등을 다 떠나, 가장 염두에 둔 것이 건강한 소재였다. '원자재 가격이 올라도 친환경 등급의 소재를 사용하자'가 기본 철칙이었고, 고객의 건강을 최우선으로 하여 전 제품 E0 이상의 등급으로 시공하였다.

홈쇼핑 기획의 '신의 한 수'

역시, 풀 옵션! 홈쇼핑의 박리다매 원리가 시공에서까지 접목이 되니, 고객 입장에서는 여러모로 저렴하게 주방을 짤 수 있는 곳이 바로 '홈쇼핑'이다. 거기에다, 더 이상 돈 들어가지 않게 한 번에 끝낸다.

앞서 말한 바와 같이 시공은 머리 깨지는 일이다. 골라야 될 것도 많고, 조율해야 될 것도 많다. 그런데 이런 게 머리 아파서 시공이 망설여지는 분들에게 홈쇼핑은 알아서 맞춤으로 모든 세팅을 해 준다.

그리고 또 하나! 싱크대 상부장·하부장만 짰다고, 우리 집 부엌이 새 부엌이 될까? 옷을 사면 그에 어울리는 신발을 사야 하듯, 뭐 하나 크게 바뀌면 거기에 구색을 맞출 살림살이들이 반드시 필요할 것이라는 예상! 그 예상은 그대로 들어맞았다.

싱크대만 덩그러니 짜 드리는 게 아니라 쿡탑도, 그릇도, 냄비도, 밥솥도 바꿔 줌으로써, 진짜 부엌살림이 변신(?)할 수 있게 '풀 서비스'를 제공하는 것도 홈쇼핑 기획의 '신의 한 수'였다.

홈쇼핑마다 서비스 면에서 미묘한 차이가 있다. 큰 장을 더 주는 곳도 있고, 선반을 서비스로 더 짜 주는 곳도 있고, 가스레인지 쿡탑 대신 전기 하이브리드 인덕션으로 바꿔 주는 곳도 있다. 고객의 구미를 누가 더 잘 맞춰 주느냐의 싸움이 주방 시공에서도 치열하게 전개되고 있다.

생활용품

생활용품,
날마다 더 편하게

"더럽고, 치사하고, 무거운 건 다 내가 해 줄게."

그랬다. 남편은 결혼 전에 저 한마디로 나를 '꼬신' 거다. 쓰레기 분리수거, 음식물 쓰레기 버리기 등은 처음부터 남편의 몫이었다. 남편은 지금도 그 뱉은 말을 지키려고 노력하는 편이다. 어쩌면, 남편의 이런 공약이 필자에게 먹혔던 것도, 살면서 매일같이 해야 되는 더럽고 힘들고 귀찮은 일들에 대한 회피 욕구가 컸기 때문일 것이다.

한 번 쓰고 버리세요! 'ced3M' _____.

생활용품은 매일같이 써야 되는 상품이기에 남들보다 '편리'해야 한다. 편리함에 죽고, 편리함에 살아야 한다. '편리함'을 위해서는 기존의 방법과 전혀 다른 방법을 제시해야 한다. 어제의 생각이 오늘은 먹힐지언정, 내일은 안 통할 수도 있다. 성능을 뛰어넘는 '편리함'이 관건이다.

역겨워서 하기 싫은 화장실 청소는 '3M'으로! 그동안 화장실 청소는 장갑 끼고, 솔 꺼내고, 세제 풀고, 닦고 씻고였다. 3M은 말한다. 그냥 버리시라고, 그냥 이대로 버리시라고…. 필자는 더러운 걸레를 빠는 게 참 귀찮다. 대부분의 주부들도 마찬가지일 것이다. 그래, 그 더러운 걸레를 빠는 것도 싫은데, 빨고 나서 어디 '모셔 두는' 것도 싫다. 어차피 걸레는 아무리 깨끗하게 빨아도 '걸레'니까. 3M은 말한다. "그냥 한 번 쓰고 버리세요!"

가루? No! 액체? No! '한장빨래'? OK!

불과 10년 만에 액체 세제가 가루 세제 시장을 추월했다. 10년 전 홈쇼핑에서 독일 브랜드 '퍼실'을 판매했을 때만 해도, 한국에서 액체 세제 시장의 규모는 미미했다. 그러나 지금은 액체 세제가 늘 주장(?)하는 "찬물에도 잘 녹아요. '떡지지' 않아요."로 시장이 완전 재편되었고, 2015년부터는 가루 세제 시장을 앞지르기 시작했다.

그리고 2016년에는 마침내 가루도, 액체도 아닌 종이처럼 생긴 세제가 등장했으니, 이름하여 '한장빨래'. 이거 한 장만 넣고, 세탁기 돌리면 끝!

"더 편하게, 더 빠르게, 더 간단하게, Think different!"를 외쳤던 스티브 잡스처럼, 다르게 생각하자. 원래 있던 방식, 정해 놓은 답은 없다. 색상, 형태, 방법, 기능 등에 있어서 완전 새로운 것이 무엇일지 고민하자. 그 고민은 불편함을 제거하는 것에서부터 시작한다. 뭐가 싫지? 뭐가 불편하지? 뭐가 역겹지? 뭐가 고생이지? 계속 불편함에 대해 생각하다 보면, 답이 나온다.

자연 분해되는 싱크대 거름망 _____.

꼴도 보기 싫은데, 어쩔 수 없이 매일 만져야 되는, 매일 봐야 되는 것이 바로 싱크대 거름망. 미끄덩거리는 것이 냄새도 나고, 지저분하고, 하지만 매일 참고 씻어야 되는…. 씻어도 씻어도 더러운 거름망.

그런데 1회용 싱크대 거름망인 '자연으로'는 매일 끼워서 사용한 후 그대로 음식물 쓰레기로 버리면 끝! 전분으로 만들어서, 자연 생분해되기 때문에 환경오염 걱정도 없는 상품이다.

더럽고, 힘들고, 치사하고 역겨운 것들! 이젠 참지 말고 바꾸세요!

생활용품

나의 경험과 느낌을 솔직하게, '휴족시간'

어떻게 커뮤니케이션할 것인가? 처음 받자마자, 너무 심플한 이 '파스' 같이 생긴 상품을 가지고 무슨 말을 할 수 있을지 매우 난감했다. 생각보다 너무 심플하게 생긴 '휴족시간'. 그냥 딱 보면 파스다.

회의 시간, 담당 MD는 앉자마자 일단 붙이고 시작하잔다. '그래, 한번 붙여 보자.' 마치 모내기하러 논에 들어가는 일꾼처럼 바짓단을 허벅지 위까지 야무지게도 올려붙였더랬나. 종아리, 발바닥, 발목…. 있는 대로 6장 정도 붙였던 것 같다. 그렇게 몇 초 지났을까? 뼛속을 뚫고 들어가는 듯 얼얼하면서 시원한 느낌! '이게 대체 뭐지? 오, 이 느낌이구나.' 한마디로 냉파스였다. 뜨거운 파스가 아니라, 시원한 파스!

그럼 이 심플한 파스를 어떻게 팔 것인가? 시연으로 보여 줄 것도, 화면으로 설명할 것도 너무나 제한적인 이런 상품은 대체 어떻게 팔아야 할 것인가?

오늘도 육아하고, 살림하고, 일하는 엄마들을 위해 _____.

'정공법으로 가자! 있는 그대로 내 느낌만 쭉 말하고 나오자!' 이게 전략이었다. "팩 하나에 몇 장이 있고요. 얼마나 드리고요. 붙이면 시원하고요." 이런 아무 쓰잘머리 없는 멘트들 늘어놓을 것 없이!

사실 보여 주면서 설명할 게 별로 없는 이런 단순한 상품들은, 충분한 고민을 하지 않으면 채 5분도 안 돼 멘트 창고에 멘트가 고갈됨을 느끼게 된다. 필자는 그저 '느낌적인 느낌(?)'을 전달하기 위해 그 느낌이 강림(?)하시기를 기다리면서, 휴족시간을 이곳저곳 붙여 가며 몇 날 며칠 몸이 말하는 느낌을 받아 적었다.

아이 돌보느라 나도 모르게 승모근이 돌덩이인 나, 아이 본다고 여행을 가도 발마사지 한 번 못 받는 엄마들, 돈이 있어도 아이를 한 시간씩 그냥 내버려둘 수 없으니 엄마들에게 마사지는 그림의 떡이다. 조금만 피곤해도, 조금만 걸어도, 다리는 코끼리 다리처럼 팅팅 부어 버리고, 또 어깨는 내려앉을 것 같고…. 이렇게 힘들고 피곤한데도 하루도 쉬지 못하고 육아하고, 살림하고, 일하고…. 갑자기 울컥!

이런 필자와 같은 엄마들에게 휴족시간은 힐링 그 자체가 아닐

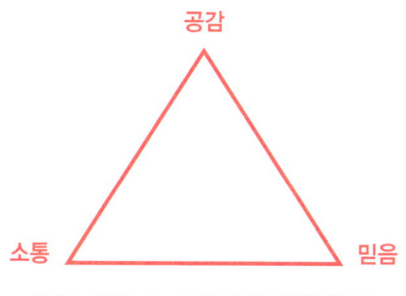

공감은 소통을 낳고, 소통은 단단한 믿음을 만든다.

까 싶었다. 철저히 '힐링', '피로 회복'으로 초점을 맞춰서, 직접 붙였을 때의 느낌들을 적나라하게 구체적으로 이야기했다.

소통 커뮤니케이션의 힘 _____.
공감부터가 시작이다.

:: 나도 피곤해, 너도 피곤해, 우리 피곤해 ::

⋯▶ 우리 이야기 좀 나눠 볼까? (뭐가 힘들었어? 언제 힘들었어? 어떤 상황이 널 힘들게 했어? 어디 있을 때 주로 힘들었어?)

⋯▶ 그래, 너도 많이 힘들었겠다. 나도 많이 힘들었어. 나도 똑같이 힘들었어. 내 이야기 들어 볼래? (구매를 권하는 게 아니라, 서로의 마음이 오갈 수 있는 시간을 갖는 것)

⋯▶ 믿음 (우리 서로 믿는 사이, 굳건한 사이)

같은 입장에서, 동일한 선상에서 온전한 나의 경험과 느낌을 솔직하게 전달할 때, 소통 커뮤니케이션이 이뤄진다. 이런 상품의 경우 필자는 더 직설적이고, 더 '보통 엄마'가 된다.

"다리가 많이 아프셨죠?"라고 얘기하지 않는다. "정말, 발목이 끊어질 것처럼 힘들 때 있지 않냐?"고 물어본다. 아이 업고 마트라도 갔다 오면, 진짜 발목이 끊어질 것 같다. 그럼 필자는 그냥 그대로 발목이 끊어질 것 같은 느낌 없었냐고 고객에게 물어본다. 있는 그대로….

아이 데리고 여행 갔다 오면, 발바닥에는 불이 난다. 필자는 좀 더 직설적이고 정제되지 않은 언어로, 평소 우리가 '다리 아파 죽을 것 같은 상황'을 '리얼(real)'하게 얘기한다. 돌려 얘기하거나, 예쁘게 얘기하지 않는다.

"붙여 보세요. 시원해요." Oh, No! 더 구체적으로, 더 느낌을 담아서, 이렇게 말한다.

"여러분, 붙여 볼까요? 아~ 이 찌릿찌릿하면서, 아찔하고 얼얼하다 싶은 냉기가 피부를 뚫고, 혈관을 지나 마치 뼛속까지 얼얼하게 만드는 듯하죠?"

진짜, 요렇게 이야기한다. 그림으로 연상이 되듯이….

소탈하게, 날것 그대로! _____ .

카메라 앞에만 서면, 예쁘게 얘기하려고 무진장 정제해서 말하는 호스트들이 많다. 다 좋다. 하지만 평소에는 전혀 쓰지 않는 말을 마치 '방송 용어'인 양, 너무 정제해서 얘기하면 직선 코스로 갈 말이 계속 유턴해서 돌아가게 된다.

내 '삘(feel)'대로, 있는 그대로 가자! 요런 게 필자의 전략이라면 전략. 꾸미지 않고, 소탈하게, 느낌 그대로, 때로는 날것 그대로…. 첫 론칭 방송에서 방송은 1시간 동안 예정되어 있었지만, 방송이 시작된 지 30분도 안 지나서 매진! 목표 대비 300% 달성! 요런 게 방송하는 재미가 아닐까 싶다.

믿음은 소통에서 나오고, 소통은 공감에서 나오고, '공감'이란 서로의 벽이 없을 때 만들어진다. '우리는 얼마든지 서로 오픈하고 깔깔거리며 한바탕 같이 웃을 수 있는 사이'라는 '믿음'을 형성해야 한다.

필자는 스스로를 지극히 평범한, 그저 상품 소개하는 게 직업인 사람이라고 생각한다. 세상의 모든 사람을 스승이라 생각하며, 더 배우고 더 들으려는 마음, 그런 마음으로 죽을 때까지 살고 싶다. 고객에게 배우고, 고객과 함께하며, 고객들 덕분에 즐거운 쇼핑 호스트. 고객과 소통하는 쇼핑 호스트! 홈쇼핑 방송을 하다 보면, 상품 공부보다 사람 공부를 더 하게 되는 것 같다. 어떻게 커뮤니케이션할 것인가? 오늘도 깊이 되뇌어 본다.

이미용

고객이 소비하는 판타지, 'Age 20's'

'Age 20's'

파운데이션 이름이다. 파운데이션 이름이 '20대'라니…. 아, 이름 한번 기막히게 지어 왔다. 가장 곱게 꽃 피어, 이슬을 머금은 듯 예쁜 얼굴, 꿈 많던 20대, 뭐든지 할 수 있을 것 같던 20대, 그때로 돌아가게 만드는 마법 같은 상품 Age 20's는 홈쇼핑 파운데이션 전체 1등(2017년)을 달리며 가장 무섭게 판매되고 있는 상품이다. 2013년 9월 출시한 이 제품은 '견미리 팩트'라는 별칭이 붙으면서, 누적매출 2,600억 원을 돌파했다.

고객이 꿈꾸는 판타지는? _____ .
어리고 건강하고 생기 넘치는 '싱그러운 시절' 그때의 내 모습. 가리기에 급급했던 파운데이션이 아니라, 실제 피부가 20대처럼 보이게 하는 것이 관건이었다. 제품 안에 적당한 유분, 적당한 수분, 적당한 영양이 포함된 에센스가 공급되면서, 피부결은 물론, 피부 속까지도 촉촉하고 건강하게 보이는 것이 포인트!

실제 방송 시연 중에 파운데이션을 긁어서 물처럼 떨어지는 에센스를 보여 줌으로써 바르는 것만으로도 피부가 생기 있어 보이는 걸 강조한다. 실제로 제품력의 차이가 매출을 만들기도 하지만, 50대도 20대처럼 놀라운 피부를 만들 수 있다는 콘셉트가 잘 들어맞는 시연과 화면 연출이 크게 한몫한 제품이기도 하다.

타깃을 넓혀 제대로 맞장 뜨다

처음 타깃은 홈쇼핑 메인 고객인 40대 중후반, 50대였다. 물론 '애경'이라는 브랜드가 주는 약간의 '올드함'도 있었겠지만, 50대 견미리 씨를 모델로 하여 중년층 고객을 타깃으로 홈쇼핑을 통해 파이를 키운 브랜드다.

시작은 중장년층이 타깃이었으나, 타깃을 점차 넓혀 '엄마와 딸'이 함께 쓰는 젊은 파운데이션으로 2년 전부터 홍보에 열을 올리기 시작하여, 지금은 30대와 20대의 구입이 골고루 이뤄지는 효녀 상품.

'아모레 퍼시픽'이나 'LG 생활건강'이라는 빅2 화장품 회사가 홈쇼핑을 녹식하다시피 하는 상황에서 애경의 Age 20's는 판을 뒤집는 슈퍼스타가 되었다. 오히려 '애경'이라는 기업을 빼고, 제품 자체로 맞장을 붙어 보는 전략도 좋았다.

더 넓은 시장을 향해 _____ .

사드 문제로 인해 중국 유커들의 발걸음이 위축되었다고 하지만, 그래도 결코 포기할 수 없는 시장이 역시 중국 아니겠는가? 홈쇼핑에서는 벌크로 제품을 구입하기 때문에 한번 구입 후 다시 재구매하기까지 걸리는 시간을 감안할 때, 시장의 다변화는 당면한 과제였다.

홈쇼핑 의존도가 초창기 90% 이상이었던 Age 20's는 유통 구조의 밸런스를 맞추고 새로운 시장을 성장시키기 위해 백화점 면세점 입점을 늘리고, 최근에는 '왕홍 마케팅'을 통해 중국 시장을 키우기 위한 노력을 기울이고 있다. 홈쇼핑 외의 시장을 47%까지 성장시키면서 판매의 다변화를 위해 정진하고 있다.

이미용

결핍은 창조를 만든다, 'TS 샴푸'

TS? 탈모 스톱! 귀에 쏙쏙 들어오는 이름. 역시 사람이든 물건이든 작명이 진짜 중요해! 암요, 암요!

젊음 = 풍성하고 건강한 머릿결

인상 좋고 '구수하신' TS 대표님의 말 못할 고민은 바로, 바로, 바로~ '탈모'. 아! 결핍은 창조를 낳는구나. '탈모닷컴'이라는 사이트를 운영하면서, 어떻게 하면 탈모로부터 자유로울까를 끊임없이 고민하고 연구해서 탄생된 샴푸가 바로 'TS 샴푸'이다.

풍성하고 탐스러운 건강한 모발이 곧 '젊음' 아니겠는가? '화장발', '머릿발'이라는 말이 괜히 나왔겠는가? 없다면 있게 하고, 있다면 더 안 빠지게 유지해야 한다. 젊음은 곧 풍성하고 건강한 머릿결에 달려 있다. 그래서 방송 중에는 '만약 머리가 없다면'이라는 가정하에 탈모 전후의 비교 사진을 보여 주면서, 머리카락이 얼마나 중요한지를 강조한다.

샴푸가 왜 중요할까? ____.

불과 몇 년 전만 하더라도 샴푸는 그냥 생활용품에 불과했다. 샴푸는 단지 싸고 용량 크면 '땡큐'였다. 하지만 이제 좀 먹고살 만한 시대가 왔고, 외모도 경쟁력이기에 화장품 성분 하나하나, 샴푸 내용물 하나하나를 살펴보게 되는 시대가 온 것이다. 심지어 샴푸 한번 잘못 썼다가 머리가 빠질 수도 있다.

자, 여기서 잠깐, 질문 하나! 샴푸에 실리콘이 들어간다는 사실을 알고 있는가? 대부분의 샴푸·린스에는 상당량의 실리콘이 들어간다. 실리콘이 들어간 샴푸로 머리를 감으면 머릿결이 윤기 나 보이는 일시적 현상을 보이지만, 정말 '야무지게' 깨끗이 두피를 씻지 않으면 실리콘 찌꺼기에 의해 두피 속 모공이 점차적으로 막히게 된다. 그렇게 되면 머리카락 뿌리가 약해져서, 한 놈, 두 놈 가출(?)을 하게 되고, 결국은 '뭉탱이'로 머리카락이 가출하는 슬픈 일이 발생한다.

건강한 머리카락을 위해서는 ____.

모공이 깨끗하고 숨을 쉬어야 한다. 땅이 좋아야 식물이 잘 자라듯, 두피가 좋아야 머리카락이 건강하게 자란다. 따라서 두피와 머리카락에 충분한 영양 공급이 필요하다. 앞으로 샴푸를 고를 때는 무실리콘인지, 세척이 잘되는지, 충분한 영양 공급이 되는지를 꼭 꼼꼼히 따져 보자.

그리고 머리를 감을 때, 머리카락만 빨래(?)하고 나오시는 분들이 많다. 앞서 말씀드렸다시피, 땅이 건강해야 나무가 건강하게 자라듯 두피를 잘 마사지하면서, 두피 속을 씻어 준다고 생각하고 머리를 감아야 땅에 해당하는 두피를 건강하게 만들 수 있다.

이를 위해서는, 첫째, 머리 감기 전 충분한 빗질로 먼지를 털어 내고 결을 정돈해 준다. 둘째, 두피까지 충분히 젖은 상태로 거품을 많이 내어 부드럽게 마사지하듯이 샴푸로 머리를 감는다. 셋째, 샴푸는 반드시 두피를 가장 신경 써서 꼼꼼하게 마사지하듯 많이 씻어내고 그다음 머리카락을 잘 씻어낸다.

외모가 경쟁력인 이 시대에, 풍성하고 건강한 머릿결로 젊음을 유지해 보자.

패션

더 빠르게!
소비의 진화

패션은 패스트푸드다. 후딱 먹어 치우고, 후딱 배를 채우고, 또 후딱 또 다른 먹을 것이 없나 찾아 나선다. 고객의 입맛은 수시로, 너무 자주, 너무 빨리 변한다. 옛날처럼 하루 종일 심사숙고해서 산 옷을 10년 동안 걸어 두며 매해마다 꺼내 입는 사람은 없다. 빠르고 빠른 유행을 반영해서, 더 빠르게 변하는 파트가 바로 패션 카테고리다.

사골국 패션 vs 패스트 패션 _____ .

10여 년 전만 하더라도 우리는 'SS 신상', 'FW 신상'이라고 상품을 명명하면서, 그 계절 내내 '고아서, 우려서' 팔았더랬다. 팔다 남으면 그다음 해 봄에도 '꾸역꾸역' 팔았더랬다. 하도 많이 찍어 내고, 하도 많이 팔아서, 간혹 내가 산 가방, 코트와 똑같은 것을 지하철에서 목격하는 사례도 잦았다. 나랑 똑같은 트레이닝복을 입은 사람을 목격한 그날은 왠지 기분이 영 개운치 않았다. 그날 이후 그 트레이닝복은 바깥나들이(?)를 못 나왔다.

2008년 '자라'가 우리나라 땅을 처음 밟았던 그날부터였을까? 고객의 입맛은 더 까다로워졌고, 더 쉽게, 더 빨리 질렸다. 어찌 보면 일주일에 두 번씩 새로운 옷을 전 세계에 뿌려 주는 자라에서, 매주 보는 재미, 입는 재미를 즐기며 구입하는 것이 더 새롭고 즐거운 일일지도 모르겠다.

홈쇼핑 '패션' 방송 매출은 2008년 이후, 몇 년간 고전을 면치 못했다. 언제 봐도 늘 같은 옷만 주야장천 파는 옷 가게에 손님이 떠나는 건 당연지사. 죽어 가는 패션에 인공호흡기를 달아 줘야 했다. 2012년부터 우리는 공격적으로 패션 사업을 확장해 나갔다. 뉴욕, 런던, 밀라노, 파리 등 패션의 중심지에서 컬렉션을 진행하고, 국내외 유명 디자이너들과 손을 잡고 디자인 혁신에 공을 들이기 시작한다.

빨리 치고 빠지자 _____ .

'한 번에 5만 장씩, 10만 장씩 찍어대던 못된(?) 습관은 갖다 버리자. 그래, 빨리 치고 빠지는 거야.' 빨리 대응하지 못하면, 망하는 건 불 보듯 뻔한 일이었다. 시즌별로 상품을 기획해서 내량으로 유통했던 과거의 방식을 버리고, 소품종으로 짧게, 반짝, 빨리 '치고 빠지는' 방송을 만들기로 했다.

　보통 1시간에 하나의 아이템으로 진행되는 홈쇼핑에서, 패션 방송은 1시간에 2~3개 이상 진행하도록 시간 배분부터 다시 짰다. 그러니까 한 아이템을 10분 보고 빨리 사고 끝낼 수 있게, 지금 10분 안에 결정하지 못하면 또다시 볼 수 없게 말이다. 정말 그랬다. 방송 3~4번 할 분량만 찍어 내고 추이를 보고, 문을 닫을지 더 생산할지, 아니면 디자인에 변형을 줘서 다른 신상을 다시 출시할지를 고민했다.

　뷔페 같은 패션 방송을 만드는 게 목표였다. 내 입에 안 맞으면 또 금방 뚝딱 다른 상품을 고르면 그만인 거다. 소비자의 구매 패턴이 달라지고 있다. 이에 발맞추지 못하면 끝이다.

알고 보니 5만 원 _____ .

독특하고, 세련되고, '핫'하고 감각 있고, 어디서 비싸게 주고 샀나 했더니…. 알고 보니 5만 원! ZARA, MANGO, H&M, Uniqlo, Forever 21 등 그야말로 패스트 패션의 전성시대다.

　고객은 쉽게 구입하고, 쉽게 버리고, 또 쉽게 구입한다. 하지만 스타일 구기는 제품은 Oh, No! 디자인 좋으면서 싸게 살 수 있는 제품을 선호한다. 내 구미에 딱 맞고, 나를 돋보이게 해 주면서, 하지만 결코 부담스럽지 않은 가격으로…. 옛날처럼 싸다고, 많이 준다고, 먹히는 시대는 끝났다. 스타일! 스타일로 승부를 보자.

적당한 가격에, 품질과 스타일은 더 그럴싸하게 _____ .

눈 높은 고객의 구미를 맞추기 위해, 트렌드를 빨리 캐치하고, 먹기 좋게, '보암직도, 먹음직도 하게' 밥상을 차려 보자. 10년 전만 해도, '명품 ST(일명 짝퉁)'라고 하면, '명품도 아닌 것이, 명품도 아닌 주제에, 어디 감히 명품 비슷하게 따라 하냐'는 식이었다.

하지만 요즘은 다르다. 미디어의 발달에는 한계가 없고, 이제 셀럽(유명인을 뜻하는 Celebrity의 줄임말)들과도 SNS로 소통이 가능한 시대, 우리는 세계 패션 트렌드를 안방에서 쉽게 구경할 수 있는 시대를 살고 있다. 덩달아 내 지갑은 얇지만 눈은 명품 스타일에 꽂혀 있어, 참으로 난감하기 그지없는 상황이다. 사고는 싶은데 사기에는 너무 비싸고, 내 취향은 이미 '고급스러워져서' 싸구려는 싫고…. "기꺼이 우리가 맞추어 드리지요! 좀 더 멋져 보이게, 좀 더 고급스러워 보이게, 좀 더 '핫'하게…."

수백만 원을 주고 사야 되는 명품도 한 해 지나면 옛날 스타일이 되어 버린다. '굳이 내가 그렇게까지 비싸게, 심지어 몇 번 든다고….' 차라리 비슷하지만 고급스럽고, 쉽게, 여러 개 살 수 있는 몇 십만 원대의 제품에 손이 더 가게 된다.

한 시즌 안에서도 유행이 몇 번이고 바뀐다. 적당한 가격에, 품질과 스타일은 더 그럴싸하게, 홈쇼핑 패션은 그렇게 지금도 급변하고 있다.

식품

오감 자극으로
입맛 세포를 깨우다

영화 속으로 풍덩 들어간 느낌의 4DX 영화는 온몸의 세포를 깨워 놓는다. 바람의 냄새, 카레이서의 정신없는 질주, 흔들리는 비행기, 심장에 울려 퍼지는 사운드…. 오감이 충분히 자극될 때, 우리는 더 깊이 몰입할 수 있다.

안타깝게도, 냄새를 전해 주는 TV가 아직까지 발명되지 않았기에, 호스트들은 향을 말로, 그림으로 전달해야 한다. 호스트는 직접 매장에서 만져 볼 수 없는 고객을 대신해, 마치 바로 옆에서 하나씩 들춰 보고, 만져 보는 것처럼 생생하게 식품의 촉감을 전달해야 한다. TV 속 장사라는 경계를 넘어, 우리가 할 수 있는 시각 자극, 청각 자극을 더욱더 극대화해서, 후각과 촉각 자극의 부족한 점을 메워 보자.

식품은 신선함이다 _____.

신선하게 물이 오른 채소들은 맑고 청아한 악기 소리를 낸다. 매끈하고 반짝이는 껍질을 더욱 돋보이게 하기 위해, 때로는 분무기로 약간의 이슬을 만들어 줘도 좋다. 영롱하게 이슬 맺힌 싱싱한 과일을 보고 있노라면, "나 한번 잡숴 봐~ 끝내줘!"라고 내게 말하는 것 같다.

민낯보다 분칠한 얼굴이 더 예쁘지 않겠나. 판매하는 상품이 더 먹음직스러워 보이기 위해, 잘 닦고, 반짝거리게 진열하는 건 기본이다. 방송 전, 호스트는 스튜디오에서 상품의 위치나 색깔 상태가 건강하고 신선하게 보이는지 체크해야 한다.

소리로 자극하라 _____.

"아삭아삭~ 추릅추릅~"

"후루룩~ 후루루루룩~ 쩝쩝, 후~ 후~"

한 호스트가 먹는 소리를 들려준다. 이때, 옆에서 같이 진행하는 호스트는 멘트를 하지 않는다. 식품은 식품에서 나는 '자체 소리'만으로 멘트가 된다. "내가 먹을 때, 멘트는 하지 말고 듣고 있어."라고 백번 얘기해도, 그새를 못 참고 선배가 먹는 동안 옆에서 조잘조잘 멘트를 하는 후배 호스트들이 있다. 왜 멘트를 하지 말고 가만히 있으라고 하는지를 제대로 이해하지 못해서이다.

사람이 내는 소리로 의미를 만들어서 식품의 신선함을 전달할 수도 있겠지만, '신선함'을 표현하는 가장 좋은 방법은 '식품이 스스로 내는 소리'다. 그 소리를 막 내고 있는데, 옆에서 다른 말을 해 버리면 식품의 맛있는 소리가 오롯이 전달되지 못한다. 식품의 신선함을 보여 줄 때는 '자체 소리'에 집중해 보자.

시각으로 자극하라 _____.

보기에도 침이 줄줄 흐르게 만드는 그림. 세트와 인서트(상품 보조 영상)의 때깔이 좋으면, 반은 성공했다고 본다. 저걸 어떻게 안 먹고 배길 수 있으랴!

세트팀이 예쁘게 진열해 주면, 호스트는 스튜디오에서 방송 시작 전에 세트에 놓인 식품의 위치가 먹음직스러운지, 동선은 자연스러운지, 신선하게 보이는지를 반드시 체크해야 한다. 특히 스튜디오가 많이 건조해, 촉촉해 보여야 되는 상품이 방송하는 1시간 동안 비실비실하게 화면에 비춰질 수도 있다. 따라서 '과일' 방송을 할 때는 분무기를 테이블 아래에 두고, 방송 중간중간 상품이 마르지 않도록 한 번씩 뿌려 가며, 방송 시간 내내 상품이 신선해 보이도록 노력해야 한다.

1초도 놓치지 않고, 예쁨을 유지하는 상태로 보여야 한다. 오렌지, 키위, 사과, 만두의 육즙, 생선의 촉촉함, 오징어의 탱탱함을 보여 주기 위해서 호스트의 현란한 손놀림이 필요하다. 즙이 많은 식품은 '뚝! 뚝! 뚝!' 떨어지는 즙을 어떻게 보여 줄 것인지를 고민해야 한다. 생선의 속살을 보여 줄 때에도 뼈를 어떻게 발라야 살이 더 통통하고, 촉촉해 보이는지를 백번 연습해야 한다.

맛있게 보여 주기 위한 모든 장치가 잘 세팅되었는지 수시로 점검해야 한다. 막상 방송이 시작되면, 화면에 시연해서 보여 줄 사람은 호스트 혼자다. 이 때문에 협력사가 준비를 잘해 준다 하더라도, 내 손에 익숙하고 편한 준비물들이 제자리에 없다면, 그날 방송은 망치고 만다.

하다못해, 주방 장갑, 행주, 집게가 제대로 놓여 있는지까지도 섬세하게 체크, 또 체크하라. 맛있게 들려주자. 맛있게 보여 주자. 맛있게 방송하자.

건강식품

채울 수 없는
생의 욕망

'소멸'에 대한 공포는 다섯 살 아이에게도 나타나는 현상이다. 아동 책에 죽음에 대한 소재가 늘 등장하는 것도(물론 성인 책들만큼 무겁게 다루지는 않지만 강아지의 죽음이나 조부모의 죽음에 대한 이야기들은 단골 소재다), 어쩌면 우리는 뇌가 만들어지는 그때부터 죽음과 삶에 대한 질문을 해 왔기 때문인지도 모르겠다. 생로병사의 비밀을 다루는 프로그램은 TV가 없어지는 그날까지 '불로장생'할 것이다.

캡슐 유산균, 전쟁의 서막 _____.

홈쇼핑 건강식품이 춘추전국시대를 맞이한 건 2012년부터다. 그 전까지의 홈쇼핑 건강식품은 애석하게도 비타민류, 오메가3, 홍삼 정도가 주를 이루고 있었다. 그 사이사이, 간, 관절, 위에 좋다는 건강식품을 간간히 끼워서 방송하는 정도였지, 지금처럼 이렇게 다양한 건강식품을 판매하지는 않았다.

그런데 2012년 봄, 홈쇼핑 방송을 통해 최초로 판매했던 '캡슐 유산균'이 전쟁의 서막을 알렸다. 결국 덴마크 유산균, 여에스더 유산균, 서재걸 유산균 등 유산균도 골라서 먹어야 되는 시대가 되었고, 2014년 퓨어 스피루리나와 에버콜라겐 등의 등장으로 인해 '먹는 화장품', 즉 이너 뷰티 시장이 더 뜨겁게 달아올랐다.

Health & Beauty

'이거 먹으면 뼈가 튼튼해져요. 눈이 맑아져요. 면역이 좋아져요.' 정도로는 부족하다. 이제는 워낙에 다양한 건강식품들이 쏟아져 나오고, 좀 더 잘나고, 좀 더 센 놈(?)을 찾게 된다. 단지 '건강해집니다.' 정도로는 성에 안 찬다. 그래서 이름하여 '헬스와 뷰티의 합방'. 요즘 건강식품의 캐치프레이즈는 "건강해지고, 예뻐지자!"이다. 겉과 속이 다 건강하고 아름다워지는 것.

'스피루리나 → 활성산소 제거 능력 탁월 → 곧 항산화 능력 우수를 의미 → 산화되는 걸 막음' 협력사는 처음에 여기까지 제품의 소구점을 잡아 왔다. 이렇게 해서는 센 한 방이 없었다. 산화를 막아 주는 식품들은 생각보다 많이, 지천에 널려 있기 때문이다. 자, 그럼 우리는 한 걸음 더 들어가 보자.

산화에는 세포 산화, 뼈 산화, 피부 산화, 두뇌 산화, 혈관 산화, 근육 산화 등이 있다. 그중 피부 항산화를 많이 부각시켜 보자. '스피루리나는 항산화 식품이다.'에서 '스피루리나는 피부를 젊게 만드는 항산화 식품이다.'로 기본 방향을 좀 더 세분화하여 잡는 것이다.

그렇다면 항산화를 어떻게 보여 줄 것인가? 학회 자료, 연구 자료, 임상 자료 등을 수집하는데, 특히 피부 쪽 임상 자료를 많이 수집한다. 그리고 영상과 호스트 체험으로 실제의 효과를 보여 준다.

스피루리나는 이미 수십 년 전부터 일본과 미국에서 오랫동안 먹어 왔던, 50여 가지의 영양이 거의 완전히 균형 잡힌 채로 들어 있는 건강식품이다. 그러나 우리는 항산화 식품(health)에 예뻐지고 싶은 욕망(beauty)을 접합시켜 제품을 소구했다. 당연히 론칭부터 매진이었고, 이너 뷰티에 대한 시장의 니즈를 확신했다.

결국, "활성산소를 막지 않으면(산화를 막지 않으면) 노화가 더 빨리 진행되고 병, 사망으로 더 빨리 달려가게 된다."는 '소멸'의 공포를 적당하게 이용한 위협 소구다. 건강식품은 적당한 위협 소구(Negative 소구)와 '젊음'이라는 솔루션(Positive 소구)을 '짬짜면'처럼 골고루 맛볼 수 있게 방송 중에 녹여 내야 한다. 여기에 호스트의 '체험 간증'이 더해지면 금상첨화.

가루 또는 캡슐 상태의 건강식품 상자를 보여 준다고 제품이 나가는 게 아니다. 그 가루가 뭐가 그리 사고 싶다고, 알약같이 생긴 그게 뭐가 그리 맛있어 보인다고 고객이 산단 말인가? 결국 건강식품은 '그래서, 이거 먹으면 효과 있어?'에 대한 답을 보여 주는 거다. 먹어 보지 않더라도, 효과를 예측할 수 있게 만드는 거다. 결국 '의미'를 어떻게 입힐 것인가의 싸움이다.

한 방에 끝내는 걸로 _____.

"게으른 자여, 다 내게로 오라. 내가 너희를 쉬게 하리라."

사실, 건강을 위해서 무언가를 꾸준히 쭉 한다는 것 자체가 불가능에 가까운 시대를 살고 있다. 바빠 죽겠는데, 뭘 그리 내려서, 우려서 먹고 마시라는 건가. 그래서 건강식품은 쉽고, 빠르고, 간단함을 강조한다. '그대여, 이 정도는 할 만하잖아요.'라며….

바쁘니까 쉽게 가자. 바쁘니까 쉽게 먹자. 바쁘니까 쉽게 건강을 찾자. 더도 말고, 덜도 말고 딱 '한 알'로 끝내자. '그까이꺼 누워서도 먹겠다!' 싶을 정도로 간단하게 만들자. 휴대 가능하게, 맛도 있게, 그리하여 고객이 원하는 건강을 땀 한 방울 없이도 획득할 수 있도록 만들어 드리는 것.

예전에는 셰이커를 챙겨 드리면서 "물만 있으면 이렇게 타서 드시면 됩니다."라고 했는데, 요즘은 그것조차도 귀찮아하신다. 잘 생각해 보라. 냉동실에 굴러다니는 미숫가루가 대체 몇 년 전에 사 놓은 건지를…. 사 놓고 번거로워 보이면, 선택의 장애물이 된다.

사람 손을 거부하다 _____.

잊을 만하면 한 번씩 찾아오는 '케미컬 포비아(chemical phobia)'. "에잇, 이렇게 살 바엔 내가 직접 농사짓고 닭 키우고 살아야지!" 믿고 샀다가 뒤통수 맞는 경험을 수도 없이 해 본 우리. 건강식품을 선택하는 기준도 조금 더 까다로워졌다.

1단계	효과 좋아?
2단계	효과 좋아? 안전해?
3단계	효과 좋아? 안전해? 순수해?

이제, 고객의 눈은 3단계를 넘어 더 높은 차원의 세계로 향하고 있으니, 우리는 거기에 맞춰 드려야 될 사명을 가지고 태어난 마케터. 되도록이면 인간의 간섭이 없는, 자연 그대로가 가장 좋다는 건 누구나 공감할 터이고, 자연 그대로를 누가 더 깨끗하게, 누가 더 순수하게 만들어 오느냐가 관건.

보존료나 합성첨가물이 없이 순수한 건강식품을 판매하기 위해서 보존료를 넣지 않아도 보존이 잘되는 포장 기술도 함께 발전해 오고 있다. 굳이, '이상한 거' 안 넣어도 되게 말이다. 저농약, 친환경, 유기농, 로컬 푸드, 동물복지 등의 단어가 이제는 너무나도 익숙한 시대를 우리는 살고 있다.

아마존 우림에서만 자생하는 브라질너트트리에서 채집한 브라질너트. 6,900여 가지의 식품 중 항산화 효과가 뛰어난 셀레륨의

함량이 가장 높은 것으로 알려진 식품이다. 아마존 원주민만 채취할 수 있는 순수한 유기농 식품.

기름도 식용유(옥수수기름이나 콩기름)에서 올리브유, 포도씨유, 코코넛유, 아보카도 오일로, 오일 선택의 진화는 현재 진행 중이다. 풍부한 식이섬유와 함께 혈관을 맑게 해 주는 불포화 지방산이 다량 함유되어 있으니, 이제는 계란 하나를 부쳐도 아보카도 오일로 더 건강하게 만든다.

녹차보다 4배가량 많은 카테킨을 가진 '카카오닙스'. 항산화 효과와 체지방 감소 효과로 다이어트를 하는 이들에게 많은 사랑을 받고 있다. 일반식품이라고 하기에는 너무 잘나서(?), 그냥 그렇게 부르기에는 미안한 아이들(?)을 '슈퍼 푸드'라고 부른다. 우리 몸속에서 슈퍼맨 같은 역할을 해 주기 때문이다. 또한 일반식품과 건강식품 그 중간 즈음에 머물면서, 두루두루 사랑받는 식품인 베리류, 견과류, 씨앗류 등도 꾸준히 고객의 선택을 받고 있다.

우리가 판매할 건강식품이 여기에 잘 부합되고 있는지를 한번 살펴보자. 준비되었는가? 그럼 지금부터 달려 보자!

건강식품

다이어트, 진짜 '리얼'로 가는 거다

껍데기로 방송할 거라면, 그저 그렇게 준비할 거라면, 애당초 시작하지 말았어야 한다. '진짜'를 팔기 위해서는 '진짜'가 되어야 한다. 진짜가 아니라면, 팔면 안 된다. 고객은 이제 더 이상 속아 주지 않는다. 다이어트 방송의 알파와 오메가는 "이거 먹으면, 진짜 빠져요."다.

경험 없이 파는 상품은 '거짓'_____.

"빠질걸요. 한번 해 보세요. 글쎄, 임상실험 자료를 보니, 참가자들 몸무게가 줄었네요."

이런 모호한 멘트가 어디 있나? 남 얘기 하듯 상품을 팔아 보라. 어디 그게 먹히는지. 내가 직접 경험하지 않고 파는 상품은 다 '거짓'이다. 모르고 파는 거다. 먹어 보지 않고, 써 보지 않고, 체험 없는 멘트를 하는 호스트는 거짓말쟁이다.

   다이어트와 금연은 독한 것(?)들이 성공하는 거라고들 하지만, 우리는 독한 영업맨들 아니겠는가? '제대로' 장사하려면 제대로 알아야 한다. 제대로 느껴야 한다.

반전을 보여 주자 _____.

다이어트 상품에 배정을 받으면, 일단 그날부터 식이 조절이 시작된다. 상품 테스트와 함께 과하게 먹지 않고, 적당한 운동을 병행하면서 몸을 만든다. 어떤 이들은 다이어트 식품만 믿고 맘 편히 먹는다고 하는데, 그러면 망하는 거다.

   다이어트 식품은 그야말로 보조제다. 몸을 만드는 과정에서 조금 더 수월하게, 조금 더 빠르게, 효과를 증대시켜 주는 제품이 다이어트 식품이지, 그 자체만 의지해서 막 먹고, 막 살면 안 된다는 얘기다.

   적어도, 다이어트 상품을 기획한다면 3~4개월은 다른 보조식품이 아닌, 딱 그 다이어트 식품만 먹고, 과식을 줄이고, 적당한 운동을 병행하면서 몸의 변화를 지켜봐야 한다. 3개월 뒤, 6개월 뒤, 1년 뒤의 모습은 다르다. 달라지지 않으면 효과가 없는 거다. 그런 팔면 안 되는 거고…. 호스트의 과거부터 지금까지의 모습을 쭉 보여 주면서 진짜 '리얼(real)' 다이어트 방송을 하는 것이 다이어트 방송의 전부다.

10여 년 전만 해도 깡마른 호스트들이 다이어트 방송을 독식했었는데, '이젠 아니올시오'다. 마른 친구들은 밤에 라면을 먹고 자도 살이 안 찐다. 그래서 다이어트의 고통을 알 리가 없다. 물만 먹어도 살이 찌는 '나 같은' 호스트, '평소에 저렇게 마르지 않았는데…. 내가 기억하는 유은정은 통통한 이미지였는데….'라고 기억하는 고객들에게 '반전'을 보여 드리는 게 진짜 방송이다.

교육문화

'시원스쿨', 유은정
왕초보 탈출 프로젝트

"은정아, '땜빵'으로 두 번만 들어가라."

내가? 내가? 지금, 나 보고 들어가라고? 그것도 영어 방송을? 이 무슨 날벼락이란 말인가.

"저, 영어 못하는데요."

"어, 알아. 그냥 선생님 옆에서 보조 맞춰 드리기만 하면 돼."

"오… 신이여, 저에게 왜 이런 고통을…."

그랬다. '시원스쿨' 상품은 처음부터 내 새끼(?)가 아니었다. 잉태하고, 키우고 가꾼 어미가 따로 있었으니, 필자는 그저 일종의 보모 역할을 하는 것만으로도 벅찬 아이였다. 원래의 친엄마는 스케줄이 어찌어찌 꼬여서 '한 달 정도 일단 네가 맡아서 잘 키워 보라'는 거였다.

이놈(?)의 영어는 필자에게 '가까이하기엔 너무나 먼 당신'이었기에, 방송 편성표를 보면서 머리카락이 백 개는 빠지는 기분이었다. 도통 아는 게 없으니, 무슨 말을 해야 될지도, 어떻게 팔아야 할지도 감이 안 잡혔다.

한계를 두지 마라 _____ **.**

잘해야 될 것만 같았다. 영어를 손 뗀 지 15년도 넘었는데, 무슨 영어 상품을 팔라고 하는지…. 300개 가까이 되는 강의를 며칠 만에 다 볼 수도 없는 노릇이었다. 솔직히 말해, 방송 사고만 안 내고 무사히 끝냈으면 하는 소망으로 들어갔다. 첫 방송은 그런대로 무난히(?) 끝냈다. 그런데 두 번의 방송을 그럭저럭 마치고 나니, 필자의 양심과 자존심에 '스크래치'가 생겼다.

'이건 장사를 하는 것도 아니고, 상품을 아는 것도 아니고, 이도 저도 아니야. 대체, 난 뭘 팔고 나온 거지?'

필자의 장사 철학과는 너무 다르게, 정말 너무 성의 없이 방송을 하고 나온 거였다. 창피하고, 속상하고…. 아니, 짜증에 가까운 불쾌한 감정이 올라왔다. 그리고 그냥 강의를 열어 봤다. '뭔데? 까짓것, 그냥 보자. 보기나 하자.'라는 마음으로 강의를 들었다. '오, 오호! 오~' 재밌었다. 신기했다. 영어가 입에 붙었다.

생각보다 어렵지 않았다. 그렇게 하루에 하나씩, 두 개씩 그게 쌓이고 쌓여서, 방송에서 배운 걸 한마디씩 써 가면서 영어로 나의 감정을 표현하기 시작했다. "Hi, How are you? Fine Thank you, and you?"가 대화의 전부였는데, 이런 영어가 달라지기 시작했다. 첫걸음을 떼는 게 어려워서 그렇지, 하다 보니 재밌었다.

그렇게 공부를 시작했다. 집이 아주 먼 관계로 출퇴근 시간이 2~3시간씩 걸렸는데, 그 시간을 오히려 '나만의 공부 시간'이라 생각하고 꾸준하게 공부했다. 오늘 배운 내용 중에 나온 영어 예문은 달달 외웠다. 그렇게 한 달, 두 달, 석 달, 6개월, 1년…. 결국 '왕초보 탈출'의 기쁨을 맛봤다. 그리고 필자의 방송은 영어 실력이 좋아지는 모습을 시작부터 끝까지 보여 주면서 어찌하다 보니, '시원스쿨' 방송이 '유은정 왕초보 탈출 프로젝트'가 되어 버렸다.

자신을 믿어라

영어 콘텐츠 방송을 하면서, 이제껏 영어를 섞어 가며 방송하는 호스트는 단 한 명도 없었다. 필자가 새로운 방송 포맷을 만든 거다. 진짜 '제대로' 하고 싶은 마음이 더 컸던 것 같다. 그리고 '시원스쿨'이 진짜 효과 있는 상품인지 필자 스스로가 샘플이 되어 증명해 보고 싶었다.

장사에 한계란 없다. 내 방송에 한계를 두지 말자. 그리고 아무리 까다로운 상품, 어려운 상품도 그저 죽으라는 법은 없다. 하다 보면 길이 나오고, 그 길이 비포장도로일지라도 달리다 보면 잘 닦인 길도 만난다. 그냥 하자. 부딪히자.

희망을 팔아라 ____ .

교육문화 상품들의 핵심은 '배움'이다. 우리가 배우고자 하는 근본 이유는 지금의 삶을 바꾸고 싶어서, 더 멋진 미래를 만들고 싶어서다. 그런 깊은 니즈를 잘 자극해 줘야 한다. 필자 또한 주부로 8년 넘게 살면서 '자기 계발'에 대한 목마름이 컸던 만큼, 시원스쿨을 판매하는 마음이 남달랐던 것 같다.

쇼핑 호스트로 상품을 판매하는 것에 그치는 것이 아니라, 상품 덕분에 나도 더 나은 내가 되는 것. 바로 이러한 '일석이조' 파트가 교육문화 카테고리다. 일을 하면서 자기 자신에게도 배움과 도전이 있는…. 내가 상품을 키운다고 생각하지만, 상품이 나를 키우기도 한다. 우리는 같이 성장하는 것이다.

함께 걸어야 멀리 간다 ____ .

"아는 것을 안다고 하고, 모르는 것을 모른다고 하는 것이 말의 근본이다." 순자의 명언이다. 그런데 왜 못하는 것을 부끄럽다고 생각했을까? 부족한 걸 인정하기 싫었던 걸까? 이것밖에 안 된 내 모습을 들키기 싫었던 걸까? 고상한 척, 잘난 척, 다 아는 척하고 있었으니, 당연히 막힌다. 안 풀리는 실타래를 붙잡고 언제까지 싸울 건가. 타깃이 '왕초보'들을 위한 영어인데, 스스로 왕초보임을 왜 인정하지 못했던 걸까?

"고객님, 왕초보죠? 그럼 이거 쓰세요. '영어가 안 되면 시원스쿨'이니까요."

'귀신 방귀 뀌는 소리'나 하고 있으니, 영 '통(通)'할 리가 있나. 같이 걷는 거다. 동병상련이다. 우리는 함께 힘들었던 거다. 그리고 같이 이겨 내는 거다. 그리고 필자는 좀 더 솔직해지기로 했다. "저 그냥 못해도 해 볼게요."라고…. 그러면서 같이 변화를 맛보는 거다. 마라톤과 같은 영어를 함께 달리면서, 물도 나눠 먹고, 서로 응원하는 그런 사이.

고객은 친구다. 좋은 친구. 필자는 '친구들'이 쉴 수 있는 어깨가 되어 주고 싶다. 함께 걷는 이 길이 늘 즐겁다.

PART 5

고수의 말하기

방송을 하는 사람, 사람들 앞에서 강연하는 사람은
생각을 소리로 전달하기에 앞서
본인이 좋은 악기인지를 먼저 점검해야 한다.
기본적으로 본인이 가진 소리에 대한
객관적이고 정확한 진단이 필요하다.

말,
기본기부터 다져라

"말을 잘하고 싶은데 말이 안 나와요."
"말은 나오는데, 이게 맞는 말인가 싶어요."
"말을 하고 있긴 한데, 이게 안 먹히는 것 같아요."

참 쉬운 듯하지만 어려운 '말'. 말을 잘한다는 건 어떻게 한다는 이야기일까?

침묵, 눈빛, 손짓, 몸짓 모든 것이 말 _____ .

쉽게 생각해서, 말을 한다는 것은 본인이 가지고 있는 머릿속, 가슴속에 자리 잡은, 또는 정리된 생각들을 소리 언어로 뱉는 것을 '말을 한다'라고 한다.

여기서 하나 짚고 가자. 흔히들 소리 언어만을 말이라고 하는

데, 필자가 말하고 싶은 이야기는 소리 언어뿐만이 아니다. 보디 랭귀지도 말이다. 눈빛도 말이다. 때로는 침묵도 엄청난 힘을 가진 말이다.

많은 사람들이 말을 한다고 하면 일단 입을 열고 시작하는데, 말이란 본인의 생각과 느낌을 전달하는, 사람이 가지고 있는 모든 의사소통의 통로, 수단을 말한다. 필자는 실제 방송에서 수년간 말을 하면서 소리 언어만을 이용하지는 않았다. 침묵, 눈빛, 손짓, 몸짓, 모든 것이 말이었다.

침묵 언어가 주는 힘

예를 들어 보자. 엄마가 아이 때문에 열이 올라, 아이를 쏘아붙이며 한참 동안 '다다다다' 쉬지 않고 하이 톤으로 아이를 나무란다. 아이는 듣는 둥 마는 둥, 엄마를 보는 둥 마는 둥, 완전 '개무시'다.

반면 아이를 야단칠 때 쉬지 않고 내뱉는 잔소리가 아니라 저음으로, 천천히, 눈을 쏘아본다. 이때 3~4초 정도의 정적이 흐른다.

"너! 엄마가 이야기했지?"

침묵, 그리고 다시 레이저! 오히려 이렇게 엄하게, 소리 언어의 공백을 중간중간 섞어서 의사를 표현하는 것이 쉬지 않고 쏘아붙이는 음성 언어보다 더 잘 먹히는(?) 경험을 해 본 엄마들은 침묵 언어가 주는 힘을 어느 누구보다 잘 알고 있으리라 믿는다.

때로는 영화의 음향이 그 어떤 대사보다 울림이 크다는 걸 우리는 안다. 무서운 장면에 소름 돋는 배경 음악, 다들 숨죽여 주인공의 여정을 따라가노라면 뭔가 섬뜩한 물체가 나타날 것 같은 순간…. 모든 음악은 꺼지고 주인공의 심장 소리만 쿵, 쿵, 쿵, 떨리듯 들려온다. 이처럼 정적 속 심장 소리는 그 어떤 대사보다 무섭다.

최근 개봉되었던 영화 「노무현입니다」에서 노무현 대통령의 스토리들이 격정적으로 고조되는 가운데, 마지막 노무현 대통령의 상여차가 보이고 광화문에 민중들이 모여 격정의 눈물바다가 되는 그 순간, 감독은 모든 소리를 차단했다. 스크린 앞의 관람객들의 흐느낌, 울음소리, 그리고 관객 스스로 자신의 마음의 소리와 만나길 바라는 마음이었을까? 영화의 하이라이트에는 그 어떤 음향도, 그 어떤 장식도 없었다. 오히려 무음이 더 큰 울림으로 다가온 영화. 이 영화에서 감독은 침묵 언어를 아주 적절히 사용한 것이다. 이것이 바로 침묵이 주는 힘이다.

좋은
악기가 되어라

음성 언어로서의 말 _____.

좋은 목소리란 어떤 목소리일까? 목소리는 사람마다 제각각이기 때문에 콕 짚어서 '이 목소리가 가장 좋다'라고 단정 짓기 힘들지만, 보편적으로는 대부분의 사람들이 들었을 때 편안함을 느끼는 목소리, 정확한 발음, 안정적 음성을 기본적으로 좋은 소리라고 말할 수 있다.

방송에서 좋은 목소리란 어떤 목소리일까? 방송을 하는 사람들, 또 사람들 앞에서 강연을 하는 사람들은 생각을 소리로 전달하기에 앞서 본인이 좋은 악기인지를 먼저 점검해야 한다. 기본적으로 본인이 가진 소리에 대한 객관적이고 정확한 진단이 필요하다.

태어나서 지금까지 들어 온 가장 익숙한 소리이고, 가장 많이 들었던 소리이기에, 사람들은 본인의 목소리에 대해서 스스로 제3자의 입장에서 판단하기 어렵다.

선배들로부터 배워 신입 때부터 수년간 해 왔던 필자의 노하우 중 하나는 바로 녹음기로 연습하는 것이다. 요즘은 스마트폰에서 녹음 기능이 잘되어 있어서 수월하게 듣고 체크하기가 더 쉬울 것이다. 신문 기사, 영화 대본을 하나씩 읽어 가며 녹음된 자신의 목소리를 들어 보자.

처음 듣고 있노라면 닭살이 돋을 만큼 오글거리겠지만, 잘 견디고 듣다 보면 내 목소리를 좀 더 찬찬히 뜯어서 분석해 볼 수 있다. 소리의 높이가 너무 높지 않은지, 말의 속도가 너무 빠르지 않은지, 발음은 정확한지 등, 14년 동안 방송하면서 이보다 더 좋은 방법은 없었다.

녹음해서 매일매일 자신의 소리를 체크하고, 반성하는 것. 한 번은 하지만 1년, 2년, 10년 동안 자신의 목소리를 가다듬고 연습하는 사람은 많지 않다. 많지 않기 때문에 더 다듬어져서 특별한 보석 같은 소리를 갖게 된다. 희소성이 생긴다. 따라서 정성을 다해 늘 자신의 목소리를 가꾸고 다듬어야 한다.

말의 색깔 · 온도 · 높낮이 _____.

말의 전달력을 높이는 첫 번째 미션은 '소리 다듬기'이다. 소리의 높낮이, 박자, 포즈, 이 모든 것이 결합이 되어 '맛깔나는' 음성을 만들어 낸다. 방송 잘한다는 아나운서, 왠지 끌리는 쇼핑 호스트…. 가만히 그들의 소리를 분석하고 들어 보면, 고·저·장·단이 분명히 있다.

이 고·저·장·단은 방송에서 표현되기 어렵다. 특히 홈쇼핑 방송에서는 딱 짜인 대본대로 움직이지 않기 때문에, 때로는 '정신줄'을 놓고(?) 입부터 열어 쉼 없이 소리를 뱉다가 나올 수도 있다.

누군가는 방송을 맛깔스러운 소리로 채우고, 누군가는 방송을 단조로운 소리로 채운다. 우리의 목소리는 악기다. 이 악기를 잘 다루는 것이 중요하다. 본인이 어떤 음색, 어떤 소리를 만들어 낼 수 있는지 끊임없이 갈고닦고 연습하여 더 좋은 소리를 찾지 않는다면 소리에도 노화가 온다. 녹슨다.

깨끗한 소리

요즘 조정석 씨가 등장하는 한 맥주 광고의 카피가 눈에 들어온다.

"당신의 맥주에 잡미가 있는지 없는지, 3초면 알게 된다."

우리가 내뱉는 소리도 이 맥주처럼 청아하고 맑아야 한다. 깨끗하고 맑게 술술 넘어가는 맥주처럼, 술술 넘어가는 말, 귓속으로 술술 들어오는 말이 되어야 한다.

깨끗한 소리는 정확한 발음에서 시작된다. 그 어떤 단어가 등장해도, 그 어떤 소리를 빠르게 또는 천천히 뱉어도, 늘 어떤 상황에서든 정확하고 깨끗한 소리가 튀어나오려면 정말 매일매일 연습이 필요하다. 필자가 했던 방법 중 하나는 익숙하지 않은 발음부터 연습하는 것이었다. 아나운서를 준비하며 흔히들 "간장공장 공장장"부터 연습하기도 하는데, 뭐가 됐든 좋다! 일단 하자.

필자는 "간장공장~" 대신 성경을 택했다. 성경에는 'ㄴ', 'ㄹ' 발음도 상당히 많고 현재 사용하지 않는 단어들이 많이 등장해서, 성경도 보고, 발음 연습도 하기에 좋았다. 또 신문 기사를 큰 소리로 읽어 가며 보는 것도 많은 도움이 된다.

자, 지금부터 시작해 보자. 알지만 하지 않는 사람과 실천하는 사람의 차이는 분명 엄청나다. 자신을 믿고 지금부터 자신이 가진 악기를 더 다듬고 만들어 가는 작업, 습관은 인생을 바꾼다.

하루 10분 발음 연습의 힘 _____ .

발음 연습표 (출처: 최병학, 「방송화술」, 아침기획, 2002)

갸	괴	겨	귀	교	궤	규	계	과	괘	궈	개
냐	뇌	녀	뉘	뇨	눼	뉴	녜	놔	놰	눠	내
댜	되	뎌	뒤	됴	뒈	듀	뎨	돠	돼	둬	대
랴	뢰	려	뤼	료	뤠	류	례	롸	뢔	뤄	래
먀	뫼	며	뮈	묘	뭬	뮤	메	뫄	뫠	뭐	매
뱌	뵈	벼	뷔	뵤	붸	뷰	볘	봐	봬	붜	배
샤	쇠	셔	쉬	쇼	쉐	슈	세	솨	쇄	쉬	섀
야	외	여	위	요	웨	유	예	와	왜	워	애
쟈	죄	져	쥐	죠	줴	쥬	제	좌	좨	줘	재
챠	최	쳐	취	쵸	췌	츄	체	촤	쵀	춰	채
캬	쾨	켜	퀴	쿄	퀘	큐	케	콰	쾌	쿼	캐
탸	퇴	텨	튀	툐	퉤	튜	테	톼	퇘	퉈	태
퍄	푀	펴	퓌	표	풰	퓨	폐	퐈	퐤	풔	패
햐	회	혀	휘	효	훼	휴	혜	화	홰	훠	해

평소 차 안에서, 화장실에서, 한 번씩 꺼내 보면서 하루 10번만 따라 해 보자. 화살표 방향으로 왼쪽에서 오른쪽으로 또는 반대로 오른쪽에서 왼쪽으로, 위에서 아래로 또는 아래에서 위로 또는 사선으로…. 오늘 화장실에서, 지하철에서, 핸드폰 검색으로 보내는 10분, 15분을 발음 연습으로 채워 보는 건 어떨까?

하루 10번이, 열흘이면 100번이고, 한 달이면 300번이고, 일 년이면 3,650번 연습하는 것이다. '처음부터 3,000번? 뜨악!' 하겠지만 믿어라. 하다 보면 습관이 된다. 필자는 이 발음표를 작게 프린트해서 지갑에 항상 넣고 다녔다. 우리가 버리는 시간, 의미 없이 흘려보내는 시간은 생각보다 엄청나다.

오늘부터 큰 욕심은 버리고, 일단 시작하는 게 중요하다. 뭐든 시작부터 너무 힘을 내면, 금방 지친다. 힘을 빼고 그냥 설렁설렁 따라 해 보자.

결론이 곧 오프닝이고,
오프닝이 곧 결론이다

"안녕하세요? ○○○입니다. 오늘은 여러분께 △△△를 보여 드릴 건데요. 여러분 혹시, 이럴 때 없으세요?"

"안녕하세요? ○○○입니다. 날씨가 어쩌고저쩌고 하죠. 건강에 유의하시길 바랍니다. 여러분, 오늘은 ㅁㅁㅁ 제품을 보여 드립니다."

어쩌면 이리도 다 똑같이 말문을 여는지, 어디서 이렇게 하라고 교육이라도 받고 온 건지…. 생각보다 많은 호스트들이 유사한 어투와 비슷한 맥락으로 프레젠테이션을 진행한다. 정말 너무도 신기할 정도로….

비슷한 PT는 지루할 뿐이다 _____ .

아니, 왜 맨날 '안녕하세요?'만 하냐고! 하다못해 '어서 오세요.'도 있고, '잘 지내셨죠?'도 있고, '오늘 하루 어떠셨어요?'도 있고…. 그런데도 항상 안녕하냐고 묻는다. 인사를 그렇게 하지 않아도 된다. 안녕한지 안 물어도 안녕하다!

많은 후배들이 선배의 방송을 모니터링하고, 또 비슷하게 따라 하고, 다시 그 비슷해진 PT는 재생산되어 반복되고…. 너무나 비슷하게, 너무나 지루하게 진행한다. 정말 '놀랄 노 자(字)'다. 그래서 필자는 방송 아카데미 출신 후배들을 데리고 방송을 하면, 늘 '배웠던 거 다 갖다 버려라!'라고 한다. 왜 그렇게 말하는지에 대한 '자기 생각'이 없는 호스트의 말은 가슴을 관통하지 못한다.

시작을 어떻게 할 것인가 _____ .

소개팅에서 첫인상으로 마음을 결정하는 시간은 3초.

면접관이 인재 채용에 들이는 1인당 평균 할애 시간은 5분.

홈쇼핑 평균 시청 시간은 넉넉잡아도 10분 내외.

첫눈에 반하게 하라, 첫눈에 보게 하라, 첫눈에 멈추게 하라! 생각보다 고객은 바쁘다. 집안일을 하면서, 아이 밥 먹이면서, 전화 받으면서, 그냥 특별한 목적 없이 '틀어 놓는 채널'이 바로 홈쇼핑 채널이다. 물론, 목적 구매를 위해 그 시간에 딱 기다렸다가 시청하는 경우도 있지만, 어쩌다 채널을 돌려서 보다가 사는 경우가 훨씬 많다. 고객이 집중해서 들을 여력이 없다는 이야기다.

그런데 온몸과 마음과 내 몸의 모든 세포를 동원해서 처음부터 '딱! 나만 바라봐!'를 만드는 것이 오프닝. 그래서 오프닝은 신선해야 한다. 튀어야 한다. 오프닝에서 기대치를 최고조로 높여야 한다.

분당 몇 천만 원씩을 판매하는 홈쇼핑에서, 날씨 이야기로, 요일 이야기로, 그저 그런, 매일 하는 인사로 몇 분의 시간을 다 써 버린다면? 정 그렇게 날씨를 얘기하고 싶으면, 하더라도 가슴이 울리게 하든가. '돈 까먹기 딱 좋은' 멘트 부자들! 말을 많이 한다고, 길게 한다고, 빨리 한다고 들리는 게 아니다. 매 상품마다, 매 시간마다, 매 상황마다 오프닝은 달라져야 한다.

오프닝에 대한 고정 관념을 다 지우자 _____.

이 상품을 오늘 진행할 때 가장 핵심으로 삼은 콘셉트, 이야기하고픈 가장 강렬한 핵심 키워드! 그것부터 끄집어내어 오프닝부터 강력하게 던지고 시작하자. 전달하고자 하는 가장 핵심 메시지, 그것부터 던지고 시작하는 것!

결론이 곧 오프닝이고, 오프닝이 곧 결론이다. 오프닝만 들어도 다 이해가 되고, 오프닝만 들어도 오늘 지금 이 순간 왜 내가 사야 되는지가 명확해지는 PT.

오프닝에 대한 고정 관념을 다 지워 버리자. 남들이 안 하는, '어떻게 저렇게 말문을 열지?' 싶을 정도로 희한하고 튀는 오프닝을 연구해 보자. 거기서부터 호스트의 경쟁력이 시작된다.

마음의 힘을 빼고
자연스럽게

소리에 힘이 들어가는 진짜 이유 _____ .

목소리에 잔뜩 힘이 들어가는 사람을 만나면, 우리는 한 걸음 뒤로 물러서게 된다. 결론적으로, 소리에 힘이 들어가게 되는 건 마음에서부터 비롯된다. 무언가 강하게 상대에게 호소하고자 하는 욕구가 클수록, 소리의 양이 많아지고, 데시벨이 올라간다. 평소대로 한다는 게, 참 그게 어렵다.

 왜냐하면 스튜디오는 '평소' 같지 않기 때문이다. 소냉노 너무 밝고, 에어컨 때문에 싸늘한 기운이 돌고, 스태프들이 이리저리 바삐 움직이고, 배경 음악은 시끄럽게 깔리고, 바로 옆에서 협력업체는 이깃지깃 부딕하고, 마침 풍파리 한 마리가 들어와 스튜디오에서 뱅뱅 맴돌고…. 한마디로 정신이 없다. 그곳이 바로 당신의 일터다.

그런데 스튜디오가 정신없어서 내가 정신없고, 남들이 날 힘들게 해서 내가 힘든 게 아니라, 사실은 내가 나 자신을 제어하지 못해서 평화가 없는 것이다.

대화와 웅변의 차이, 공간감에서 만들어진다.

많은 호스트들이 스튜디오에 들어가면, 그 정신없는 상황과 소음 때문에 목소리에 힘을 준다. 평소보다 몇 배는 더 크게 '지르는' 이들이 아주 많다.

고객은 지금 스튜디오가 어떤 상황인지 모른다. 집에서 방송을 시청하고 있는 고객들은 자신들에게 힘주어 말하는 호스트들을 보며 "왜 저렇게 소리를 지르는 걸까?"라고 생각하기 쉽다. 정말로 많은 호스트들이 소리를 지른다. 지금 자신이 처해 있는 공간이 어마어마하게 넓기 때문이다. 학교 운동장만큼이나 큰 스튜디오에서 방송을 진행하다 보면, 나도 모르게 운동장 끝까지 소리가 들려야 된다고 생각하게 된다. '공간'이 사람을 그렇게 만드는 것이다. 그렇게 되면 방송은 어느새 '대화'가 아니라 '웅변'이 되어 버린다.

"이 연사, 힘차게 외칩니다!"

자신이 방송 중에 하는 말과 똑같은 크기로, 호스트 휴게실에서 선배에게, 후배에게, 동료들에게, 말을 해 보라. "너, 무슨 말을 그렇게 크게 하니?"라고 할 것이다. 마이크는 그저 장식일 뿐이다. 의식하지 마라. 다시 말하지만, '평소'의 말소리와 '방송'의 말소리는 같아야 한다.

청중들이 많이 모인 강연장이라 할지라도, 필자는 소리를 높이지 않는다. 왜? 소리를 높인다고 더 잘 듣는 것이 아니기 때문이다. 요즘에는 워낙 음향 시설이 좋아서, 작게 말해도 잘 들린다. 걱정 마라. 군중 속에서 내가 군중을 향하여 말을 한다고 생각하는 순간, 난 그 누구에게도 말을 한 게 아니다. 이른바 '삽질'하고 나오는 거다. 100명이 모이든, 1,000명이 모이든, 그들은 '여러 명 중의 하나'가 아닌 '나 한 사람'에게 이야기해 주기를 바란다.

얼렁뚱땅 넘어가려 하지 마라. 한 사람 한 사람의 마음을 챙긴다고 생각하라. 고객은 당신이 생각하는 것처럼 그렇게 만만한 분들이 아니시다.

그래, 그렇게 자연스럽게 _____.

그럼 어떻게 평소대로 자연스럽게 말할 수 있을까? 연습, 연습, 또 연습만이 살길이다. 생각을 통제하고, 감정을 다스리는 방법은 결국 연습뿐이다.

입사 후 몇 년 동안 필자는 '어색하기 짝이 없는' 호스트였다. 목소리도 크고, 눈도 크고, 액션도 크고, 정말 이 몹쓸 몸뚱아리(?)로 방송을 한다는 건 많은 이들에게 '민폐 덩어리' 그 자체였다. 필자가 가장 갈급했던 부분이 바로 '자연스럽게, 편안하게' 방송을 하는 것이었다.

카메라를 볼 때, '저걸 카메라라고 보지 말자. 저건 엄마다, 엄마다, 엄마다…. 저기 우리 삼촌이 계신다. 우리 동생, 우리 동생, 우리 동생….' 이렇게 '나만의 주문'을 외우고 방송에 임했다. 그리고 이 웃긴(?) 주문이 필자로 하여금 스스로 정신을 컨트롤하게 만들어 주었다. 집에서 방송 준비를 할 때, 필자는 무조건 소리를 내어 가며 입을 푼다. 혼자서? 벽 보고? 아니다.

딸아이를 앞혀 놓고 설명하듯이 연습하거나, 심지어 딸아이가 '우리 엄마 왜 저래?'라는 반응을 보이면, 딸이 가지고 노는 커다란 곰돌이를 의자에 앉혀 놓고 얘기한다. 누가 보면 '미친 시추에이션'이라고 할지도 모르겠지만, 뭐 어떤가? 내 집인데….

그런 연습이 수년간 쌓이다 보니, 카메라를 볼 때 '차가운 기계가 내 앞에 있네!'가 아니라, 카메라가 사람으로 보이기 시작했다. 그리고 조금씩 방송이 자연스러워질 수 있었다. 강연을 준비하든, 방송을 준비하든, 지금도 곰돌이랑 실컷 얘기하고 들어간다. 힘을 빼고, 자연스럽게….

'사람들'이 아닌 '한 사람 한 사람'에게 충실할 것. 자연스러움이란 그런 것임을 마음에 새기자.

이기는
대화?

    자신의 견해가 뛰어나다고, 그것에 집착하여 자신의 견해만을 '위'로 본다면, 그 이외의 모든 것을 '뒤떨어진다'라고 생각하게 된다. 이 때문에 그 사람은 논쟁에서 벗어나지 못한다. "나에게는 싸워야 할 견해가 아무것도 없다." 석가모니가 그랬다. 그는 누구에게나 논쟁을 걸 수 있고, 또 이길 수도 있는 분이었다. 하지만 '나에게는 싸워야 할 견해가 없다'고 했다. 이 얼마나 겸손하고 아름다운 자세인가.

전쟁터 속에서 살아가는 우리 _____.

우리는 날마다 전쟁 속에서 살아간다. 자녀들에게, 배우자에게, 져 주는 법을 잘 모른다. 갑자기 끼어드는 차, 그게 뭐라고 순간

입이 더러워진다. 누군가의 지각으로 회의가 좀 늦어지거나, 기획서에 오자(誤字)라도 보이는 날이면 어김없이 분노의 총탄이 여기저기 날아다닌다.

홈쇼핑은 새벽부터 밤까지 '전쟁통'이다. '이게 맞니? 저건 아니네.', '이렇게 보여 주는 게 좋아.', '아니야. 이걸 빼! 저 구성 더 넣어.', '방송 이 따위로 할 거면 너 빠져. 투 호스트 말고, 원 호스트로 갑니다.', '아, 이 상품은 이 사람하고만 진행할래요. 저번에 저 호스트가 했는데, 영 별로였어요.', '내가 시키는 것만 해. 넌 그냥 따라오기나 해.'

뒤에서 얘기하느냐고? 천만의 말씀! 대놓고, "방송, 별로예요."라고 얘기한다. '살 떨리게' 살벌하다. 홈쇼핑에서 '실수'라는 대역죄(?)를 저지른 호스트는 많은 이들 앞에서 '인민재판'을 당하거나, 그런 게 아니면 조용히 '아웃'이다. 소리 없이 편성표에서 이름이 지워지는 건 일도 아니다.

상대를 넘어뜨리려 하면 '사람됨'을 잃는다 _____.

대학을 졸업하고 사회 초년생으로 입사했을 때, 필자는 날마다 눈물범벅이었다. 무슨 욕을 이리도 많이 해대는지, 욕을 하도 많이 먹은 탓에 배불러서, 밥도 안 넘어갔다. '인사를 왜 그 따위로 하냐?'에서부터 시작해서, '멘트가 왜 그 모양이냐?'는 둥 '언제쯤 욕을 안 먹을 수 있을까? 난 누구인가? 여긴 어디인가? 왜 내가 이러고 사나?' 싶은 나날들이 계속 이어졌다.

돌이켜 보면, 욕먹는 게 정상이다. 대학 졸업하고, '아는 게' 있어야지 말이다. 사회생활이 뭔지, 방송이 뭔지, 선후배 관계가 뭔지, 뭐 도통 아는 게 없는 상태에서 밥값을 할 리 없는 '잉여인간'에게 월급을 준다는 건, 회사 입장에서는 '자선사업'을 하는 것 같은 느낌이었는지도 모른다.

한번은 신입일 때 선배를 따라 방송에 들어갔는데, 모 PD(당시 회사에서 매우 악명이 높았던 분이지만, 지금 생각해 보면 그 선배는 날 스파르타로 가르치신 거였다)가 "유은정 씨, 마이크 빼세요. 넌 옆에서 선배 하는 거 보고 서 있어. 말하지 말고….''라며, 스튜디오에서 스태프들이 다 듣는 가운데 큰 소리로 망신을 주고, 방송 중 잠깐 음악이 나가는 사이에 필자를 '아웃'시켰다.

필자는 그저 1시간 내내 꿔다 놓은 보릿자루처럼 스튜디오에서 멍하니 서 있을 수밖에 없었다. 눈물이 나오려는 걸 죽을힘을 다해 참았다. 쥐구멍이라도 찾고 싶었다. 너무 창피하고, '내가 왜 이런 곳에서 이런 수모를 당하나….' 싶었다.

14년이 지난 지금 돌이켜 생각해 보면, 어설프고 부족한 것들이 있었기에 오늘의 내가 있는 거고, 오늘의 내가 계속 고민하고 노력하기에 내일의 내가 있는 거나. '인격'적으로 보녹하면서까지 가르치는 건, 아무리 후배에게 부족한 점이 많다 하더라도 문제이다. 그런 선배에게 후배는 마음으로 존경심을 가질 수 없다.

지금 그 선배는 다른 회사에서 열심히 일하고 계신다고 들었다. 그리고 그때 자신이 왜 그렇게 후배들을 쥐 잡듯이 잡았는지 후회

하고 있으시다고 했다.

돈이 사람을 날카롭게 만들었다. 때때로 우리는 '사람됨'을 잃고 직장 생활이라는 치열한 혈투 속에서 타인을 피 흘리게 만들며 살아가는지도 모르겠다. 홈쇼핑의 세계에서 오래 있다 보니 다들 시퍼런 칼날을 몸에 숨기고, 상대방을 언제 어떻게 찌를지, 어떻게 하면 내가 상처를 덜 받고 상대를 넘어뜨려 이길 수 있을지를 고민하고 있는 슬픈 현실이 눈에 보인다.

말 속에 배려를 담자 _____ .

어릴 때부터 필자의 방송을 모니터링해 주는 선배가 있다. 그 선배는 결코 '잘했어. 괜찮아. 이 정도면 돼.'라고 말씀하시지 않는다. 그야말로 처참하게 모니터링을 한다. "왜 여기서 이런 멘트를 했어? 무슨 생각으로 이런 시연을 했어?" 한참을 그렇게 이야기하시고는 "독약도 약이다. 마셔라." 하신다.

필자는 그런 이야기를 하는 선배의 말뜻이 뭔지 안다. 듣기에 거북하고 쓰지만, 너에게 약이 되라고 하는 소리니까 새겨들으라는 말이다. '기꺼이 받아 마시겠나이다.' 사랑이 첨가된 독약은 아무리 마셔도 죽지 않는다. 아니, 그야말로 '효과 직방 강장제'가 된다. 하지만 사랑이 빠진 '지적'과 '신랄한 비판'은 언젠가 독이 되어 당신에게 돌아갈 것이다.

우리는 날마다 수십 명의 협력 업체 관계자들, 스태프들과 만나 하루 종일 회의하고, 의견을 맞춰 나간다. 피 터지는 논쟁의 홍수 속에서 살아간다. "안 돼요."라고 말할 때, 이 말 속에 그들을 향한 배려가 있는지 먼저 생각해 보자. '나 중심'으로 나만 편하자고 논쟁을 만들고, 싸워서 이기려 하고, 내 생각만이 맞다고 고집할 때는 일이 잘 안 풀린다. 나도 모르게 상대의 마음에 분노의 씨앗을 심어 놓기 때문에 일을 하면 할수록 적만 많아질 뿐이다.

지혜로운 논쟁

요즘 서점가에는 설득법, 논쟁에서 이기는 대화법, 상대를 내 편으로 만드는 방법 등의 내용을 담은 책들이 많이 쏟아져 나온다. 그런데 필자는 누군가를 설득하고 싶지 않다. 그저 이야기를 나누고 싶을 뿐이다. 일방적으로 한 사람만을 위해 다수가 존재할 수는 없다. 우리는 서로 주고받으면서 사는 존재이다.

논쟁은 할 수 있다. 단, 말로 사람을 찌르는 건 안 된다. 피 흘리게 해서는 안 된다. 많이 공부하고, 많은 경험이 쌓이고, 논리적으로 더 현명한 대안을 제시할 수 있을 때, 그 논쟁은 좋은 결론으로 빛이 날 것이다. 하지만 간혹 내가 선배라고 또는 내가 윗사람이라고, 막무가내로 진행하는 상명하달식의 회의, '넌 아직 뭘 모른다'는 식의 암묵적 부시, 냉소, 냉대는 조직을 병들게 만든다. 사람 밑에 사람 없고, 사람 위에 사람 없다고 하지 않던가.

자꾸 이기려고 하지 말자. 자꾸 '나'를 고집하지 말자. 내려놓고, 들을 줄 알아야, 상내방도 이 피곤한 싸움을 끝내려고 할 것이다. 지혜로운 논쟁이 필요하다. 그래야 오늘 즐겁게 일할 수 있다.

'소리'를 만들다

"아니, 이제 와서 성악을 배운다고? 네가?"
선배들이 그랬다.
"다 늙어서 웬 성악?"
배움에 늦고 빠름이 어디 있겠는가? 필자가 성악을 배우고 싶었던 건 '소리'가 뭔지 알고 싶어서였다. 거창하게 전공까지 할 것도 아니고, 이미 쇼핑 호스트로 일을 하고 있는 상황이니 바쁘기도 해서, 일주일에 두 번씩 없는 시간을 쥐어짜서 성악과에서 공부하는 대학생 사촌 동생에게 네가 선생이 될 기회를 주겠다고, 지금이 용돈을 벌 수 있는 절호의 찬스라고 꼬드겼다. 동생은 사촌 언니의 제안에 기꺼이 응해 주었고, 한동안 필자는 제법 재밌게 노래하면서 스트레스도 풀고 소리를 다루는 법을 나름 터득할 수 있었다.

몸이 내는 소리를 관찰하자 _____ .

아무리 생각해도 신은 인간을 정말 놀랍고 신기하게 만들었다. 사람이 낼 수 있는 소리는 실로 다양하다. 사촌 동생은 처음에는 쉬운 노래를 가르치다가, 목소리 근육이 점점 단련되자 나중에는 오페라 「마술피리」에 나오는 '밤의 여왕' 아리아 악보까지 들이밀었다. 머리 꼭대기를 뚫고 우주 저 끝까지 닿을 듯하게 소리를 분출해야 나올 듯 말 듯한 그 어려운 곡을 맡기면서 "언니, 한번 해 봐. 할 수 있어!" 했다.

할 수 있다, 할 수 있다, 할 수 있다! 그래서 불렀다. 그냥 머리가 아프다 정도가 아니라, 진짜 두개골이 얼얼해지는 느낌. 이런 느낌 처음이야! 물론, 뭘 그리 잘 불렀겠는가. 하지만 고음을 내기 위해서는 소리가 어디로 나가야 되는지를 제대로 경험한 시간이었다.

자, 소리를 다음과 같이 분류해 보자.

높은 고음 ···▶ 이마 위 머리끝에서 나는 소리(코 찡긋, 이마 찌릿)

중음 ···▶ 가슴에서 나는 소리

저음 ···▶ 배를 얼 내 나는 소리, 횡석막을 열고 내는 소리

음역대를 다양하게 연습해 보고, 소리가 어디에서 나오는지 몸으로 느껴 보자. 하다 보면 소리의 높이나 굵기를 조절하는 능력을 자신도 모르게 터득하게 될 것이다. 유·아동 서적이나 교구를

판매할 때 필자는 약간 높은 음역대가 된다.

한 번은 '여자 성시경'이라 불리는 후배를 보조 진행자로 데리고 들어갔는데, 첫 오프닝부터 그녀는 너무 힘들어했다. 왜? 목소리를 띄운다는 걸 할 줄 몰라서이다. "선배님, 저는 선배님처럼 발랄하게 인사 못하겠어요." '엥? 이건 또 뭐지?'

늘 중저음대의 목소리인 그녀는, 뭘 해도 너무 차분하고, 뭘 해도 너무 우아하며, 뭘 해도 너무 무겁다는 지적을 받았다. 호스트는 팔색조여야 하는데, 그 친구는 아이들 관련 상품은 거의 맡을 수가 없었다. 아이들을 위한 상품, 경쾌한 분위기를 만들어 줘야 하는 상품, 저관여 상품은 살짝 목소리를 높여 주는 것도 괜찮다.

고음의 목소리 : 흔히 '두성'이라 말하는 목소리. 높은 소리는 사람을 긴장시키고, 맥박을 뛰게 만든다. 하지만 높은 소리와 시끄러운 소리는 분별해야 한다. 음역대가 높다고 거기에 소리의 양을 조절하지 않은 채 '*ff*(포르테시모)'로 질러만 댄다면, 고객은 당장 귀를 막고 돌아설 것이다. 너무 높은 소리로 한 시간 내내 진행하는 건 상대방을 피곤하게 만들 수 있다. 적절히 섞어 보고, 잘 맞아떨어지는 소리를 찾아보자.

중음의 목소리 : 무난하게 어떤 상품을 판매해도 잘 어울릴 수 있는 목소리다. 하지만 상대방에게 자칫 밋밋하게 들려서, '엣지(edge)'가 없어 보일 수도 있다. 책, 가전, 건강식품에 제법 잘 어울리는 목소리로, 설명을 차분하게 하는 데 유용하나 호소력이 부

족해 보일 수도 있다. 적절히 고음과 저음을 섞어 보거나 목소리에 박자감을 더해 보자. 중음의 목소리로 오랫동안 같은 톤, 같은 속도로 방송을 진행하면, 고객들은 이를 자장가처럼 들을 수도 있다.

저음의 목소리 : 처음에는 횡격막을 연다는 게 무슨 의미인지 머리로 잘 이해되지 않았다. 사촌 동생은 "언니, 턱을 아래로 당겨 봐."라고 했다. 그런데 턱을 아래로 당기는 것만으로도 소리가 좀 더 아래로 내려가는 느낌이 들었다. 가슴 밑바닥에서 폐를 완전히 열어서 소리를 내는 것. 우아하고 차분한 목소리, 상대방에게 신뢰감을 줄 수 있는 목소리로, 가전이나 가구, 시공 상품에 잘 어울린다. 보통 중요하고 심각한 이야기를 할 때 '목소리를 깐다'고 하는데, 엄마가 하이 톤으로 잔소리를 하는 것보다, 중저음으로 하는 게 더 잘 먹히는 건(?) 아이들 키우는 엄마들은 잘 알 것이다. 고객을 집중시키기 위해, 발랄하게 고음으로 하다가도 한 번씩 중저음으로 음역대를 낮추기도 한다. 적절히 여러 음역대를 섞어 가며, 박자를 조절해 가며 진행하면 더 잘 들리게 PT를 할 수 있다.

목소리? 콧소리? 오, 제발! ____ .

"선배님, 1시간 내내 떠들고 나왔더니 목이 너무 따가워요."

"엥? 목이 왜 따가워? 3시간을 떠들어도 목은 따가우면 안 되는 거야."

목에다 힘을 줘서 그렇다. 목으로 말을 하려고 해서 그렇다. 그러다 보니 성대에 상처가 생기고, 목이 자주 붓게 된다. 목은 그저 소리가 지나가는 복도일 뿐이다. '목'으로 소리를 내다 보면 목에 힘이 들어가고, 말하는 이와 듣는 이, 모두가 상당한 피로를 느낀다.

비강을 연다? 들어 본 것도 같고…. 비강은 보통 테너가 많이 쓰는데, 괜히 어설프게, 코 뒤에 뭐가 있나 싶어 콧속에 힘을 주다가는 본의 아니게, 요롷게 된다.

"나 어제 귀신 꿈꿨떵. 엄떵 무서웠떵."

쇼핑 호스트에게 콧소리가 심하게 들어가는 건 고객이 대화에 몰입하는 것을 방해하고, 결국 정확한 의사 전달에 있어 심각한 걸림돌이 된다. 평소 코에 힘이 많이 들어가거나 비염이나 알레르기 때문에 코맹맹이 소리가 자주 난다면, 병을 고치든 습관을 고치든 코에서 나는 소리를 막아야 한다.

소리 근육을 만들면 소리가 달라진다

연습하면 안 되는 건 없다. 소리 근육을 단련해 보자. '바이엘' 하던 딸이 언제 '체르니' 떼나 싶어도, 시간이 흘러 언제 이렇게 배웠나 싶을 때가 오듯이 말이다.

내 몸은 악기다. 술, 담배, 카페인, 과로를 마구마구 달고 살면, 당연히 악기가 상할 수밖에 없다. 좋은 소리를 내기 힘들다. 오케스트라 단원들이 본연주를 시작하기 전 자신의 악기를 튜닝하듯, 우리도 스튜디오에 들어가면 목도 돌리고 스트레칭도 하고 가슴도 활짝 펴면서 우리 몸의 소리가 가장 편안하고 깨끗하게 나올 수 있는 상태를 만들고 방송을 시작하자.

후배들이 "선배는 물돼지"라고 할 정도로 필자는 방송 중에 생수 500㎖를 4통이나 들고 들어간다. 그리고 다 마시고 나온다. 중간 중간 계속 마시면서 가장 촉촉하고 깨끗한 목소리로 방송을 하기 위해서다.

"선배님, 화장실 안 가고 싶으세요?"

"응, 긴장하면 화장실 생각도 안 나!"

자, 오늘부터 멋진 악기가 될 준비가 되었는가? 그렇다면 호흡부터 연습해 보자.

실전 호흡법 연습

첫째, 숨을 들이마시면서 횡격막을 연다. 횡격막이 양옆으로 팽창하는 것을 느낄 수 있다. 둘째, 부푼 횡격막을 유지하다가 자연스럽게 수축할 때까지 호흡한다.

고음을 위해서는 이와 같은 연습을 통해 호흡이 자유로워진 상태에서 머리 관자놀이 부분을 열고, 두성으로 소리를 낸다. 미간과 이마 부분으로 보내듯이 해야 한다.

그리고 중저음을 위해서는 이러한 연습으로 호흡이 자유로워진 상태에서 흉성을 사용하여 소리를 낸다. 가슴 부분이 울리듯이 해야 하며, 인위적이어서는 안 된다.

가슴 밭에 뿌리내리는
'무거운' 말

말은 날개를 달고 허공으로 날아갈 수도 있고, 누군가에 가슴에 씨앗이 되어 내려앉을 수도 있다.

말이 무거워야(깊이가 있는 말) 듣는 이의 가슴 밭에 깊이 뿌리를 내릴 수 있다. 뿌리를 내리고 꽃이 피고 열매가 되어야 비로소 상대의 행동이 변화한다. 하지만 가벼운 말은 민들레 홀씨처럼 작은 바람에도 그저 흩날릴 뿐이다.

뭔가 맞는 말을 하긴 하는 것 같은데, 끊임없이 줄줄 쏟아내긴 하는데, '뭔 말'을 하는지 모르는 경우가 많다. 속도, 박자 조절의 문제도 있겠지만, 말이 가벼워 둥둥 떠다니기에 듣는 이의 가슴에 도달하지 못한다. 아주 면면히, 자세히 잘 들어 봐야 된다. 잘 들리는 말과, 잘 들리지 않는 말의 차이는 어디에서 오는 걸까?

말이 둥둥 뜨는 이유 _____.

말이 가슴에 내려앉지 않고 둥둥 뜨는 것(여기서 둥둥 뜬다는 말은 목소리의 '톤'을 이야기하는 게 아니다)은, 뭔가 와닿지 않고, 무슨 말인지 이해가 안 되고, 그의 말이 나의 행동 변화를 유도하지 못하는 '하나 마나 한 말', 가벼운 말을 의미한다.

> ○○카드사 : 사랑합니다. 고객님~ 저희가 이번에 새로운 혜택으로 고객님을 찾아뵈려고 정보 좀 드릴까 하는데, 놀이동산, 마트, 공연, 비행기 이용 등등 엄청난 혜택이 쏟아지는… 시간이 괜찮으시면…
>
> 나 : 바쁜데요.
>
> ○○카드사 : (내 얘기는 듣는 둥 마는 둥 자기 할 말만) 아, 바쁘시군요. 네네, 고객님. 그렇다면 제가 빨리 3분 안에 말씀을 드리도록 하겠습니다. 어쩌고저쩌고 주저리주저리…

오늘 처음 통화하는 사람한테 지금 사랑 고백하는 건가? 이와 같은 카드사에 대해 '정말 나를 너무 사랑해서, 다양한 혜택을 꼭 주고 싶은가 보다'라고 생각하는 이들이 과연 몇이나 있을까? 왜 '마음' 없이 '아무 말 대잔치'로 바쁜 사람 시간 '까먹게' 하느냐 말이다. 영혼 없는 "사랑합니다."는 절대 고객의 행동 변화를 가져올 수 없다. 말이 둥둥 뜨는 이유는 '진짜' 내 마음이 아니기 때문이다.

"저는 아직 아이가 없긴 하지만, 저희 조카를 제가 거의 키우다시피 해서, 잘 알거든요. 그래서 아이들의 육아는 사실 이런 부분이…."

유아 도서 상품에 미혼 여자 후배를 데리고 들어갔다. 사실 미혼이 유아 책을 판다는 건 편성에서부터 잘못된 것이었는데, 어찌어찌 그냥 쑤셔 넣었나(?) 보다. 분명히 그 후배도 연기하느라 고통스러웠을 거다. 후배는 태연하게, 마치 애 젖도 물려 보고, 똥기저귀도 갈아 본 듯, 애 셋은 낳아 봐야 이해할 수 있을 법한 이야기로 '소설'을 써 내려갔다. 인터넷 육아 사이트에서 긁어 온 이야기를 마치 자신의 이야기인 것처럼 열심히 말하니, 말이 그렇게 가벼울 수가 없다.

가끔 '멘트 도둑들'도 등장한다. 쇼핑 호스트의 방송 멘트는 본인이 직접 작성한다. 대신 써 주는 전문작가가 없다. 선배의 좋은 멘트를 마치 자신이 생각해서 만들어 낸 멘트인 것처럼 아주 살짝만 변형시키거나, 아니면 대놓고 그냥 쓰시는 분들. 그들에게 양심의 가책 같은 걸 기대하면 안 된다. 멘트 도둑질이 습관이 된 진행자들은 나중에 연차가 늘어나도, 남의 멘트를 자신이 연구한 것처럼 아무렇지 않게 사용한다.

사람들이 모를 거라 생각하지만, 호스트 내부에서는 누가 남의 멘트를 훔치는지 파다하게 소문이 난다. 그리고 설령 다른 호스트의 좋은 멘트를 그대로 가져와 사용하는 것이 다른 사람들에게 들키지 않는다고 하더라도, 본인은 이를 잘 알고 있기 때문에 멘트가 매끄러울 수 없다. '자기 생각'이 아니기 때문이다.

 그렇게 되면 멘트가 둥둥 뜬다. 어떤 연유에서, 어떤 관계로 이런 멘트를 생각해 내게 됐는지 멘트를 낳은 친엄마(?)가 아니라 친엄마인 척하는 가짜 엄마이기 때문에 말이 깊어질 수가 없다. 흉내는 낼 수 있어도 와닿을 수는 없다. 그래서 필자는 후배들에게 선배들의 방송을 모니터링은 하되, 멘트를 그대로 베껴서 쓰지 말라고 한다. '자기 생각'을 전달하는 게 가장 안정적이고 묵직한 말이 된다고….

말이 빨라지는 두 가지 이유

말이 빨라지는 이유는 두 가지다. 너무 생각이 많거나, 너무 준비를 안 했거나….

 방송 직전까지 준비한 종이를 들고 덜덜 떨면서, 부산스럽게 이리저리 돌아다닌다. "선배님, 어떻게 하면 될까요?"를 아예 묻지 않거나 방송에 임박해서, 그것도 방송 시작 몇 분 전에 물어보는 후배들이 있다. 많은 후배들이 머릿속 '흐름에 대한 지도' 없이, 그냥 '선장'이 시키는 대로 해서 욕만 안 먹으면 된다고 생각한다. 배가 어떤 방향으로 어딜 향해 가야 되는지를 애당초 모른다. 물어볼 생각조차 안 한다. 그리고 정신을 빼놓고 방송에 들어온다. 이런 후배들은 스스로 도태된다.

 너무 생각이 많은 경우도 준비를 제대로 안 한 거다. 버릴 설 제대로 버리지 않고 들어온 거다. 이것저것 '네이버'가 알려 준 대로 긁어모으긴 했는데, 이게 맞는 얘긴지 틀린 얘긴지 확신이 안 선다. 시장 조사, 경험 공유, 제조사 확인 등 논리를 확실하게 받쳐 줄 증거가 부족하거나 증명 절차를 생략한 탓이다. 그러고는 '에라, 모르겠다. 어떻게든 되겠지.'라는 생각으로 들어온다.

적어도, 같이 진행하는 선배들이나 게스트, 협력 업체의 피드백을 받고 들어와야 하는데, 불명확한 상태로 약간의 불안감과 긴장감을 끌어안고 방송을 시작한다. 당연히 안 풀린다. 조급해진다. 선배가 하는 말의 '말뜻'을 깊이 이해하지 못한다.

만일 A를 이야기한다면 적어도 A'를 이야기해서 추임새(리액션)를 넣거나, 말에 힘을 실어 줄 같은 맥락의 논리(선배가 말한 A와 같은 주제이지만 그 주제를 더 빛내 줄 다른 이야기)로 이야기를 탄탄하고 쫀쫀하게 만들어야 한다. 그런데 깊이 연구하지 않으면 말에 살을 제대로 붙이지 못한다. 물렁살 말고, 탄탄한 근육 말이다. 피가 되고 살이 되는 '영양가 있는 말' 말이다.

말의 논리가 명확하게 정리되지 않은 채, 제대로 공부하지 않고 설렁설렁 준비하면, 할 말이 없으니 말이 빨라진다. 뭔가 종이에 잔뜩 적긴 했는데, 막상 방송에 들어가니 딱히 어떻게 말해야 될지 모른다. 할 말이 없으면 말을 안 하면 되는데, 자꾸 옆에 있는 선배가 멘트를 넘기니까 아무 말이나 '후루룩' 해 버린다. 철저하게 준비하고 공부하면, 명확하게 주제가 잡히고, 명확하게 말거리 재료가 머릿속에 세팅된다.

말의 쉼표가 생기려면 _____.

말 속도가 그리 빠르지 않는데도, 이상하게 빠르게 느껴지는 쇼핑 호스트들이 있다. 이는 '쉼표(pause)'가 없기 때문이다. 정리 사인이 들어오기 전까지 침 한 번도 안 삼키고 멘트를 한다. 정말 많은 쇼핑 호스트들이 쉼표 없이 말한다. 대체 왜 그럴까?

공간(분위기)이 사람을 잡아먹었기 때문이다. 홈쇼핑 공간, 스튜디오 공간 속에서 긴박하게 돌아가는 음악, 조명, 분위기, 상황, 자막 속도, 영상 속도…. 모든 것이 너무 빠르게 흘러가니까 나도 모르게 숨조차 쉬지 못하고, 멘트를 쏟아낸다.

홈쇼핑은 기본적으로 '실수'가 용인되지 않는다. 또 1분에 몇 천만 원이 왔다 갔다 하기 때문에 '시간이 돈'이라고 생각한다. 그러다 보니 1초라도 말을 안 한다는 건, 장사를 안 하고 있는 거라 스스로 생각하게 된다. 자신도 모르게 말이다. 도화지에 흰색이라곤 하나도 없이 빽빽하게 빨·주·노·초·파·남·보 색을 다 칠해야만 '완벽'하다고 생각한다. 그래서 말에 쉼이 없다. 쉰다는 건 장사를 안 하는 것이라고 '잘못' 생각하기 때문이다.

처음에는 의식적으로 연습을 하는 게 필요하다. 집에서 자신이 준비한 멘트의 중간중간 강조 포인트 앞에 2초 쉬고, 3초 쉬고를 연습하면서 묶음이 주는 강렬한 힘을 느껴 보자. 그러다 스튜디오에 들어가서도, '오늘은 말을 많이 하는 것보다, 제대로 전달해 보자.'는 마음으로 멘트에 대한 욕심을 내려놓자. 말의 쉼표를 의도적으로 써 보자.

"난, 자막의 노예가 되지 않으리. 화면 속도가 빠르다고 내가 저 속도에 맞출 필요는 없어. 들리게 말하자."

의식적으로 마인드 컨트롤을 계속 해 나가면서, 무대의 분위기를 자신이 주도해야 한다. 말의 쉼표는 자신이 무대를 완전히 장악할 때 만들어진다. 휘둘리지 않고, 자신의 페이스를 찾을 때 말이다. 실전에 들어가서도 집에서 연습한 것처럼 하려면 더 많은 연습이 필요하다. 그리고 어느 정도 쉼표를 주는 연습이 익숙해지면, 말을 할 때 일부러 의식해서 쉼표를 주려고 하지 않더라도 자연스럽게 말에 쉼표가 생긴다. 내가 '진짜 말'을 할 때, 꾸며진 쉼표가 아니라, 자연스럽게 나도 모르게 그렇게….

'할 수 있다. 할 수 있다. 할 수 있다.' 스스로에게 기(氣)를 불어 넣어 주자. 매일, 매 순간, 매 방송마다….

말의 찌꺼기를
걷어내라

당신의 감탄사에는 진심이 들어 있는가 _____ .

"우와!"

"아! 네!"

옆 사람 말이 끝나기도 전에 말허리를 잘라먹는다. 또는 말 끝나기가 무섭게 "네! 네!" 대답을 반복적으로 사용한다. 완전 인공지능, 자동 반사다. 선배의 모든 문장에 무조건 감탄사로 분칠을 한다. 아니, 떡칠을 한다. 그러고는 동그란 눈 눈으로 '내가 뭘 잘못했어요?'라는 표정을 지어 보인다.

고객의 관점으로 돌아가자. 우리는 지금 TV 앞에서 홈쇼핑을 시청하고 있는 고객이다. 조용한 거실에서 TV 속 호스트들을 보고 있는데, 무슨 말만 하면 옆에서 "네! 네! 우와! 우와!" 감탄사를 연발한다. 어떤가? 집중이 되는가? 진짜 감탄사가 나오게 할 대상은 집에서 시청 중인 고객인데, 보조 진행자가 모든 대답을 다 해버리면 그것은 결국 고객이 느낄 시간, 감탄할 시간을 빼앗는 것이다.

맞장구를 치는 말과 영혼 없는 리액션은 완전 다른 것이다. 옆에서 진짜 좋아서 "우와!" 할 수 있다. 그 감탄사는 '진짜' 좋을 때, 정말 자연스럽게 나와야 한다. 해야 될 것 같아서, 뭔가 분위기를 띄워야 할 것 같아서, 일단 입은 떼고 봐야 할 것 같아서, 감탄사를 남발하는 건 실제로는 안 하느니만도 못한 행동이다.

생각을 하고 말하는 건지, 정말 그렇게 느껴서 그런 말을 하는 건지를 스스로에게 물어볼 차례다. 당신의 감탄사에는 진심이 들어 있는가.

말에는 음률이 있다

흔히, 방송가 사람들 사이에서는 '쪼'라는 말을 많이 쓴다. 일종의 은어다. 말에 쪼가 있다는 건, 간단히 얘기하면 어투가 어색한 상태를 의미한다. 문장에 힘이 들어가지 않아야 할 곳에 힘이 들어가거나, 자연스럽지 않은 성조와 어투를 가진 상태를 말한다. 이는 사투리와는 다른 것이다.

말에는 음률이 있다. 판촉 행사를 나온 내레이터 모델들의 말투를 기억하는가? 하나같이 굉장히 높은 고음으로 말끝을 올려서 처리한다. 보통 우리는 평서문은 아래로 내려서 매듭짓고, 의문문은 위로 살짝 올려서 끝내는 형태로 말한다. 그런데 내레이터 모델들의 '쪼'는, 문장의 끝을 대부분 고음으로 처리하는 것이다.

일반적이지 않게, 강조 단어를 너무 저음으로 말하거나 반대로 너무 고음으로 말해서 단어가 도드라지게, 튀게 들린다. 또는 단어를 고무줄처럼 늘려서, 길게 소리 나게 만들면서 살짝 '버퍼링' 걸린 음악처럼 들리기도 한다. 문장 속에 잔파도와 거친 파도가 너무 많이, 너무 자주 사용된다. 말에서 파도타기를 많이 하면 그 말을 듣는 우리는 멀미가 난다.

말에는 음률이 있다. 하지만 항상 클라이맥스로만 치닫는 음악은 불안을 고조시킨다. 높은 음에서 시작하고, 강조 포인트에 고음과 저음이 너무 잦게 섞이거나 어색한 자리에 고음을 쓰는 경우, 그 말은 잘 들리는 말이 아니라 귀에 거슬리는 '말 찌꺼기'가 된다. 커피 찌꺼기는 탈취제로 쓸 수 있지만, 말 찌꺼기는 도통 쓸 데가 없다. 그대의 말을 탁하게 만들 뿐이다.

깨끗하고 맑은 말을 빚자 _____ .

"어…."
"그러니까… 사실은…."
"아… 제가 말입니다."
"솔직히…."
"그게 아니라…."

말에 '각질'이 많이 붙으면, 본말의 속살을 가리게 된다. 또

"음… 저기… 그러니까…"라는 말을 많이 하면 자칫 자신감 없는 사람처럼 보일 수도 있다. 또는 듣는 이를 지루하게 만들 수도 있다.

필자는 웬만하면 그날 방송은 그날 모니터링을 한다. 어떤 이들은 자신의 방송을 도저히 못 보겠다고 하는데, 필자는 그 도저히 못 보겠다는 걸 보면서 스스로에게 자문한다. '저기서, 왜 저렇게 얘기했지?', '에이, 저건… 너무 급했네.', '아, 좀 더 잘할 걸….'

방송을 보며 항상 100%로 만족할 수는 없다. 모니터링을 하면, 늘 아쉬움이 남는다. 그리고 그다음 방송에서는 오늘 '별로'였다고 생각했던 말, 속도, 습관어, 말투를 하나씩 고치려고 애쓴다. 어제보다 오늘이 더 잘되도록, 오늘보다 내일이 더 잘되게 말이다.

스스로에게 습관어가 있는지 잘 모르고 넘어갈 수 있다. 따라서 본인의 방송을 스스로 모니터링하고, 선배들의 도움을 구해야 한다. 옆에서 객관적으로 나를 봐 주는 것과 내가 나를 스스로 평가하는 것에는 많은 차이가 있다. 말의 찌꺼기들을 매일 조금씩 뜰채로 걷어내 보자. 매일 하다 보면, 누구나 깨끗하고 맑은 말을 빚을 수 있다.

말에 '자신감'이란 액세서리를 달자

　일곱 살 딸아이와 설전이 벌어질 때는 필자가 밀리는 경우가 제법 있다. 일곱 살 인생에서의 굴곡이란 친구가 자신의 색연필을 뺏어 갈 때, 엄마가 장난감을 안 사 줄 때, 먹기 싫은 반찬을 먹어야 할 때 정도? 그러나 금방 언제 그랬냐는 듯, 늘 씩씩하게 웃는다. 아직까지 인생의 쓴맛을 모르는 천진한 딸아이는 언제나 자신감 충만이다. 어떤 상황에도 굴하지 않는다. 본인이 틀린 경우에도 박박 우겨댄다. 참 대단한 자신감이다.

　때로는 아이처럼, 때로는 '나를 따르라!' 할 수 있는 확신으로 밀어붙이기를 해 보자. 내 말과 내 생각에 자신이 없는 사람은 결코 상대방을 설득할 수 없다. 자신감(自信感)은 자기 스스로를 믿는 것이다. 그냥 그렇게 느끼는 거다. '나는 스스로 할 수 있다. 나는 괜찮은 놈이다. 나는 까짓것 해낸다.'라고 스스로를 믿는 것. 그게 자신감이다. 내가 나를 믿어 주지 않으면, 누가 나를 믿어 준단 말인가?

나는 나의 길을 가노라 _____.

무대 준비가 생각대로 잘 되지 않을 때도 있다. 마이크 소리가 갑자기 안 나오거나, 때로는 스태프들과 동선이 어긋나기도 한다. 특히 주방용품이나 식품 방송을 할 때는 요리 준비가 꼬일 때가 있다. 냄비 뚜껑을 열었는데 재료가 새까맣게 타 있다거나, 설거지 모습을 보여 주는데 음식이 눌어붙어서 설거지가 안 된다거나, 잘 익었다 싶어서 고기를 잘랐는데 아직 덜 익어 핏물이 뚝뚝 떨어질 때도 있다.

그런가 하면, 파트너가 정신을 혼미하게 만들 때도 있다. 내가 원하는 말의 방향으로 같이 가 주지 않는다. 나는 동으로 가는데 그는 서로 가 버리면, 정신은 혼미해지고 그렇게 몸이 피곤할 수가 없다. 또 방송 중에 다치거나, 미끄러져 넘어질 때도 있다. 요리를 보여 주는 방송이 특히 그렇다. 물과 기름을 워낙 많이 쓰다 보니 바닥이 미끄러울 때가 많다.

한번은 모 선배가 '프라이팬' 방송을 하는데, 미끄러운 바닥에 넘어지는 바람에 화면에서 '쿵' 하고 사라져 버렸다. 그러자 옆에 있는 파트너는 재치 있게 "○○○씨, 웃기고 자빠지지 마시고, 어서 일어나세요."라고 했다. 파트너가 코미디언이어서, '웃기고 자빠진다'는 말이 더 재밌게 들리기도 했다.

상황이 나를 흔들지 못하게 늘 뿌리 깊은 나무가 되어야 한다. '나는 나의 길을 가노라. 난 결코 흔들리지 않으리라. 난 무슨 일이 있어도 내 갈 길을 가리라.' 하며 스스로에게 주문을 걸어라. 자신감이 없으면 그 어떤 명언도 가슴을 뚫지 못한다.

1만 명의 청중이 모여도 쫄지 않는 용감한 강연자 _____.

"그런 것 같아요."

"그러면 좋을 것 같아요."

"음… 저는 사실, 그렇게 잘 아는 건 아니지만….".

"부족한 제가….".

이건 겸손이 아니다. 완전 힘 빼는 소리다. 필자는 자신감 없이 얘기하는 후배들에게 정말 눈물이 쏙 빠지게 혼을 낸다. 섭섭할 테지만 어쩔 수 없다.

"부족한 제가 여러분께 이런 말씀을 드려도 되는지 모르겠지만….".

"뭐? 부족하면 더 채워서 와!"

정말 많이 공부하고, 더 치열하게 고민하면, 공부한 거 '발표'라도 하고 싶어서 '저요! 저 시켜 주세요!'가 된다. 자기도 모르게 입이 근질근질해서, 하나라도 더 고객들에게 말해 주고 싶은 상태가 된다. 공부한 게 무진장 많고, 알려 주고 싶은 게 차고 넘쳐서, 입이 간지러워서 잠도 안 오고 빨리 출근해서 마이크를 차고 싶은 상태. 딱 그 상태로 방송해야 한다. 잘 생각해 보자. 내가 왜 자신감이 없는지, 혹시 준비가 덜 된 건 아닌지…. 그렇다면 더 열심히 공부하는 수밖에 없다.

아니면, 상황이? 청중의 수가? 모인 이들의 반응이? 스태프들의 비협조 때문에? 그냥 내가 못난이라서? 모든 게 싫고, 두렵고, 도망가고 싶다면? 안 된다. 절대 안 된다. 필자는 그대가 이렇게 도망가게 그냥 둘 수 없다. 우리는 멋진 쇼핑 호스트가 되기로 마음먹었고, 1만 명의 청중이 모여도 쫄지 않는 용감한 강연자가 되리라 마음먹었으며, 어느 누가 앞에 있어도 유창하게 말하는 마케터가 되기로 마음먹었다. 이 세계에 발을 들인 이상 그냥 보낼 순 없다. 칼을 뽑았으면, 썩은 무라도 썰고 가시라.

마음에 굳은살이 생기기까지 ＿＿＿．

마음 조절 능력도 연습하면 된다. 필자도 그랬다. 사회생활도, 방송생활도 모든 게 처음이고 낯선 나에게 사람은 두려움 그 자체였고, 카메라는 공포의 대상이었다. 내가 내 마음을 다스리지 못하니, 준비한 것조차도 생방송 중에 제대로 풀어내지 못했다. 매일 실수하고, 매일 욕먹고, 매일 좌절하고…. 그 세월이 자그마치 14년이다.

최대한 많이 괴로워하라. 그리고 최대한 많은 실패를 경험하라. 되도록 많이, 되도록 빨리, 되도록 자주. 그러는 동안 그대의 마음에도 굳은살이 생겨, 어떠한 상황에도 쉽게 흔들리지 않을 것이다. 자신을 믿어라. 오늘보다 내일 더 잘하리란 것을…. 그리고 자신에게 시간을 주고, 지켜보라. 잘할 수 있다고 스스로를 위로하라.

아무리 맞는 말을 해도, 아무리 준비를 많이 해도, '자신감'이 없으면 흡입력이 떨어진다. 자신을 믿어 주는 마음, 그것이 바로 당신의 말을 빛나게 하는 액세서리가 되어 줄 것이다.

말도
맛있게 담아라

 필자는 뷔페를 좋아하지 않는다. 왔다 갔다 먹을 때마다 다리 아프게 접시를 들고 돌아다니는 것도 싫고, 음식이 접시 위에서 '지 마음대로' 섞여서, 맛이 묘해지는 것도 싫다. 또 무언가 굉장히 많이, 다양하게 먹었는데, 뭘 먹은 건지 기억이 잘 나지 않는다. 마지막에 "그나마 커피가 제일 낫네." 하고 나온다.

 말도 마찬가지다. 발표 준비를 하라고 하면 '소구 포인트'라고 하는 중요한 포인트를 몇 가닥 잡는다. 소구 포인트가 5개라면 5가지 가닥에 해당하는 주제에 담을 이야깃거리를 준비한다. 그런데 문제는 모든 이야기들을 다 똑같은 분량으로 준비해서 똑같이 담는다는 것이다. 마치 뷔페처럼 다양하게 준비는 했는데, 뭐가 '애피타이저'이고 뭐가 가장 핵심인 '메인 요리'인지를 구분할 수 없는 상태로 말이다.

말에도 엣지가 있어야 한다 _____.

예를 들어, 여러분이 '① 구성 가격, ② 효능 · 효과, ③ 호스트 체험 및 체험담, ④ 전 · 후 상태 시연, ⑤ 고객 후기 및 시장 반응 보고'의 다섯 가지 소주제로 방송 또는 프레젠테이션을 한다고 가정해 보자.

이 중에서 상황에 따라, 요일에 따라, 시간에 따라, 소구 포인트의 우선순위는 얼마든지 바뀔 수 있다. 그런데 보통의 쇼핑 호스트들은 위의 다섯 가지를 같은 순서, 또는 순서가 바뀌어도 각각 20%씩 같은 분량으로 분배한다. 마치 뷔페 음식을 골고루 조금씩 나누어서 담는 것처럼. 우선순위라는 게 애당초 없다. 이런 뷔페 같은 PT는 기억에 남을 수 없다.

상황에 따라 그날의 강조 포인트가 1번이 가장 강하고, 3번이 두 번째, 그리고 나머지는 적당히 해도 되는 경우가 있다. 그렇다면 1번에 힘을 잔뜩 실어 줘야 한다. 1번에 해당하는 '구성 가격'에 대한 공부가 제일 많아야 한다는 얘기다.

즉, '1번 소구점(50%) + 3번 소구점(20%) + 2번 소구점(10%) + 4번 소구점(10%) + 5번 소구점(10%) = 합 100%'와 같이 준비하고 구성해야 한다. 가장 강하게 밀 소구점으로 가장 많은 이야기를 해야 하고, 가장 많은 시간을 할애해서 고객의 인상에 가장 강렬하게 남게 해야 한다.

말에도 '엣지(edge)'가 있어야 한다. 전체 PT에서 핵심, 즉 가장 강하게 풀어야 될 소구점을 뷔페 음식처럼 담아서는 안 된다.

어떻게 나누고, 어떻게 담을까? ____.

많은 후배들, 또 많은 PT 진행자들이 발표 준비를 하면서, 참 놀랍게도, 다양한 포인트를 아주 골고루, 누구 하나 소외받는 소구 포인트가 없게, '같은 양'으로 분배해서 발표한다. 고객들을 지루하게 만들려고 작정한 걸까? 아니면 핵심 숨기기 게임이라도 하고 싶은 걸까? 뭐가 제일 중요한 핵심인지 도무지 알 수 없다.

공부를 할 때는, 모든 소구점에 관련된 공부를 다 하는 게 기본이다. 하지만 뭘 더 많이 준비해야 되는지, 이 가운데 뭐가 가장 중요한지 알아야 하고, 그래서 그 포인트를 더 깊이, 더 오래, 더 확실하게, PT에서 강조해야 한다. 나머지 포인트의 분배도 어떻게 할 것인지를 미리 계산하고 방송에 들어가야 한다.

모든 소구 포인트에 같은 힘을 줘서 에너지를 낭비하지 마라. 뷔페처럼 무슨 맛인지 모르게 된다. 말이 맛있으려면, 어떻게 나누고, 어떻게 담을 것인지를 고민하라.

말하기도
생활밀착형으로

"미국 노스캐롤라이나에 사는 토머스라는 사람은 어릴 때부터 신앙이 좋아서, 어쩌고저쩌고… 그리하여 선교를 나가서 어떤 시련을 겪게 되고… 그리하여 어쩌고저쩌고… 우리에게 감동을 줍니다."

목사님들이 설교 시간에 미국 사람들을 자주 등장시키는데, 듣다 보면 나도 모르게 편안한 꿈속(?)에서 주님을 만나게 된다. 왜 그런 걸까? 미국에 산다는 그 토머스라는 양반이랑 나랑은 아무 관계도 없고, 앞으로도 없을 것 같고, 그렇다고 유명인도 아니고, 오늘 목사님이 말씀하셔서 처음 들어 본 이름이고, 너무 동떨어져 보이는데다가 별로 흥미도 없고, 감동도 없어서이다.

고객 집에 같이 살다 나온 사람처럼! _____ .

PT가 현실과 너무 동떨어져 있으면 듣는 이들의 호응을 얻어 내기 어렵다. 방송을 하다 보면, 어려운 용어나 굳이 말할 필요가 없는 예시를 말하는 진행자도 많이 본다. 장황한 PT 안에는 여러 명의 박사, 교수들이 '어벤져스'급으로 등장한다. '나 어제 공부 열나게 했으니 들어 봐라'는 식의 PT는 숙제 열심히 한 아이들이 선생님께 칭찬받고 싶어 하는 모습과 같다. 똑똑해 보이려고 너무 애쓰다 보면 자칫 '허세작렬' 쇼핑 호스트로 비춰질 수도 있다.

중요한 건 내가 똑똑해 보이기 위해서 PT를 하는 것이 아니라는 점이다. '얼마나 고객의 상황을 밀접하게 이해하고 고객의 행동 변화를 이끌어 내느냐'가 가장 중요하다. 고객의 생활에 딱 달라붙어서 '어? 이 사람 용하네. 어찌 알았지?'라고 느끼게 만드는 것이다. 마치 고객의 집에서 같이 살다 나온 사람처럼 그들의 생활을 잘 이해하고 이야기하는 것이 중요하다.

우아의 끝? '뻘짓 대마왕' _____ .

한번은 '그릇' 방송을 하는데, '있어 보이게' 하고 싶어서, 더블 플래이팅(double plating)으로 삼단 케이크 장식에 온갖 초로 스튜디오를 장식했다. 또한 랍스터와 스테이크를 준비해 이른바 '재벌 집 식탁 스타일'로 세팅했다. 재벌 집에 밥 먹으러 가 본 적은 없지만, 상상의 나래를 펼쳐서 최대한 럭셔리하게, 아주 그냥 '우아의 끝'을 보여 주자는 마음으로 말이다.

그런데 고객들의 반응은 그다지 좋지 않았다. 방송 중 고객들의 질문은 이랬다. "냉면기에 고기 양념 버무려도 되는 사이즈예요?", "대체 몇 개 주는데요?", "싱크대에 다 쌓으면 어느 정도 부피예요?", "김치 담을 건데 어디에 담아요? 찬기에 담으면 몇 쪽 올라가요?"

우리는 완전 '뻘짓의 대마왕'들이었다. 집에서 된장 끓이고 김치 담을 우리 엄마들에게, 매일 먹는 식사에 이 그릇이 얼마나 실용적이고 잘 어울릴 수 있는지를 제안하는 게 아닌, 그저 '예뻐 보이기'에만 초점이 맞춰져 있었던 것이다. 고객들의 관심과는 전혀 상관없이, 테이블 위에는 형형색색 발음하기도 어려운 소스에 보기만 해도 니글거리는 음식들, 진짜 미국 추수감사절에나 맛볼 것 같은 요리들만 덩그러니 놓여 있었다.

물론 고객들은 판타지를 소비한다. 하지만 그 판타지가 '완전 비현실을 찍고 안드로메다로 달려간다'면, 고객은 '나랑은 안 어울리겠어.'로 결론짓고 만다.

실천할 수 있을 법한 환상을 심어 주어야 ____ .

한번은 '돈가스' 방송을 하는데, 쉽게 데워서 5분 안에 먹는 돈가스가 콘셉트였다. 그런데 결혼 안 한 후배가 자꾸 옆에서 "이거 과일 담고, 샐러드에, 또는 돈가스 김밥을 싸서 요롷게 해서 '자기야, 아~' 하고 남편 입에 넣어 주세요." 하는 거나. 도시락에 "여보 사랑해"라고 카드를 써서 같이 피크닉을 가란다.

일단 간단해 보여서 사려고 했다가 뭔가 복잡하게 도시락을 싸서 뭘 하라고 하니까 갑자기 사기 싫어진다. 또 도시락을 싸서 남편한테 러브레터를 쓰라고 하니까 더 사기 싫어진다. '우리 제발 그냥 데워 먹게 해 주세요! 네?'

10년차 현실 부부의 눈에 누군가 밥을 떠먹여 주는 행위는 '저것들이 혹시 불륜이 아닌가?'를 생각하게 되는 짓(?)이다. 보통 오래 살면 먹여 주는 행위 자체가 불가능이다. 아이도 떠먹여야 되는데 남편 입에 떠먹여 줄 정신이 어디 있겠는가? 물론 입에 넣어 주는 부부도 있겠지, 있을 거다. 하지만 대다수의 오래된 부부가 어떤 형태로 식사를 하는지 쉽게 머릿속에 그려질 거다.

후배가 방송 중에 계속 남편 입에 넣어 주라고 해서 필자는 김밥으로 그 후배의 입을 막아 버렸다. 물론 사랑하는 후배다. 하지만 시집가고 애 낳고 10년 이상 살아 보기 전까지는 선배가 왜 저러는지 모를 거다. '현실 부부에 대한 공부를 글로 배웠습니다. 우리 후배님은요….'

PT는 생활밀착형이어야 한다. 진짜 생활 속에서 실현 가능한, 실천할 수 있을 법한 환상을 심어 주는 사람이 마케터다. 소설을 쓰고 앉아 있으면 곤란하다. 노스캐롤라이나에 사는 토머스 씨가 필자에게 친근하게 다가오지 않는 이유도, 필자에게 어떤 자극을 주지 못하는 인물이기 때문이다. '내 것 같은', '내 생활일 것 같은' 철저히 생활 깊숙이 밀착된 소재로 이야기를 만들어야 고객의 반응을 끌어낼 수 있다.

생활밀착형 언어를 사용하라 _____.

홈쇼핑 시청 시간은 평균 5분을 넘기 힘들다. 멘트는 압축적이면서 강렬해야 한다. 한 편의 시(詩)와 같아야 한다. 단, 생활밀착형 시여야 한다. 아이디어는 지천에 널려 있다. 힌트는 생활 속 사람에게 있다.

하나의 상품을 분석할 때, 보이는 면 이외의 면을 보는 연습을 해야 한다. 그 연습은 사람과의 관계 속에서 이루어져야 한다. 그리고 그것을 압축된 언어와 이미지로 표현할 수 있어야 한다. 멘트가 모호하거나 감상에 젖지 않으려면, 표현하는 언어가 생활밀착형이어야 한다.

가령 '무게감이 어떻고, 길이감이 어떻고….' 이런 말은 평소에 쓰지 않는 말이다. 평소에 엄마에게, 평소에 남편에게, 평소에 아이에게 쓰는 말이 실제 '말'이다.

"엄마, 내가 이 옷을 샀는데 무게감이 적당하고, 길이감이 길어서 다리를 가려 줘." 따위의 말은 하지 않는다. 그냥 "엄마, 이게 좀 묵직하긴 한데, 길어서 무릎 살을 가려 주니 딱이네." 이처럼 평소 쓰는 말로 바꾸어 표현해야 한다. 그게 고객에게 더 와닿는다.

상품 표현은 너무 과하거나, 너무 앞서거나, 생활과 동떨어져서는 공감을 얻기 힘들다. 멋져 보이게 너무 꾸며 낸 말이나, 그야말로 '방송 용어'인가 싶은 말은 '진짜 말'이라고 할 수 없다. 한 걸음 더 들어간 시선으로 압축된 이미지를 만들어, 생활밀착형 언어로 표현하는 연습이 필요하다.

사다리가
되어 주다

불교에는 '하심(下心)'이라는 용어가 있다. '마음을 내린다' 또는 '마음을 아래로 향하게 한다'는 뜻이다. 끄덕끄덕하기, 눈빛으로 응원하기, 괜찮다고 토닥여 주기, 상대가 나를 사다리 삼아 올라가게 하기…. 그가 돋보이고, 그리하여 나도 돋보이는 길, 그것이 바로 '하심'이다.

폭신하고, 따뜻하게 상대의 마음을 녹이자 _____ .
정말 다양한 인생 경험을 가진, 정말 다양한 연령대의, 정말 다양한 개성의 사람들과 '함께' 방송하는 홈쇼핑. 내가 리더로서 후배나 게스트를 모시고 방송을 하게 되는 경우, 그들에게 어떤 판을 깔아 줄 건지는 순전히 나의 몫이다.

범접할 수 없는 존재, 어려운 선배, 까다로운 호스트, 무서운 사람이라는 느낌은 함께 들어가는 후배들로 하여금 자신의 기량을 마음껏 발휘하지 못하게 만든다. 상대를 쪼그라들게 만든다. 결국 이처럼 불편한 상태에서 방송을 하게 되는 후배 또는 게스트는 본인 역량의 절반도 채 토해 내지 못하고 나온다. 그렇다면 자신의 방송은 그들이 망친 게 아니라 스스로가 망친 거다.

어려운 상황, 힘든 사람들 앞에서는 말이 잘 나오지 않는 법이다. 방송을 하다 보면 오늘 처음 만난 이, 그것도 2시간 전에 겨우 얼굴 도장을 찍었는데, 스튜디오에 들어가서 같이 방송해야 되는 경우도 있다. 정말 무진장 불편하다. 쇼핑 호스트는 이런 상황에서 어떻게 해야 할까?

나도 불편하고 그도 불편하다. 그럼 말할 것도 없이 고객도 불편하다. 최대한 짧은 시간 안에 상대의 마음을 말랑하게 풀어 주어야 한다. 일부러라도 실없는 농담을 해 보기도 하고, 따뜻한 커피를 권해 보기도 하면서 아이스 브레이킹(icebreaking)을 해야 한다. 관계가 차가운 상태에서는 절대 매끄러운 방송을 할 수 없다.

나를 밟고 올라서게 한다 _____ .

말을 잘하게 유도한다. 그들의 노하우가 막힘없이 잘 나올 수 있도록 판을 깔아 준다. 나를 발판 삼아 올라가라고 한다. 내가 도와줄 부분이 뭔지, 내가 어떤 질문을 하면 편할지 미리 물어본다. 또한 내가 그들의 발판이 되려면 어떻게 판을 깔아야 될지 고민한다. 마음을 녹여 주고 스스럼없이 잘 놀 수 있는 놀이터로 만들어 주기 위해서는 그의 이야기에 귀 기울이고 정확한 포인트에 맞장구를 쳐 줘야 한다.

"내가 당신의 이야기를 잘 듣고 있어요. 정말 공감 되는 말이네요. 주저 말고 그저 술술 얘기하세요. 제가 분위기 봐서 정리 도와드릴게요."

이렇게 말이다. 그럼 상대방도 노하우를 막힘없이 술술 토해 내고 간다.

"됐고! 넌 빠져 주세요."

그래, 그럴 수 있다. 답답할 수 있다. 영 아니다 싶으면 혹은 상대가 실수를 할 것 같으면 미리 알려 주되, 인격에 상처를 주어서는 안 된다. 후배를 혼낼 때는 상대의 마음에 금이 가지 않도록, 사실에 근거해서 알려 주어야 한다. 진심으로 상대가 잘되길 바라는 마음에서 건네는 충고는, 받는 이도 진짜 충고인지 가짜 충고인지 알아듣는다.

같이 가야 멀리 간다. 그러려면 내가 마음을 낮추고 상대도 마음을 열 수 있게 기다려 줘야 한다. 나는 그를 키우고, 그는 나를 키우고…. 그렇게 우리는 같이 더 좋은 방송을 만들어 가는 거다.

· 글을 매듭지으며 ·

지친 청춘들에게 누군가는 '아파야 청춘'이라고 했지만, 너무 아프면 아프다고 말했으면 한다. 아플 때 밴드라도 붙여 줄 선배들이 그대의 옆에 있다는 걸 잊지 않았으면 한다. 필자 또한 넘어질 때 보듬어 주는 선배들이 있어 14년을 버티고 살았는지도 모른다.

경험과 지혜의 깊이는 '오래 있어 본 자'들만이 알 수 있는 시간의 깊이다. 젊다고 자신할 것도 아니고, 나이 들었다고 슬퍼할 것도 아니다. 청춘은 푸르러서 아름답고, 황혼의 아름다움은 저녁이 되어야만 알 수 있다. 선배들의 어깨에 기대어, 때로는 쉬어 갔으면 좋겠다.

너무 긴장해서 온몸에 마비가 오는 건 어쩌면 누구나 거쳐야 하는 통과의례일지도 모르겠다. 쇼핑 호스트라는 이름표를 붙이고, 카메라 앞에 서서 겨드랑이가 축축해지도록 진땀 빼고 나왔던 기억, 필자 또한 어찌 잊을 수 있으랴. PD, MD, 협력 업체로부터 따가운 눈총을 받으며, 스스로 못난 놈이라 자책하던 시간들…. 그 시간들이 쌓여서 '내공'이라는 것도 생기고 '개똥철학'이라는 것도 생기는 것이니까, 너무 노여워 마라. 이 또한 지나가리라.

마흔을 준비하면서 책을 내는 과정에서 지나간 세월을 잠시나마 돌아볼 수 있어 덕분에 행복한 시간이었다. 끝으로, 지금 이 책을 마지막까지 읽어 주신 독자님의 삶이 더 풍성해지고 행복해지시길….

건투를 빕니다.

—